山비

MOUNTAIN RAIN

Copyright © Overseas Missionary Fellowship

산비

초판 1쇄 2006년 11월 1일 발행
재판12쇄 2014년 5월 25일 발행

지은이 | 에일린 크로스만 (M. E. 툭스베리 개정편집)
옮긴이 | 최태희

표지디자인 • 편집진행 | 권승린
본문디자인 | 최인경

발행처 | 로뎀북스
발행인 | 최태희

등록 | 2012년 6월 13일 (제331-2012-000007호)
주소 | 부산광역시 남구 황령대로 319번가길 190-6, 101-2102
전화 • 팩스 | 051-467-8983
이메일 | rodembooks@naver.com

ISBN | 978-89-98012-01-4 03230

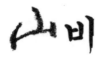

산비

제임스 O. 프레이저의 새로운 전기

에일린 크로스만 / 최태희 옮김

RODEM BOOKS

1865년 허드슨 테일러가 창설한 중국 내지 선교회(CIM:China Inland Mission)는 1951년 중국 공산화로 인해 철수하면서 동아시아로 선교지를 확장하고 1964년 명칭을 OMF International로 바꿨다. OMF는 초교파 국제선교단체로 불교, 이슬람, 애니미즘, 샤머니즘 등이 가득한 동아시아에서 각 지역 교회, 복음적인 기독 단체와 연합하여 모든 문화와 종족을 대상으로 예수 그리스도가 구세주이심을 선포하고 있다.
세계 30개국에서 파송된 1,300여명의 OMF 선교사들이 동아시아 18개국의 신속한 복음화를 위해 사역 중이다.

OMF 사명

동아시아의 신속한 복음화를 통해 하나님을 영화롭게 하는 것이다.

OMF 목표

하나님의 은혜를 통하여 동아시아의 모든 종족 가운데 성경적 토착교회를 설립하고, 자기종족을 전도하며 타종족의 복음화를 위해 파송되는 것을 목표로 한다.

OMF 사역 중점

우리는 미전도 종족을 찾아간다.
우리는 소외된 사람들에게 관심을 갖는다.
우리는 복음을 전하는 일에 주력한다.
우리는 현지 지역교회와 더불어 일한다.
우리는 국제적인 팀을 이루어 사역한다.

OMF International - Korea

한국본부: (137-828) 서울시 서초구 방배본동 763-32 호언빌딩 2층
전화 02-455-0261,0271 / 팩스 02-455-0278
홈페이지 www.omf.or.kr / 이메일 omfkr@omf.net

하나님의 강

세계에서 가장 높은 고원에서부터
티벳 주위와 티벳을 가로질러 흐르는 큰 강이 다섯이 있다.
그들에게서 나오는 빠른 물살이
중국 중심부, 베트남, 미얀마, 그리고 인도까지
멀리 있는 평야에 생명수를 공급한다.
물살이 갑자기 세지고 힘이 있는 것과
바짝 마른 아래쪽 땅에 갑자기 많은 양의 물이 쏟아지는 것은
높은 위도에서 눈이 녹고 있음을 의미한다.
아니면 산 위에서 비가 내리고 있을 때이다.

- 본문 중에서

● **비문** — 제임스 O. 프레이저를 추모하며

제임스 아웃램 프레이저는 영국 선교사로 1886년에 런던에서 태어났다. 22세에 공학도로서의 빛나는 경력과 안락한 가정을 포기하고 태평양을 건너 중국 샹하이를 향해 떠났다. 가는 길에 홍콩, 태국, 싱가포르, 미얀마를 거쳐 서부 윈난에 도착해서 복음을 전하고 영혼을 구원했다. 1908년 텅총에 있을 때 처음으로 리수족을 만났는데 처음부터 그들을 깊이 사랑하게 되었다. 그는 리수 말을 놀랠 만큼 빠른 속도로 배워 예수 그리스도의 복음을 리수 사람들에게 전하기 시작했다.

제임스 프레이저는 텅총, 빠오샨, 롱링, 잉쟝, 룩시, 롱촨, 그리고 누쟝 계곡과 미얀마의 리수 지역을 광범위하게 다녔다. 그는 리수족 가운데 처음으로 기독교 공동체를 세운 사람으로서 리수 신자들의 존경받는 사도로 알려져 있다.

제임스 프레이저는 그의 생애를 통하여 리수족을 위해서 다음과 같은 네 가지 공헌을 하였다. 첫째, 사람들이 영원하신 하나님을 알도록 인도했다. 둘째, 서부 윈난 지역에 리수 기독교 공동체를 세웠다. 셋째, 리수 사람들로 하여금 자기 문자를 만들어 더욱 문명화되도록 도왔다. 넷째, 세계에서 가장 권위 있는 책인 성경(신약)을 리수말로 번역하여 하나님의 말씀을 리수 민족에게 소개를 하였다.

1938년 9월 25일 제임스 프레이저는 중국 윈난성, 빠오샨에서 52세에 죽었다. 그의 묘가 있던 지역이 훼손되고 있는 이유로 인해 서부 윈난 기독교 교회는 그 묘를 빠오샨의 산비탈에서 이 지점으로 옮기기로 결정하고 리수 교회를 대표하여 J.O. 프레이저에 대한 리수인들의 소중한 추억을 표현하는 방법으로 새롭게 비석을 세우기로 하였다.

프레이저는 고난으로 인해 많은 눈물을 먼저 뿌려야 했지만 커다란 추수를 거둔 삶이었다. 제임스 O. 프레이저시여, 편히 잠드소서.

—主後 2002년

James Outram Fraser, English missionary, was born in London in 1886. At the age of 22, he left his comfortable home life, gave up good career prospects in engineering and set off across the Pacific Ocean for Shanghai, China. On the way he passed through HongKong, Thailand, Singapore, Myanmar, and entered western Yunnan Province to preach the gospel and save souls. In 1908, while in Tengchong, Fraser met the Lisu people for the first time. From the beginning he had a deep love for the Lisu. He learned the Lisu language at an astonishingly fast rate and began to preach the gospel of Jesus Christ among the people

James Fraser travelled all over Tengchong, Baoshan, Longling, Yingjang, Luxi, Longchuan, and the Lisu areas of the Nujiang Valley and Myanmar. He was the first person to establish a christian community among the Lisu and was respectfully known as an apostle to the Lisu believers.

In his lifetime, James Fraser's four greatest contributions to the Lisu were
(1) to lead the people to know the everlasting God;
(2) to establish a Lisu Christian community in western Yunnan;
(3) to help the Lisu people create their own written script and thereby become more civilised;
(4) to translate the most authoritative book in the world - the Holy Bible (New Testament)- into the Lisu language, and introduce God's Word to the Lisu people.

On 25 September 1938, while in Baoshan, Yunnan, China, James Fraser died at the age of 52. Due to land erosion, West Yunnan's Christian Church decided to move the grave from the mountain slopes of Baoshan to this location, renewing the headstone on behalf of the Lisu Church as a way of expressing their cherished memory of J.O. Fraser.

Fraser's life has reaped a large harvest, although many tears had first to be sown through his labours. Rest in peace, James O. Fraser.

—AD 2002년

차례

■ 감사의 글

　이 책이 나오기까지 도와준 친구들, CIM의 문서 자료를 힘들게 수집해
준 도로시 버로우즈, 미국 오레곤에서부터 긴 문서를 보내 준 앨린 쿡, 캐
나다에서 자신의 책들을 보내준 댄 스미스, 샨시성에 관한 정보를 알려준
레슬리 라이얼, 충고를 해준 찰스 스태머스, 기꺼이 원고를 타이핑해준
바바라 콜린스에게 감사의 말을 전합니다.
　「산맥 뒤에서」를 읽어 본 독자는 아시겠지만 나에게 그 이야기를 처음
해준 하워드 테일러 부인께 특별한 은혜를 입었습니다.
　또한 해외선교회(OMF)에 특히 감사하고 싶습니다. 이 책을 처음 나에
게 소개해주고 나의 아버지를 새롭게 알게 해주었으며 내가 옛날에 살았
던 그 양지바른 산맥으로 다시 나를 데려다 주었기 때문입니다.

에일린 크로스만

1982년 바스에서

내가 학생 시절에도 '리수 마을의 프레이저'는 이미 전설과 같은 존재였다. 영국에 있는 작은 중보 기도 모임이 두메산골에 있는 부족에 미친 영적 영향력은 선교에 관심 있는 그리스도인들에게 신선한 비전을 주고 있었다. 제임스 프레이저는 삶을 즐기는 능력이 대단했다. 친구나 친척들은 그가 지닌 예리한 유머 감각으로 인해 즐거웠다. 그는 뛰어난 피아니스트로 20살에 런던에서 첫 피아노 연주회를 열기도 했다. 임페리얼 대학에 재학 중 신앙을 갖게 되어 22살에 중국에 갔다. 그때 그는 안락하고 부유한 가정과 공학 기술 분야의 빛나는 경력을 포기했다. 대신에 그는 서남 중국의 험한 산 속에서 육체적으로 고생하며 리수족 안에서 영적으로 갈등하며 사는 삶을 선택했다. 그들은 수 세기 동안 마귀에게 얽매여 살고 있었고 한 번도 예수 그리스도에 대해 들어본 적이 없는 부족이었다.

고독과 열병과의 싸움, 그리고 종종 오는 절망, 어둠의 권세와의 대결을 통해서 그는 오히려 하나님께 대한 믿음을 더 가지게 되었고 기도의 능력에 대해서도 더욱 잘 알게 되었다. 많은 가슴앓이와 실망이 있었지만 신자들은 수천 명으로 불어났고 리수족 스스로 자기 동족에게 복음을 전하게 되어 교회가 자생하기 시작했다.

이 책은 우상숭배가 일상생활의 구석구석을 지배하고 있는 세계에서 하나님의 말씀을 전할 때 수반되는 영적인 전투를 묘사하고 있다. 세계 어느 곳에서라도 복음이 전파되면 그들을 사로잡고 있던 어둠의 세력은 반대하기 마련이다. 나타나는 모습이 위장되어 있을 뿐 같은 원칙이 적용된다. 우리에게도 같은 적이 있고 또한 같은 하나님이 계시다.

리스 사무엘 서댐턴

OMF에 허입된 이래로 많은 선배로부터 제임스 프레이저에 대한 이야기를 들었다.

1900년 초 아주 열악한 지역인 산 마을에 들어가서 많은 고생을 했으며 그의 헌신으로 마침내 산 마을의 리수족 안에 부흥이 일어나게 된 이야기는 감동 그 자체였다.

그리고 그런 그의 삶을 그린 책이 있다는 이야기를 듣게 되었다.

특히 허드슨 테일러의 고손자인 제이미 테일러 선교사는 나에게 이 책을 읽을 것을 강력하게 권했다. 그러던 중 몇 년 전 싱가폴에 있는 OMF 국제본부에 갔을 때 이 책의 원본을 구하게 되었다.

우리말로 번역을 하면 좋겠다는 생각을 했지만 차일피일 미루다가 일전에 최태희 권사님께 번역을 부탁드렸는데 이렇게 한국어로 번역되어 나오게 되어 얼마나 기쁜지 모른다.

선교사가 선교지에서 어떤 사람으로 비춰지는가 하는 것은 선교사의 태도에 달려 있다고 생각한다. 제임스 프레이저가 리수족이 사는 산간 마을에 들어가서 살았던 삶은 전형적인 성육신적인 삶이다. 우리 주님이 우리 가운데 오셔서 우리와 조금도 다르지 않게 살았던 것과 같은 모습이다. 그는 리수족과 함께 리수족이 사는 곳에서 리수족이 먹는 음식을 먹고 리수족 언어를 배우고, 나중에는 그들의 말로 성경을 번역하며 살았다. 22세의 나이로 42세에 결혼 할 때까지 20년 동안을 그는 독신으로 청춘을 모두 리수족에게 바쳤다. 그는 52세의 아직도 일할 수 있는 나이에 주님 곁으로 돌아갔다.

그러나 그의 죽음이 헛되지 않은 것은 그가 그렇게 사랑하고 자기의 젊음을 다 바쳤던 리수 교회가 지금도 부흥하고 있는 것을 통해 증명된다.

중국 정부의 공식 발표 속에서 전체 인구의 90% 이상이 교회에 다닌다고 보고될 정도로 리수 교회는 건재하고 있다.

우리말로 '산비'라고 번역된 이 책을 통해 제임스 프레이저의 삶을 다시 돌아볼 때 가장 마음에 감동을 주는 것은 그의 기도였다. 그는 사역 초기부터 리수족을 위해서 최선을 다하였지만 여전히 자신이 할 수 있는 일이 기도 외에 없다는 사실을 늘 고백했다. 그랬기 때문에 오랜 기다림 속에서 약간의 사역의 열매가 있었을 때도 교만하지 않았고, 그리스도인들이 다시 자신의 옛 생활로 돌아갔을 때도 실망하지 않았다. 그는 계속 기도했다. 그리고 또 기도했다. 그가 리수족의 회심한 어린 그리스도인들에게 훈련을 시키고, 성경 공부를 해야겠다는 생각이 들었을 때의 모습을 그린 장면이 지금도 생생하다.

"저는 기도가 우선이고 가르치는 것이 두 번째라고 생각하곤 했습니다. 현재 저는 기도의 자리가 첫 번째, 두 번째, 세 번째에 있어야 하고 네 번째에 가르치는 것이 와야 한다고 느끼고 있습니다."

한국이 파송한 만오천 명 선교사들과 지금도 그 길을 가려고 준비하는 많은 분들에게 이 책이 선교에 임하는 우리의 자세가 어떠해야 하는가에 대한 좋은 귀감이 될 것이라고 생각하며 강력하게 추천하는 바이다.

손창남(현 OMF동원대표)

버려진 영혼을 향한 남다른 사랑과 정열을 갖고 영적 전쟁터에 과감히 뛰어 들었던 한 선교사의 삶이 감동적으로 그려진 전기가 우리 손에 들리게 되었다. 현대를 살아가는 선교사들 뿐만 아니라 일반 성도들에게도 깊은 영적 도전과 감동을 줄 수 있는 책이라고 확신한다. 한 선교사의 삶이 전해주는 진한 감동뿐만 아니라 그의 사역 방법과 전략 또한 현대 선교사역의 모델로서 조금도 손색이 없다고 본다.

외롭고 열악한 선교지에서 선교사가 어떻게 스스로 건강한 영성을 유지할 수 있는 가를 보여준 영적인 삶, 선교지의 시급한 영적 필요를 채울 줄 아는 통찰력, 현지인들 삶의 외형적 열악함이나 빈곤 보다 그들의 내면적 빈곤에 깊은 관심을 갖고 외형적 프로젝트 보다 영혼구원에 우선권을 두었던 선교전략, 성경 번역을 통해 현지인들이 스스로 영적 지식을 터득할 수 있도록 도울 줄 아는 지혜, 현지인들을 영적 지도자로 세워 스스로 자립할 수 있도록 돕는 선교전략, 즉 삼자원리를 선교 현장에서 누구보다도 철저하게 적용하고 실천했던 선교방법, 동료 선교사들과 격려와 나눔을 통해 보여주었던 '팀 미션'의 모범적인 모델, 삶 자체가 선교사역의 기준이 되고 모델이 될 만큼 완벽한 선교사로서의 삶을 살다간 프레이저의 전기를 이 시대에 접할 수 있게 된 것을 감사하게 생각한다.

복음을 한번도 듣지 못하고 죽어가는 중국의 영혼들을 위해 보장된 미래를 과감히 포기한 청년, 생사를 넘나드는 고된 선교사역 중에도 내면의 기쁨과 미소를 잃지 않았던 청년, 잃어버린 영혼을 찾아 수천 미터가 넘는 산길을 며칠 또는 수 주일씩 기쁨으로 찾아다녔던 선교사, 우리와 같은 성정을 가지고 깊은 실패감과 좌절을 경험했던 사역자, 영적 열매를 맺는 유일한 길은 기도뿐임을 확신했던 선교사, 수많은 역경과 영적인 배역을 경험하면서도 중도에 포기하지 않고 끝까지 인내의 삶을 살았던 선교사 제임스 프레이저의 삶이 우리에게 커다란 도전과 감명을 준다.

중국의 소수민족 사역에 관심을 가지고 있는 사역자들, 리수 족에 관심을 가지고 연구하려는 학자나 사역자, 오지나 미전도지에서의 선교사역을 꿈꾸는 선교 지망생, 선교 현장에서 이미 선교사역에 동참하고 있는 선교사들, 선교전략을 개발하고 도우려는 선교 전략가나 지도자, 선교사를 파송하려는 목회자 모두에게 선교의 진정한 의미와 선교의 참 모습을 보여주는 가치 있는 책이라고 할 수 있다.

김학유 교수(합동신학대학원, 선교학)

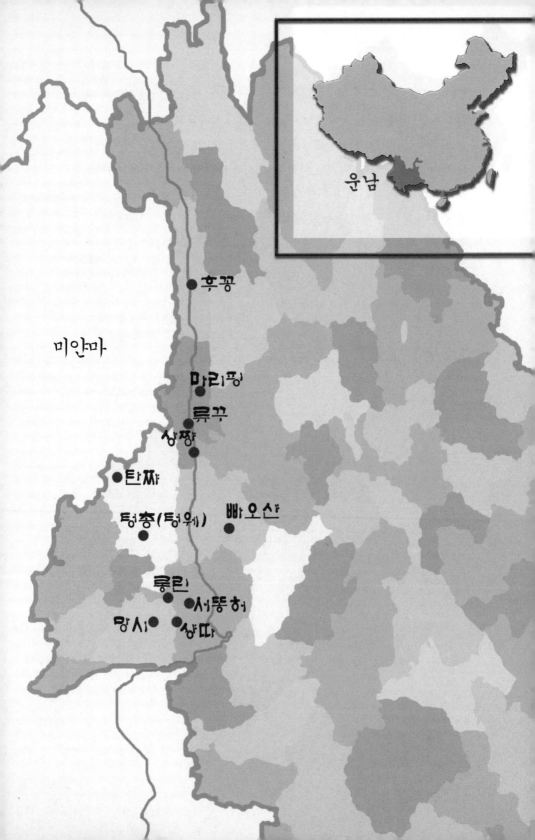

분수령

이 국경을 넘어오는 경주는 정말로 그를 겁나게 했다. 틀림없이 그 카친족 전사는 그를 죽이려고 했다. 그는 "여섯 가지 환난에서 너를 구원하시며 일곱 가지 환난이라도 그 재앙이 네게 미치지 않게 하신다(욥 5:19)."는 말씀을 기억했다. 제임스는 생각했다. '그래, 그리스도인은 사명을 다하기 전에는 죽지 않아.'

사냥꾼으로부터 달아남

제임스는 사냥꾼의 저주에 찬 말을 듣기 전에 칼날이 번쩍이는 것을 보았다. 개 짖는 소리는 이제 멀어졌지만 화가 나 있는 그 카친족 사냥꾼은 그를 향해서 비탈길을 뛰어 내려오고 있었다.

사냥꾼이 둥근 돌 위로 펄쩍 뛰었을 때 푸석푸석한 흙과 자갈이 쏟아졌다. 칼은 허공을 가르며 채찍 같은 소리를 내고 있었다.

제임스는 입이 바짝 마르고 목이 죄는 것 같았다. 몸을 가리기에 충분하지 않은 소나무를 뛰어넘어 앞이 트인 산기슭으로 나왔다. 이제 보호해줄 것은 아무것도 없었다. 목숨을 지키느냐 마느냐 하는 경주였다. 그의 샌들은 미끄러웠고 울퉁불퉁한 돌 때문에 아주 불편했다. 그의 가슴은 맹렬하게 쿵쾅거렸다. 그 카친족 전사는 목적을 위해서라면 며칠이고 달릴 것이었다. 그때 제임스에게 가장 반가운 친구는 어두움일 것이었다. 그는 동쪽 지역에 어두움이 덮일 때까지 계속 달려야 했다. 그는 달리면서 기도를 했다. 한마디씩 하는 기도였다. "살든지 죽든지…" 그의 마음은 혼돈 가운데 있었다.

사냥꾼의 발자국 소리는 이제 조용해지기는 했어도 여전히 들렸다. 제임스는 자신의 다리가 길기 때문에 거리가 멀어진 것으로 이해했다. 아마도 두려웠기 때문에 굉장히 빠른 속력으로 달렸던 것이리라.

그가 한 시간 이상 달렸을 때 다시 개 짖는 소리가 들렸다. 리수 마을이다. 그는 속도를 조금 늦추며 초가지붕에 켜 있는 희미한 불빛을 바라보았다. 초록 진흙을 튕기며 그는 재빨리 부서진 담장을 넘어가서 그를 쫓던 사람을 뒤로 돌아보았다. 뒤에는 아무도 없었다.

밤의 태양은 반대편 언덕을 비추고 있었는데 카친족이 사는 거칠고 적대적인 저 산 위 지역으로 한 사람이 돌아가고 있는 것이 보였다.

제임스는 땅에 주저앉아 대나무 담장에 머리를 기대었다. 그의 가슴은 두근거렸고 머리는 울렁거렸다. 갑자기 그에게 죽을 것 같은 피곤함이 엄습했다. 거의 한 시간 동안 그는 반은 깨어 있고 반은 수면 상태로 어둠 속에 파묻혀 있었다.

그는 전에 산적에게 잡힌 적이 있었다. 그들은 그의 주위를 둘러싸더니 그를 잡아서 때렸는데 생명만은 살려 주었다. 그는 또 윈난 성 서쪽을 여행할 때 모래 늪에 목까지 빠진 적도 있었다. 무장한 사람들의 총에 맞은 적도 여러 번 있었다. 밤에 만나는 도적이나 강도는 이제 약간 불편한 대상 정도밖에 되지 않았다.

그러나 이 국경을 넘어오는 경주는 정말로 그를 겁나게 했다. 틀림없이 그 카친족 전사는 그를 죽이려고 했다. 그는 "여섯 가지 환난에서 너를 구원하시며 일곱 가지 환난이라도 그 재앙이 네게 미치지 않게 하신다.(욥 5:19)"는 말씀을 기억했다. 제임스는 생각했다. '그래, 그리스도인은 사명을 다하기 전에는 죽지 않아.'

그의 마음은 수년 전 작은 종이 한 장을 보았던 때로 거슬러 올라갔다. 아주 먼 옛날 일처럼 느껴졌다.

한 학생을 위한 소책자

도서관 구석에 앉아 있던 한 젊은이의 마음속에 일어나고 있던 고귀한 갈등을 알아챈 사람은 아무도 없었다. 그날 오후 그는 세 번째로 옆에 있는 전단지를 펴서 읽었다. 한 친구가 이틀 전에 그것을 주었는데 그때 그들은 증기압에 대한 실험을 하고 있던 중이었다. 서로 대화를 나누다가 그 종이를 건네받은 것이었다. 젊은이는 이제 책 위에 고개를 숙이고 그의 마음속에서 심해져만 가는 갈등 속에 빠져 들었다.

때는 1906년, 그 학생 이름은 제임스 프레이저로 런던에 있는 임페리얼 대학에서 기계공학을 공부하고 있었다. 그는 자신의 전공이 세계적으로 대단히 전망 있는 분야인 것을 알고 있었고 자기 자신의 능력도 상당함을 알고 있었다. 그런데 그 2페니짜리 전단지가 그의 모든 장래를 뿌리째 뒤흔들어 놓았다. 그는 언제나 질문을 던지는 쪽이었는데 이제 자신이 편안하게 대답할 수 없는 질문과 맞부딪혔던 것이다.

그는 늘 열심히 노력해서 자기의 은사를 개발하고 유용한 경력을 쌓겠다는 생각을 하고 있었다. 물론 하나님을 두려워하고 있었기 때문에 교회에 다니고 도덕적으로 흠 없는 삶을 살고 있었다. 하나님께서 무엇을 더 원하시겠는가?

제임스는 수학을 잘했기 때문에 공학 기술 분야에서 이미 두각을 드러내고 있었다. 이뿐 아니라 그는 음악에도 수년간 수련을 쌓아서 첫 피아노 리사이틀을 런던에서 가질 계획으로 있었다. 스무살 난 청년이 그 이상으로 무엇인가를 성취하기는 어려울 정도였다. 그런데 그 전단지는 하나님께서 이 모든 것보다 훨씬 더 능가하는 어떤 것을 원하신다는 것이었다.

제임스는 책을 덮어 들고 교정을 나왔다. 켄싱턴에서 하이드파크로 건너가 마침내 킹스크로스 역에 도착했다. 거기서 헛포드셔에 있는 레치워스로 가는 초저녁 기차를 탔다. 이틀 동안 그의 마음은 소용돌이 속에 있었다. 집중해서 생각을 하고 있노라니 기차를 타고 가는 시간이 대단히 짧게 느껴졌다. 거기에 쓰여 있는 글은 단순하고 평범했지만 귀기울이지 않을 수 없는 것이었다. 그 생각은 완벽하게 냉정하고 논리적이었다.

만일 우리의 주인이 오늘 돌아오셔서 수백만 명의 사람들이 복음을 듣지 않은 채로 있는 것을 보신다면, 그걸 보시며 우리에게 설명하라고 하신다면, 우리가 어떤 설명을 드릴 수 있을지 나는 상상이 가지 않는다. 한 가지 내게 확실한 것은 현재 우리가 아무런 양심의 가책을 받지 않고 선한 마음으로 하는 일상적인 변명이 그때에는 전적으로 부끄러운 일이 될 것이라는 것이다.

그는 차창 밖으로 헛포드셔의 부드러운 초원이 빠르게 스쳐가고 있는 것을 뚫어지게 쳐다보았다. 모든 것에 이상한 흥분이 들어간 것 같았다. 생애의 중요한 결정 앞에서 하나님께 이르는 기쁨의 길로 오라는 손짓이었다. 전단지는 그리스도를 위해서 자신의 삶을 잃는 것에 대하여, 살기 위하여 죽는 것에 대하여 말하고 있었다. 간단히 말해서, 하나님께서 훨씬 더 좋은 것을 가지고 계시니 보장된 장래의 계획과 전망을 모두 포기하라는 것이었다. 더 나은 계획, 더 나은 미래를 위해.

헝클어진 머리에 되는 대로 옷을 입은 키가 크고 소박한 청년이 깊은 사색에 잠겨 레치워스가든시티에서 윌리엄웨이로 가는 길로 걸어가고 있었다. 확실히 미남은 아니었지만 어떻든 그의 모습은 활력이 있었고 목적의식이 뚜렷해 보였다.

깨진 가정

그의 어머니의 집은 크기는 했지만 세인트알반즈의 이중문이 있던 집만큼은 크지 않았다. 부모님이 헤어지기 전에는 그 집에서 가족이 모두 함께 몇 년 간 살았었다. 제임스의 집은 깨진 가정이었다. 부모님은 서로 성격이 맞지 않아 그가 십대였을 때 헤어졌다.

어머니는 빅토리아 시대의 우아함을 지닌 분으로 레이스와 벨벳으로 단장하고 있었다. 음악과 미술에 조예가 있었으며 영적인 일에도 매우 민감

했다. 아버지는 스코틀랜드 출신 캐나다 사람으로 대단히 성공적인 수의 사였다. 젊었을 때 해리엇으로 유명한 요크셔 골짜기에서 경험을 쌓다가 후에 세인트 알반즈 남쪽으로 이사 와서 가축 외과 의사를 양성하는 로열 대학에서 20년간 학장으로 있었다. 그는 또한 공중 앞에서 연설을 잘했기 때문에 여러 번 국회의원 후보로 지명되었으나 출마는 하지 않았다. 그는 하찮은 것과 속이 좁은 것을 못 견뎌했다. 그는 신실한 감리교인이었으며 말년이 될 수록 성경에 더욱 심취하게 되었다. "모든 말씀이 사실이야, 알 겠니?" 라고 그는 딸에게 편지를 보낸 적이 있었다.

프레이저 부인은 남편과 기질의 차이 때문에 참을 수 없을 지경이 되자 자기 재산으로 레치워스에 집을 사서 그곳으로 다섯 아이를 모두 데리고 갔다. 여러 면에서 그때가 행복하기는 했지만 분명히 그러한 이사는 고통 스러운 흔적을 남길 수밖에 없었다.

그런 환경 속에서 제임스의 새로운 삶의 스타일은 누군가의 오해를 받 는다고 해도 놀랄 일이 아닌 그런 것이었다.

그러나 그의 어머니는 오해하지 않았다. 모자 간에 영적 우정이 싹 트게되어 그의 평생 동안 계속 되었다. 둘 다 감리교회를 다녔는데 제임 스가 학창 시절 예수 그리스도를 개인적으로 만난 후에는 좀 달라졌다. 그 의 어머니조차도 그에게 일어난 일에 대해 충분히 감사할 수가 없었다. 제 임스에게 있어서 그것은 존 웨슬리의 앨더스게이트 거리에서의 경험과 같 은 것이었다. 그의 마음은 이상하게 뜨거웠고 난생 처음으로 그리스도를 믿는 믿음을 통하여 하나님이 이루신 변화를 온전하게 이해했다.

학생 시절

그가 받은 전단지와 임페리얼 대학에서 가졌던 작은 성경 공부 모임의 영 향으로 제임스는 새로운 영적 세계에 들어가게 되었다. 임페리얼 대학 친구들은 제임스를 좋아했다. 그는 사람들과 함께 있는 것을 좋아했으며 그에게는 폭소를 자아내게 하는 유머 감각이 있었다. 그의 사촌인 알렉스 번은 1938년 낙태 건으로 유명한 의사였는데 그와 함께 휴가로 장기간 유럽을 여행했던 때를 기억하고 있었다. 알렉스는 함께 모험도 하고 경치도 즐겼지만 제임스가 삶을 즐기는 능력이 탁월했던 것이 가장 인상에 남는다고 했다. 기발한 엉뚱함으로 모험을 더욱 즐겁게 만드는 재주가 있었다.

제임스가 1938년에 죽었을 때 동생 고든은 "그 웃음 소리를 다시는 들을 수 없다니!"하고 슬퍼했다. 동 시대의 다른 사람은 또 이렇게도 말했다. "나는 그가 이상한 나라의 앨리스 전부를 외고 있는 것이나 아닌지 궁금할 때가 있었다."

그러나 제임스는 개종하기 전에도 진지한 면이 있었다. 어렵거나 금지된 일이 있으면 도전 정신이 생기는 것 같았다. 그는 일을 끝까지 해내기 위해 집요한 인내심을 발휘하는 사람이었다. 어렸을 때 한번은 한 번도 쉬지 않고 자전거를 199마일이나 탄 적이 있었는데 인내심을 시험해 보는 것이 즐거운 것 같았다.

이제 완전히 새로운 삶의 지평이 열렸다. 하나님이 그를 만나 주신 것이었다. 그의 마음에 강렬한 새 욕망이 솟구쳤다. '내 안에서 강력으로 역사하시는 하나님'에 대한 욕망이었다. 그는 전에 관심 갖던 것에 흥미를 잃고 올림픽을 준비하는 선수처럼 생활을 간소화하기 시작했다.

중간 지대는 없었다. 다른 무엇보다도 한 가지만이 중요했다. 자기가 무언가를 포기한 느낌이었다는 기록은 없다. 그저 단순히 이전에 좋았던 것이 새로운 정열로 인해 그의 삶 속에서 빠져나가 버린 것이었다.

"누구든지 세상을 사랑하면 아버지의 사랑이 그 속에 있지 않은 것이다 (요일 2:15)."

음악

그러나 가지치기를 해야만 했다. 그의 피아노 솜씨는 연주 작품의 규모나 범위에 있어서 대단한 수준이었다. 수년 후에 자신이 가졌던 음악 분야의 꿈에 대해 그는 다음과 같은 글을 남겼다.

"음악다운 음악에 빠져들 때면 내 안에 있는 음악적 재능이 충분히 연마된 것 같지 않은 느낌이 들곤 했다. 연주 이야기가 아니라 일반적인 음악 교육이 부족하고 영혼이 다듬어지지 않은 느낌었다."

예전에 살던 것과 다르게 살고 싶어서가 아니었다. "사람은 가끔 한쪽 가지는 쳐내야 하는데 그것은 다른 쪽 가지를 더 잘 자라게 하기 위해서이다. 그러나 가끔 나는 한 세기 쯤 전에 있던 프랑스 국립 음악회의 그 황금 같은 음악 세계에 빠지는 꿈을 꾼다. 나는 베토벤이나 모차르트, 그 외에 다른 위대한 음악가의 창작물에 내 영혼을 담그고, 오페라 음악을 들으며 루빈스타인과 사라사테와 파가니니와 다른 위대한 성악가의 세계 속에 사는 꿈을 꾼다. 꿈에서 깨어나면 그것이 꿈이어서 다행이라고 생각하지만, 나의 자연적인 성향은 그만 그 방향으로 나가 버린다."

아마도 그는 기술 공학과 수학을 가지고도 같은 대가를 치렀음에 틀림없다. 후에 중국에서 피아노가 치고 싶지 않았느냐고 질문을 받았을 때 그는 피아노보다 수학책이 더 그리웠다고 대답한 적이 있었다. 그는 활력이 넘치고 통찰력이 있었으며 논쟁적이었기 때문에 자연히 그러한 주제를 가지고 얘기하는 것을 즐거워했다. 그러나 아무리 그러한 것이 좋고 훌륭해 보여도 예수 그리스도에 대한 그의 사랑에 비하면 그것들은 아무것도 아니었다.

사명

19세기 중반에 일어났던 위대한 영적 부흥은 영국 기독교에 심오한 영향을 끼쳤다. 오어 박사는 『두 번째 복음 각성』이라는 책에서 최소한 백만 명이 이 시기에 교회에 들어왔다고 추정했다. 그 영향은 대서양 너머에까지 광범위하게 미쳐서 영국과 미국의 기독교인들은 세계를 품기 시작했다. 전 세계에 복음을 전하라는 그리스도의 명령을 오랫동안 무시한 것을 이제 깨닫게 되었다. 복음이 전해지지 않은 나라에 자원자를 보내기 위해 선교 단체들이 생겨나기 시작했다.

기독교인 사이에 영적 깊이를 더하고자 생긴 케직 사경회에서도 반드시 같은 주제의 메시지가 결론으로 이어졌다. 1904년 웨일즈의 부흥으로 인해 선교 운동에 힘이 더해졌고, 무디와 토레이 등이 인도하던 새로운 스타일의 전도 집회에서도 세계 선교를 강조했다.

선교에 대한 새로운 관심에는 성령의 증거가 뚜렷했다. 잃어버린 영혼에 대한 깊은 관심과 열정이 그 가운데 있었다. 제임스는 당대의 유명한 설교를 들었고, 허드슨 테일러의 중국 내륙에서의 모험에 대해 배웠으며, 1906년 크리스챤 훈련 센터에서 C. T. 스터드를 만났다. 그는 천성적으로 생각이 많고 사려 깊기 때문에 지나가는 정열로 인해 행동하는 사람이 아니었다. 그러나 이 시절에 그는 하나님께 온전히 사로잡히게 되었다. 그래서 자신의 일생을 온전히 바쳐드리는 커다란 영적인 걸음을 내디뎠던 것이다.

제임스가 이 시기에 배운 가장 귀중한 교훈은 훈련이었다. 사람이 많이 모이는 회합이나 따뜻한 친교를 대단히 좋아하면서도 그는 일찍부터 하나님과 개인적으로 교제하는 법을 배웠다. 그 자신이 그런 이야기를 한 적은 없지만 그의 어머니는 그가 학생일 때 많은 시간을 혼자 기도하고 성경 공부하는데 사용하였다고 말하였다.

중국으로 가는 지원서

학위를 마치고 나서 제임스는 중국 내지 선교회(China Inland Mission : 이하 CIM이라 표기함)에 지원했다. 이 단체에 관한 모든 것이 그의 마음에 들었다. 한 가지 예를 들자면 이곳 규칙에 의하면 아무에게도 돈을 요구하거나 그에 관해 언급하는 것이 허락되지 않았다. 모금, 호소, 필요 등의 이야기가 금지되어 있었는데, 그럼에도 불구하고 40년의 역사를 지내오면서 천여 명의 회원을 돌볼 수 있었다. 총재나 갓 들어온 선교사나 평등한 원칙에 의해 사례를 받았다. 그들이 필요한 것은 모두 채워졌다. 허드슨 테일러는 "하나님의 말씀은 진실하기 때문에 약속하신 것은 반드시 지켜 행하신다"고 말했다.

이 선교회를 택한 또 다른 이유는 초교파이기 때문이었다. 성경적인 믿음의 기초만 가지고 있으면 다른 차이는 모두 이차적인 것으로 서로 구별하지 않았다. 믿음과 교리의 문제와, 그리고 "가서 모든 족속에게 복음을 전하라"는 대 위임 명령을 수행하는데 있어서 일관되게 흐르는 일체감이 있었다.

CIM은 당시 새로 생긴 단체로 지명도가 있는 선교회가 아니었다. 가족 중 한 사람은 "제임스가 꼭 이 터무니없는 짓을 해야 한다면 좀 그럴듯한 교회 선교회를 택할 수는 없을까? 꼭 이 색다른 무리와 함께 가야하는 거야?" 하고 신랄하게 말했다.

그러나 이 색다른 자들의 무리에 그는 지원하였다. 얼마 되지는 않았어도 의심할 것 없이 하나님께서 그들과 함께 하고 계신 것이 분명했다. 교회 역사 속에서 중국 내지로 들어간 허드슨 테일러보다 더 용기 있고 더 위대한 믿음의 이야기를 만들어 낸 경우는 드물었다. 그 모험은 읽기에는 재미있지만 실제로 그렇게 살았던 경험은 장난이 아니었다. 세계 인구의 4분의 1에게 '그분을 아는 지식' 이라는 빛을 전하기 위해 고통하고 피 흘리는 일꾼들을 보내신 심각한 이야기였다. 또한 그들을 다루신 은혜롭고 자비로우신 하나님의 손길의 기록이었다.

사실을 말하자면 제임스는 두 번이나 거절당했다. 귀에 염증이 약간 있었는데 중국 내지의 원시적인 환경에서 더 나빠질지도 모른다고 선교부에서 염려했기 때문이었다. 그들은 이렇게 말했다. "아무리 필요가 절박하더라도 하나님께서 보내는 사람이 아니면 선교사로 가지 않는 것이 낫습니다. 그분은 중국에 건강이 좋은 사람만 보내십니다."

제임스는 세 번째 편지를 썼다. "글쎄요, 어쨌든 저는 갈 것입니다. 하나님께서 저를 보내심을 제가 알고 있기 때문입니다."

귀는 나았고 그는 허입이 되었다. 21살에 그는 런던 북쪽에 있는 CIM 본부에서 일 년 동안 훈련을 받았다.

제임스는 학생 시절에 기숙사 생활을 해본 적이 있었다. 그런데 이제 그는 더욱 가까이에서 모든 종류의 기질을 가진 사람들과 함께 살게 되었다. 그는 자연적으로 스파르타식의 엄격한 생활태도를 견지했다. 집에 다녀올 때도 이렇게 살아야 하는 것처럼 자신을 추슬렀다. 그는 여기 훈련소의 기다란 테이블에서 새로운 진지함으로 성경공부를 하였다. 그가 모든 기본적인 주요 교리에 대해 얼마나 분명하게 알고 있는지, 그리고 스물두 살밖에 되지 않았는데도 얼마나 광범위하고 상세한 성경 지식을 가지고 있는지를 보는 일은 아주 인상적인 것이었다.

본부에 드나드는 선교사들을 만나는 일은 언제나 재미있었다. 그들은 일상적으로 만나는 사람들과 똑같았고 그들 대부분은 눈에 띄지 않는 매우 평범한 직업을 가지고 있었다. 그러나 그들은 해주고 싶은 이야기가 많았고 그들이 기도하는 소리를 들으면 영감이 넘쳤다. 이 사람들에게는 하나님의 뜻을 아는 지혜와 영적 이해가 가득해 보였다. 제임스는 날마다의 기도 모임을 통하여 이해가 자라고 헌신하는 마음이 깊어졌다.

일 년 간의 훈련이 끝나고 어머니와 헤어질 때 마음이 쓰렸다. 제임스는 앞일에 대한 기대로 충만했지만 어머니에게는 아들의 빈자리만 남을 뿐이었다. 이 아들은 어떻게 보면 비극적인 그녀의 삶을 부요하게 해주고 있었기 때문이었다. 그가 떠나기 전날 밤 어두워진 정원을 뚫어지게 바라보며 어머니는 '이제 헤어지면 십 년, 아니 그보다 더 긴 세월이 지나야 다시 만나겠구나' 하고 생각했다. 편지가 도착하는 데만도 수 개월이 걸렸다. 그러한 진공 상태에서 어떻게 그를 위해 기도할 수 있을까?

런던의 빅토리아 역에서 선교사들을 보내던 상황은 제트기 시대에 보는 모습과는 달랐다. 대합실에 그들의 안녕과 축복을 비는 군중들이 가득 서 있었다. 엔진의 소음과 짐꾼의 외치는 소리 때문에 찬양하는 소리는 반쯤밖에 들리지 않았다. 프레이저 부인과 제임스의 누이 밀리센트는 말없이 조용히 군중의 뒤쪽에 서 있었다. 제임스나 어머니나 그곳에 있는 사람들을 대부분 알지 못했다. 그들은 누가 노래를 시작했는지는 알지 못했다. 그러나 기차가 멀어져갈 때 무엇에 대해 죽는다는 뜻이 무엇인지 조금은 분명히 알게 되었다.

원숭이족

"나는 중국인에게 하나님의 말씀을 전하는 일과 같은 주님의 일을 하고 있지 않습니다. 여러분이 재단사에게 보낼 짐을 포장하는 일과 같은 주님의 일을 하고 있습니다. 무슨 일을 할 지를 결정하는 것이 우리에게 달려 있지 않습니다. 하나님께서 우리에게 그런 일을 하라고 하셨다면 그대로 따라서 하는 것이 더 낫지 않겠습니까? 더 낫고 위대하고 더 '고상한' 일을 기다리는 대신에!"

두 종류의 산

중국 남서부의 지세를 알려면 지형도를 봐야하는데 그럴 때 여러분은 왜 하나님이 산악인들을 그곳에 보내는지를 알게 될 것이다. 제임스가 처음에 말을 타고 윈난성으로 들어갈 때 미얀마 길은 아직 닦여 있지 않았다. 북서쪽으로 해발 19,000피트나 되는 산맥의 등성이가 겹겹이 히말라야 기슭까지 뻗쳐 있었다. 티벳 국경까지 이어진 그곳은 산세가 험하고 가까이 하기 어려운 장소였다. 남서쪽의 산 높은 곳에 길이 나 있어서 그 길을 따라가면 푸른 초목이 우거진 미얀마 계곡으로 이어졌다. 제임스는 산길을 가는 여정을 기막히게 묘사했다.

높이 자란 초목, 거대한 둥근 돌, 크고 작은 바위들, 개울과 높은 산들이 온 사방으로 보였습니다. 그리고 부슬부슬 오는 빗속을 걷는 우리에게 안개가 피어 올라왔습니다. 하루종일 걷는 동안 만난 사람이라고는 한 사람 뿐이었는데, 왜냐하면 산 위쪽 경사진 곳에는 음식이나 은신처가 없고 대신 표범과 늑대와 곰이 살고 있기 때문이었습니다. 높고 험하고 바위가 많고 습하며 거친 이곳이 나는 정말로 좋았습니다.

그러나 아래쪽을 덮어버린 안개는 우리가 있는 주위를 다 감춰버렸습니다. 들판도 산꼭대기도 다 보이지 않았습니다. 그리고 이 산의 적막함이란! 웅장하고 영혼을 뒤흔드는 것이었습니다. 몇 시간을 힘들게 올라가니 (내가 늘 하고 있던 일이었기 때문에 나 자신은 완전히 행복했습니다!) 정상에 도착했습니다. 정상이라기보다 고갯길이라고 하는 편이 맞겠는데 왜냐하면 산길이 정상을 통과하는 법은 없기 때문입니다. 그것은 숲이었습니다. 젖어 있는 낙엽을 밟는 우리의 발자국 소리 외에는 아무 소리도 들리지 않았습니다. 가끔씩 똑, 똑, 하고 부드러운 땅에 커다란 물방울 떨어지는 소리가 들렸습니다. 새 소리 하나 없이 조용하고 고독하고 대기는 젖어 있었습니다. 해발 10,000피트는 되는 것 같았고 거의 일 년 내내 눈이 쌓여 있었습니다.

그런데 더 걸어가자 반대편에 급한 내리막길이 나와서 손과 발을 다 사용해서 이끼 낀 나무 가지를 붙잡으면서 관목 숲을 지나 내려왔습니다. 한참동안 안개 외에는 아무것도 보지 못하고 있었는데 갑자기 숨 막힐 것 같은 광경이 눈앞에 펼쳐졌습니다(그러한 길을 걸을 때는 가끔씩만 주위를 보게 됩니다.). 티엔탄과 저 너머로 보이는 산맥, 저 멀리 아래로 보이는 들판이 선명하게 한 눈에 들어오는 것이었습니다. 그렇게 광대하고 장엄한 광경에 나는 걸음을 멈추고 산등성이가 겹겹이 보이고 구름이 띠를 이루고 있으며 멀리서 누강 분수령이 견고한 벽처럼 길을 차단하고 있는 것을 감상하였습니다. 가끔씩 장엄한 광경을 보기 위해 멈추기도 하면서 계속해서 아래로 내려오자 거의 해질녘이 되었는데, 마침내 우리는 흙탕물투성이의 비에 젖어 지친 모습으로 수띠엔 리수 마을에 도착했습니다.

제임스가 중국 남서부로 오게 된 것은 고참인 존 매카시가 그 지역을 포기하지 못해서였다. 일꾼도 부족하고 나라는 넓고 성만 해도 인구가 당시 거의 700만(책 출간 당시는 천만)이나 되었기 때문에 CIM 이사들은 이 오지에는 조금 나중에 선교사를 보내는 것이 좋겠다고 생각했다. 그러나 맥카시가 강경하게 주장하자 그에게 언어학교에 가서 신입 선교사 중에 적당해 보이는 사람을 비밀리에 뽑아보라고 하였는데 그때 마침 제임스가 그곳에 있었다.

맥카시는 본부에 전보를 보내서 '프레이저와 또 한 사람은 본부에서 택해서 보내달라' 고 하였다. 그렇게 되어 키가 작고 뚱뚱한 존 맥카시와 키가 크고 야윈 제임스 프레이저가 미얀마까지 와서 산을 넘어 윈난성에 오게 된 것이었다. 노새가 그 길을 잘 알아서 갔기 때문에 제임스와 그의 친구는 노새 위에 앉아 중국 신문이나 책을 읽었다. 제임스는 그렇게 길을 가면서 모차르트의 전주곡이나 쇼팽의 서곡을 기억해 내며 '음악을 즐기는' 습관을 계발했다. 그때는 카세트테이프가 없던 시절이었다.

제임스가 처음 마련했던 집은 서쪽 끝에 있는 텅웨(현재의 텅충; 역주)라는 마을에 있었다. 미얀마의 국경이 있는 산맥이 바라다보이는 곳이었다. 그는 작은 방을 세내었는데 가로세로 3×4 미터인 중국 여관이었다. 비어있는 방에 쥐가 있었는데 동역자 엠버리 부부의 집보다는 많지 않았다. 이 방에서 제임스는 거의 하루종일 앉아서 중국어를 공부했다. 텅웨에 오기 전 6개월 동안 언어 학교에서 공부했어도 중국어 정복은 산 넘어 산처럼 보였다. 그는 중국어를 배우면서 다음과 같은 편지를 보냈다.

이 중국어라는 산은 처음에는 매우 가파른데 점점 올라갈수록 수월한 것처럼 보입니다. 그러다가 이제 좀 익숙하겠다 싶으면 앞에 다른 봉우리가 전에 넘었던 산보다 더 높이 우뚝 서 있습니다. 모든 부분이 같은 정도로 험한 산을 다 올라가야 합니다. 산의 이름에는 중국 사상과 표현법이라는 것도 있어서 전에 그것에 대해 듣기는 했어도 그 산을 기어오르기 전에는 보이지 않습니다. 오르기 시작해야 조금 보이는데 그것이 얼마나 자신에게서 멀리 떨어져 있는지를 볼 수 있을 뿐입니다.

그에게 낙심되었던 순간도 있었다. 한 동안 공부를 하고난 뒤이기 때문에 시장에 가서 배운 것을 사용해 보았다. 그러나 아무도 그의 말을 한 마디도 알아듣지 못했다.

나는 일상적으로 쓰는 중국어 회화를 익히기 위해 최선을 다하고 있습니다. 그런데 시간이 많이 걸릴 것 같습니다. 아직 시작한 단계일 뿐입니다. 학식 있는 중국어 학자가 되려는 것이 아니기 때문에 이해하기 쉬운 방법으로 말하는 것이 더 중요합니다. 맥카시 부인이 한 선교사 이야기를 해 주었는데 그의 중국어 수준은 학자처럼 대단했는데 자기 집에서 일하는 하인과는 아무 말도 통하지 않는다는 것이었습니다. 문자적인 중국어는 배우기에 아주 매력이 있지만 일상생활에서 쓸 수 있는 회화와 병행해서 공부해야 합니다. 문자 배우는데 치우치기가 쉬운 것 같이 생각됩니다.

그는 여인숙이나 시장에서 들리는 대로 단어나 구절을 메모했다가 집에 와서 그것을 연습했다.

나는 이런 방식으로 수백 문장을 받아 적었습니다. 하고 싶은 말의 의미와 근접한 표현이면 그것이 딱 맞는 완벽한 표현이 아니어도 그냥 써버리고 싶은 유혹이 있었습니다. 그러나 그것으로 만족해서는 안 되는 것이었습니다. 예를 들어 '이것 잘못 되었어요.' 라는 말을 배웠을 때 그것을 빨래를 깨끗이 하지 않은 경우, 청소를 제대로 하지 않은 경우, 그림이 제대로 걸려 있지 않은 경우, 고기가 반쯤 밖에 익지 않은 경우, 문제가 만족스럽게 해결되지 않은 경우 등에 전부 쓰려는 유혹입니다. 그러나 영어도 그렇지만 중국어에서도 각각의 경우에 다른 표현이 있습니다.

시험(Temptations)

자기 다락방에 혼자 있을 때 제임스는 시험에 빠지기도 하였다. 고립된 위치에서 오는 고독감으로 인해 의기소침해 지는 것이었다. 그가 말을 나눌 수 있는 유일한 대상인 엠버리는 일을 거의 다 혼자 해야 했기 때문에 바빴고 그의 중국말은 아직 대화를 나눌 정도가 아니었기 때문에 그에게 말걸 상대가 없었다. 다른 시험은 제임스의 생활이 단조로운 데서 오는 것이었다. 날마다 선생님과 하든지 또는 혼자서 책을 보면서 하는 언어 공부가 제임스의 생활 전부였다. 전체적으로 하나님과 갖는 매일의 교제가 느슨해질 유혹이 있었는데 '영혼이 어디에 애정을 쏟는가 하는 은밀한 기록'에 문제가 있을 수 있었다.

다시 말하면 훈련이 그가 하나님과 동행하는 걸음에 아주 중요한 문제가 되었다. 그는 아침 일찍 일어나야 했는데 여관이 금방 부산해지고 주의를 산만하게 했기 때문이었다. 그는 얼마 안 되어 언덕 위에 '기도처'를 발견했는데, 날씨에 따라서 다른 장소가 있었다. 그에게는 일찍부터 걸으면서 크게 기도하는 습관이 있었다. 자기 친구에게 말을 하듯이 기도하였다. 그는 찬송가를 사용할 때가 많았는데 찬송가의 가사로 크게 기도하는 것이었다. 어떤 때는 앉아서 언덕 위에서 도시를 내려다보며 기도를 하기도 하였다.

제임스는 스물두 살 밖에 되지 않았지만 자신에게 다가오는 무기력과 무감각에 대항해서 스스로를 훈련하는 법을 빠르게 배우고 있었다. 그는 눈앞에 있는 일이 아주 사소하게 보일지라도 모든 노력을 기울여 그것을 충성스럽게 감당했다.

"작은 일은 작은 일일 뿐이다. 그러나 작은 일에 충성하는 것은 위대한 일이다." 라고 허드슨 테일러는 말했다.

이 시점에서 제임스는 다음과 같은 글을 남겼다.

우리가 하고 있는 일이 중요하고 중요하지 않고는 별로 문제가 되지 않는 것 같습니다. 다만 그 일이 하나님께서 우리 손에 맡기신 일인가 하는 것이 중요합니다.

내가 자주 싸우게 되는 시험은 계속해서 다양한 형태로 다가왔습니다. '내

가 이렇고 저런 위치에 있었다면, 더 훌륭한 일을 할 수 있었지 않았겠나?'
'그래, 내가 현재 기술 따위를 배우고 있을 뿐이지만 내가 선교사로서 훈련을
받는다면 지금과는 다르고 더 도움이 될 거야.' 아니면 '현재는 성경이나 이
런 저런 일을 배우며 준비하고 있을 뿐이지만 중국으로 떠나기만 하면 일을
시작할 수 있을 거야.' '그래, 이제 집을 떠났지만 지금 항해 중이기 때문에'
'이제는 실제로 중국에 왔으니 대단한 일을 할 기회가 있겠지.' 또는 '여기
훈련 센터에서 내 시간을 모두 언어 공부에 써야 하니 어떻게 선교 일을 하
지? 내 자리에 정착을 하고 말이라도 자유롭게 하게 되면 무한한 기회가 오겠
지?' 등등. 그것은 모두 만일 아니면 …라면 입니다. 그런 단어는 사탄이 좋
아하는 것입니다. 성경은 명백하게 말합니다. 섬길 기회를 기다리라고 하지
않고 당장 손앞에 있는 작은 일에 순종하라고 합니다. 주님은 우리에게 깨어
있어 기도하며 일하라고 하십니다. 그러나 사탄은 일할 기회, 깨어 있을 기
회, 기도할 기회가 올 때까지 기다리라고 합니다. 말할 필요도 없이 기회는
언제나 미래에 있는 것입니다. 우리 앞에 놓여 있는 것들이 하나님께서 명령
하신 것입니다. 어떤 종류의 일이 다른 일 보다 더 중요하고 더 거룩하다고
누가 감히 말하겠습니까?

제임스는 복음을 전하는 일을 충성스럽게 해야 하는 것처럼 부엌에서
접시를 닦는 일과 같은 일에도 충성을 다해야 한다고 믿었다.

나는 중국인에게 하나님의 말씀을 전하는 일과 같은 주님의 일을 하고 있
지 않습니다. 여러분이 재단사에게 보낼 짐을 포장하는 일과 같은 주님의 일
을 하고 있습니다. 무슨 일을 할 지를 결정하는 것이 우리에게 달려 있지 않
습니다. 하나님께서 우리에게 그런 일을 하라고 하셨다면 그대로 따라서 하
는 것이 더 낫지 않겠습니까? 더 낫고 위대하고 더 '고상한' 일을 기다리는
대신에!

제임스는 사역의 초기에 그렇게 시간 관리를 하였다. 현재 시제의 일이 아닌 영적인 승리란 있을 수 없다. 우리는 "나는 앞으로 이렇게, 저렇게 또는 다르게 할 것이다."라는 말을 자주 한다. "현재 하나님이 우리를 두신 상황에 만족하지 못하고 장래의 어떤 것을 동경할 권리가 우리에게 있는가?" 하고 그는 질문했다.

한 가지 예외가 있기는 하다. 주님의 오심은 간절히 기다리고 있어야 한다. "그러나 그 일에 대해서조차도 인내심을 가지고 있어야 한다."고 그는 말했다. 그리고 주님의 오심을 기다리는 것과 우리의 앞날에 세상적인 즐거움이 있기를 소원하는 것과는 전혀 다른 일이다.

내가 텅웨에서 이 비오는 무더운 계절이 지나고 빨리 건기가 와서 주위가 좀 밝아졌으면 좋겠다고 바라는 것은 당연한 일 아닌가? 하나님께서 나를 이 곰팡내나는 열기 속에 두려고 작정하신 것은 아니지 않은가? 내가 중국말을 더 자유스럽게 할 수 있을 때가 오기를 고대하는 것이 뭐가 잘못인가? 하나님께서 나를 언어 배우는 학생의 인내해야 하는 자리에서 빨리 벗어나게 해 주시는 것이 좋지 않은가? 내게 책이라도 읽을 시간이 좀 더 있으면 좋겠다고 바라는 것이 당연하지 않은가?' 등등. 그런 생각을 하는 것은 너무도 자연스러운 일이지만 전혀 성경적은 아니라는 생각이 들었습니다. 그런 소원은 영적인 것이라기보다 육신적인 부분이 많았습니다. 그리고 그것은 예수 그리스도 안에서 우리의 마음과 생각을 지키시리라고 약속하신 하나님의 평화와 조화를 이루지 않는 것이었습니다. 사도 바울은 그가 어떤 환경에서든지 '자족하기를 배웠다'고 하지 않았는가. 그 말은 바울 자신도 그러한 태도를 가지기까지 훈련이 필요했다는 의미였습니다. 나는 그것이 우리 모두의 태도여야 한다고 생각합니다. 우리의 자연적인 성향은 언제나 미래의 어떤 것을 가지려고 애를 씁니다.

엠버리의 주선으로 제임스는 처음으로 더듬거리며 설교를 하게 되었다. 그는 이제 길거리에서 대화를 나눌 정도는 되었지만 사람들이 모인 자리에서 앞에 서서 말한 적은 없었다. 그래서 예배당에서 처음으로 설교하게 되어 아주 신경이 쓰였다. 그는 오랜 시간을 들여 원고를 준비했다. 선교사가 정확히 무슨 말을 하러 왔는가?

그는 사도행전을 다른 말씀과 비교하면서 설교 준비를 했다. 우리가 전해야 하는 복음이 실제로 무엇인지 찾기를 원했다. 그 결과는 '아주 도움이 되었다.' 그는 복음이 그렇게 단순한 것이라고 상상하지 못했었다.

그래, 베드로와 바울은 복음을 전할 때 일 분도 안 걸렸다!

나는 복음을 전하는 데 필수적인 말씀이 단지 네 가지뿐인 것을 알게 되었다.

1. 예수 그리스도의 십자가 - 신학적 설명이 필요 없다.
2. 예수 그리스도의 부활 - 무엇보다 중요하다. 이것을 빼면 복음을 전한 것이 아니다.
3. 듣는 자에게 자기 죄를 회개하라고 권한다.
4. 예수 그리스도를 믿는 사람은 모두가 죄사함 받는다는 약속

이 네 가지 요소 외에도 가끔 전할 말씀이 있지만 그렇게 많지는 않다. 그리스도인을 가르치는 것은 전혀 다른 문제이다. 그리스도인에게는 '하나님의 전체적인 모략'을 선포해야 한다. 그러나 구원받지 못한 영혼에게 복음을 전하는 것은 아주 단순한 것이다. 나는 '다른 복음'을 전하는 책임에 대해서는 신경 쓰지 않겠다.

한번 해보고 그것이 잘 된 것 같아서 제임스는 시장에서도 믿음의 기본 진리를 설명하기 시작했다. 전한 말을 확고히 하기 위해 글을 읽을 수 있는 사람들에게는 전도지도 나누어 주었다.

부족민을 처음 만남

텅웨 시장은 활동의 중심지였다. 무역과 사업의 귀재들이 중국 남서부 각처에서 모여들어 채소, 생활용품, 이상한 약품, 신기한 연고 등을 가지고 북적대곤 하였다. 그들은 길가에 노점을 차려 놓고, 한 푼이라도 더 받으려고 옥신각신 하기도 하고, 자리다툼을 하기도 하였다. 멀리서 온 사람들이 하루 종일 눈에 띄었는데 그들은 먼지 쌓인 길을 터벅터벅 걸어오면서 먼지투성이가 되어 있었다.

동물들도 있었다. 돼지와 닭들이 거지들 사이에서 썩어가는 쓰레기를 차지하려고 다툼을 벌이고 있었다. 노새는 욕심 많은 상인이 짐을 너무 실어서 등에 피가 나고 있었고 개들이 여기저기서 으르렁대며 싸우고 있었다. 오직 강한 것만 살아남기 때문이었다.

제임스가 산에서 온 부족민을 처음으로 본 장소가 바로 여기였다.

그들은 금방 눈에 띄었다. 머리에 터번을 두르고, 수놓은 허리띠를 두르고 있었으며 흰 각반을 차고 있었다. 여인들은 조개와 구슬로 장식된 다채로운 색깔의 옷을 입고 있었다. 그들은 중국 사람들이 경멸조로 말하는 '원숭이족'이었다. 그들은 산 위에서 움막을 짓고 살고 있었다. 그러나 만일 그 지역 역사가 맞게 기록되었다면 그들이 중국 땅 대부분의 지역에 원래 살던 주인들이었다. 침략을 받아 남쪽으로 서쪽으로 밀려간 것이었다. 역사가들은 그들이 3천만 명이었다고 추정하는데 150 종족이 각기 자기 언어와 방언을 쓰고 있다고 하였다. 그들은 피난할 때 윈난성과 가까이 있는 성들의 산 속으로 도망하였다. 1949년 공산당이 점령하자 많은 사람들이 또 미얀마나 태국으로 이주하였다.

제임스가 이 사람들에게 처음 관심을 갖게 된 것은 윈난성 동쪽에 살고 있는 먀오족과 리수족 가운데 하나님께로 돌아오는 사람이 많다는 보고를 들었기 때문이었다. 제임스는 언어 과정이 끝나면 이 동부로 가기로 되어 있었다.

그는 시장에서 리수 사람들이 무리지어 배회하는 것을 보고는 금방 흥미를 가지게 되었다. 가까이 다가가서 중국말로 말을 걸어 보았다. 그들은 무슨 말인지 알아듣지 못했다. 그럼에도 불구하고 제임스는 그들을 길 아래 작은 방으로 데리고 갔다. 그 방을 그는 설교실이라고 하였다. 그들은 기쁘게 따라왔다. 도착하자 그들은 몸을 굽혀 흰 얼굴을 한 친절한 이방인에게 대한 존경의 표시로 반복하여 이마를 바닥에 대었다. 그들은 손짓 발짓을 하며 설명하려고 애를 썼다. 자기들은 여기서 엿새 길을 가야하는 산에서 사는데 그곳에는 사람들이 많이 살고 있다고 하였다.

제임스는 나중에 좁은 계단을 올라 자기 방으로 되돌아오면서 상상의 날개를 폈다. '서쪽에 있는 리수족에게도 하나님께 돌아오는 대부흥이 있을 수 있지 않을까?' 그는 새로운 사업의 기회를 발견한 사업가와 같은 기분이었다. 이 사람들에 대해 즉각적으로 느껴지는 호감에 그 자신도 놀랐다.

"나는 처음부터 이상하게 이 사람들에게 마음이 끌려서 많이 기도하게 되었습니다. 무언가가 나를 그들에게로 이끌고 있는 것 같았습니다." 라고 후에 말한 적이 있지만 당시에는 아무 말도 하지 않았다. 아직 행동으로 옮기지는 않았지만 서쪽에서 혼자 개척을 하는 것은 추수를 하고 있는 동쪽에서 동료들과 함께 일하는 것만큼 매력 있는 일은 아니었다. 그러나 그에게 옳은 일로 생각되는 것이었다. 더구나 하나님의 부르심이라는 것이 종종 그렇듯이 서쪽으로 가는 것은 논리적으로도 합당한 행동 같지 않았다. 중국의 도시에서는 산쪽으로 고개를 돌리지 않고 그 너머에까지 가지 않아도 수백만 명의 사람들이 주위에 있었다.

혼자 처음으로 한 여행

이 일 후 얼마 되지 않아 제임스는 아침 동이 트기 전에 등잔불 아래서 옷을 입었다. 산을 넘어 빠오샨이라는 도시로 사흘 간 여행을 떠나려는 것이었다. 그는 간편하게 중국 짐꾼 같은 옷을 입고 걷기 편한 샌들을 신었다. 그는 걸어서 갔다. 가파른 산이나 누강(怒江)의 물살을 뚫고 나갈 수 있는 노새가 없었기 때문이었다. 그는 갈아입을 옷 몇 벌과 담요, 그리고 책 몇 권과 전도지만 들고 여행을 하였다.

"언젠가 제임스 프레이저를 만난 적이 있다. 나는 노새에 내 짐의 반을 싣고 짐꾼에게 남은 짐을 지게 하였다. 야전용 침대, 그릇, 프라이팬을 챙겨 들고 산을 돌아서 가고 있는데 중간 쯤에서 제임스가 등에 작은 가방 하나만 달랑 메고 공기처럼 가벼운 차림으로 모래밭에서 노는 소년처럼 행복하게 천천히 걸어오고 있었다. 나는 처음에 그가 중국 짐꾼인 줄 알았다." 이것은 한 미국 선교사가 한 이야기였다.

제임스는 집에 보내는 편지에 텅웨에서 빠오샨으로 가는 여행길을 환상적으로 묘사했다. 알프스 산에 올랐을 때도 이처럼 굉장한 경치는 본 적이 없었다. 돌덩이로 된 산길에서 잠을 자고 줄줄 내리는 비를 맞으며 산길을 몇 시간이고 걸었다. 빠오샨 평지 위에 서 있는 8,000피트 정도 높이의 산정을 넘어 길고 긴 내리막길을 내려온 끝에 마침내 마을 입구에 도착했다.

그는 늘 알던 짐꾼도 없이 그 길을 혼자서 왔기 때문에 편지나 친구에게 한 이야기로 그때 일을 짐작할 수 있었다. 그날 그는 밤을 지낼 여관을 찾기 위해 지친 몸을 끌고 시내를 돌아다녔다. 마침내 한 여관 주인이 그에게 방을 쓰도록 해 주었다고 한다. 제임스가 보니 그곳은 선술집이었다. 그래도 짚으로 된 빗자루로 쓸고 나자 우선 아쉬운 대로 쓸만해 졌다. 그는 서까래에 젖은 옷을 펴 널고 중국 겉옷을 걸치고 거리에 있는 사람들과 친구가 되기 위해서 방을 나섰다.

빠오샨

제임스가 빠오샨에서 맞은 첫 날은 주일이었다. 그래서 그는 예배를 드릴 만한 조용한 곳이 있나 하고 시내를 다녀보았다. 이른 아침이었기 때문에, 그리고 이제 새벽안개가 걷혔기 때문에 그는 다시 갔던 길을 되돌아 왔다.

작은 개울가 옆에 소를 몰고 있는 사람 둘이 앉아 있어서 그도 그 옆에 함께 앉았다. "예수 이야기 들으신 적 있으세요?" 하고 물었다.

"아니요, 그게 뭔데요?" 그들이 대답했다.

그는 될 수 있는 한 명료하게 그들에게 복음을 이야기해주었다. 그들은 잘 듣더니 질문을 하였다. 지나가던 사람들 몇이서 서서 듣더니 앉았다. 그래서 그는 다시 처음부터 이야기를 반복해야 했다. 사람들이 계속해서 몰려왔기 때문에 그는 같은 이야기를 네다섯 번 반복해서 하게 되었다. 한 열두어 명이 그 이야기를 들었다.

해가 나와서 그들은 모두 나무그늘 밑으로 자리를 옮겨 제임스의 이야기를 더 들었다. 제임스는 다음과 같이 그 사건을 묘사했다. "내가 한 이야기를 그 사람들이 다 이해했는지는 모르겠지만 모두가 잘 듣고 있었고 흥미있는듯이 보였으며 호감을 보였습니다. 한번은 일어서다가 내 옷이 찢어지는 것을 보더니 그 중 한 명이 재빨리 집에서 바늘과 실을 가져와 옷을 꿰매어 주었습니다. 그곳에서 한 시간 반 정도 복음을 전했는데 그들 중 두 사람이 나를 다른 곳으로 안내하여 또 다른 사람들에게 이야기할 수 있도록 해주었습니다."

오후에 시내로 다시 가서 전도지를 나누어 주기 시작했다. 찻집에 있던 사람이 그를 보더니 오라고 불렀다. 차를 한 잔 주면서 전도지에 대해서 물었다. 다시 한 번 사람들이 주위에 몰려들어 그가 오전 내내 했던 이야기를 다시 그들에게 하게 되었다.

"나를 오라고 했던 사람은 교육 수준이 상당한 것 같았습니다. 그는 전도지를 읽고 또 내가 하는 말도 다 들었습니다. 상당 부분 이해하고 있음에 틀림없었습니다." 라고 제임스는 편지에 썼다. 그 사람은 제혁업을 하는 상인이었는데 어두워질 때까지 오랫동안 찻집에 앉아 질문을 했다. '챠오 호' 라는 그 사람은 빠오산에서 예수 그리스도를 위해 처음으로 증인이 된 사람이었다(그는 제임스가 죽었을 때 상주 역할을 했다. - P286)

금방 흥미를 보인 사람이 또 있었는데 '왕' 이라는 은 세공사였다. 왕씨는 이방인이 하는 이야기에 끌려서 힘들여 제임스가 머무는 여관에까지 찾아와 자기 집에 와서 이야기를 더 해달라고 하였다. 왕씨의 집에서는 김이 모락모락 나는 밥과 야채 등 좋은 음식으로 가득한 식탁 앞에서 구원의 길을 여러 번 설명하였다.

왕씨는 자기 가게 앞에 자리를 하나 마련해 놓고 제임스가 지나가는 사람들에게 전도를 할 때 의자를 놓고 앉아서 그 광경을 지켜보았다. 사람들이 흥미를 보이고 질문을 하고 전도지를 기꺼이 받아들고 하는 모든 일이 그에게 깊은 인상을 남겼다. 시간 시간마다 이 새로운 메시지를 듣기 위해 사람들이 몰려 왔다. 당시는 정치적으로 혼란했기 때문에 혁명을 열정적으로 지지하는 연사들이 많이 오고 갔지만 이번 것과 같은 연설은 들어본 적이 없는 것이었다.

어둠이 깃들 무렵이 되자 제임스는 말할 수 없이 피곤했다. 며칠 간 그렇게 쉬지 않고 설교하고 나서 그는 군중을 벗어나 산에 올라가서 혼자 시간을 보냈다. 그는 무더운 한낮 열기를 피해 탑의 그늘에 기대앉았다.

날이 청명하여 도시 경치가 잘 보이는 것은 물론 양 옆에 평지도 선명하게 보였습니다. 물론 그곳에는 선교사가 산 적이 없었습니다. 저 넓은 지역에 인구가 아마 십만 정도는 되어 보이는데 사람들이 아직 복음의 빛을 보지 못하고 살고 있습니다.

선교에 헌신하는 사람이 그렇게 적다니 무서운 일로 보입니다. 무언가 어디선가 대단히 잘못된 것 같은 느낌을 어쩔 수가 없습니다. 틀림없이 하나님께서는 당신의 백성들이 나가기를 원하실 것입니다. 주님의 마지막 명령이 아직도 엄연히 살아있지 않습니까? 여기 세계의 한 구석 윈난만 생각해보더라도 대단한 차이가 있습니다. 넓은 지역, 넓은 도시, 복음이 전해지지 않은 부족민들, 오지 않는 일꾼을 기다리는 사람들과 본국의 대형 선교집회, 선발하고 지원하고 선교책자 발간하고 등등 얼마나 큰 차이가 나는지요. 복음의 필요는 세계 어디나 같은 것입니다. 아니 다른 곳은 그 필요가 더 절실합니다. 복음을 듣지 못하고 있는 몇 억의 사람이 있는데 그들에게 전도하기 위해 파송되는 선교사들은 손가락으로 셀 수 있을 정도 밖에 되지 않습니다.

제임스가 빠오산에서 전도지를 사용한 것이 효과가 있었다. 중국 사람들은 생각이 깊은 사람들인데 읽을거리를 구하기가 쉽지 않았다. 그는 종종 칼라판 소책자를 동전 한 닢이나 두 닢에 팔았다. 가끔은 거저 주기도 하였다. 그 책들은 대부분 마가복음을 복사한 것이었는데 다른 전도지도 있었고 스펄전의 설교를 번역한 것도 있었다.

꼬마 도둑

제임스는 빠오샨 남쪽 마을 망시 시장에 가면 복잡해서 성경과 지갑을 도둑맞지 않기 위해 조심해야 했다. 사람들이 그 주위에 밀려오면 도둑맞을 위험이 많았다. 갑자기 누군가 그가 책자를 쌓아 놓았던 좌판을 뒤엎어서 책을 날려 보냈다. 어떤 것은 웅덩이에 들어가 진흙투성이가 되고 어떤 책은 지나가는 노새에 밟혔으며 또 다른 책들은 빛 같이 빠른 소년의 소매 속으로 사라졌다. 여섯 살 난 아이가 능수능란하게 마가복음을 옷소매 속에 넣고 군중 속으로 사라질 때 붉은 겉장이 잠깐 번쩍했다. 그 아이 생각에는 그것이 훔치는 것이 아니었다. 왜냐하면 책을 거저 주기도 했기 때문이었다, 그 꼬마에게 양심의 가책 같은 것은 전혀 없었다.

사실 여섯 살짜리 아이는 시장에 장사를 하러 나온 것이었다. 아버지가 제빵업자로 제품을 망시 시장에 내다 팔기도 했다. 중국 빵을 만들어 크게 성공한 그 사람은 이름이 모씨로 글을 읽을 수도 있고 학식도 있는 사람이었다. 그 아들은 자기 아버지가 책 읽는 것을 좋아하리라고 생각했던 것이다. 소년은 조심스럽게 그 책을 가지고 산길을 넘어 샹따(像達)로 돌아갔다. 마가복음은 두 날 가진 검보다 더 예리하여 외딴 산 속에 있는 집에 조용한 혁명을 일으키기 시작했다.

리수 마을로의 여행

제임스는 산족 사람들에게 계속 관심을 갖고 있었지만 그와 엠버리는 초대받을 때까지 기다려야 한다고 생각하였다. "문제는 주님의 손에 있습니다."라고 편지했다. "내가 가는 것을 주가 원하시면 나를 보내실 것입니다. 일을 서두르거나 그분이 닫은 문을 억지로 열려고 하는 것은 현명하지 않은 것으로 생각됩니다. 그러나 우리는 볼 것입니다. 하나님께서 성의 반대 편에서 우리를 위해 대사를 행하신 것처럼 이곳 산족 사람들을 위해서도 효과적으로 일하시기를 희망합니다."

몇몇 초대가 있었지만 이루어지지 않았고 안내인도 나타나지 않았다. 그러는 동안 제임스와 엠버리가 고용한 요리사가 그들이 실망하고 있는 것을 알게 되었다. 요리사는 믿음에 대해 진심으로 이해하게 되어 제임스가 노방 전도를 나갈 때면 따라 나서곤 하였다.

그 무렵을 묘사하면서 제임스는 편지에 이렇게 썼다. "날이 저물어 어두워지면 사람들은 집에서처럼 아무 용건 없이 배회합니다. 낡은 의자 위에 내가 서 있으면 요리사는 등불을 들고……"

어느 날 요리사가 흥분해서 시장에서 돌아왔다. 리수족 안내원을 데리고 왔는데 그 즉석에서 '유쾌한 계곡'이라고 불리는 리수 마을로 제임스를 데리고 가겠다고 했다.

그리하여 텅웨에 온 지 일 년 되는 어느 5월 아침 제임스는 리수 안내원과 함께 길을 떠났다. 서쪽 방향으로 계속 걸어서 쏟아져 내리는 텅웨 폭포와 바람 사원이 있는 비탈길을 지나 산 위로 한참 올라가면 리수 영토가 시작된다.

유쾌한 계곡의 작은 부락은 산기슭에 매달려있는 오두막 열두 채로 이루어져 있었다. 제임스와 안내원이 담장 가까이 다가가니 마을에 무언가 재미있는 일이 있는 것처럼 보였다. 알고 보니 그날이 바로 '약혼' 축하연이 있는 날이어서 모두가 즐겁게 왁자지껄하고 있는 것이었다. 예기치 않은 손님을 기쁘게 맞으며 리수 사람들은 제임스의 잠자리를 중앙에 있는 모닥불 바로 옆 땅바닥에 마련해 주고는 그에게 밥 한 그릇과 계란을 대접하였다.

연기 나는 모닥불 곁에서 제임스는 자기 가슴 속에 그렇게 소중히 품고 있었던 이 행복하고 친절한 부족민들을 처음으로 만나 그들을 조용히 바라보고 있었다. 밤이 깊도록 웃음이 그칠 줄 몰랐고 이야기도 끊임없이 이어졌다. 불 주위에 만들어졌던 원은 가끔씩 일그러졌는데 나무토막에 불을 붙여 들고 집으로 돌아가는 이웃이 한둘씩 있었기 때문이었다.

말하는 종이

다음 날 제임스는 많은 것을 관찰할 수 있었다. 축제는 밤에 이루어지기 때문에 낮에는 하루 종일 그 준비를 하였다. 그가 리수족 말을 전혀 모르는 것이 축제 중에 있는 그들에게 재미를 더해 주었다. 그가 그들의 말소리를 종이에 쓰기 시작하자 그들은 눈이 휘둥그레졌다.

"저 사람이 우리말을 가져가려고 해, 우리 말이 하나도 남지 않게 될 거야." 하고 한 사람이 불평을 했다.

그날 하루 종일 제임스는 영어 알파벳으로 400구절 정도를 받아 적을 수 있었다. 그들의 말을 연습하는 이 요술 같은 일을 마을 사람들은 아주 재미있어했다. 종이에 쓴 것을 읽을 때면 웃음이 두 배가 되었다. 중국 사람들은 부족말은 언제나 횡설수설하기 때문에 기록될 수 없는 말이라고 하였다.

잔치가 무르익었을 무렵 제임스는 너무 배가 고팠다. 밤이 되었는데 아침에 밥과 양배추를 먹은 이후로 아무것도 먹지 않고 있었다. 그들은 자기들이 식사하기 전에 그에게 먹을 것을 갖다주었다. 산양의 일종인 산치 고기와 밥이었다. 그들도 같은 것을 먹었는데 집에서 만든 술을 곁들였다. 그들은 대단히 많은 양의 술을 마셨다.

잔치에 참석한 사람은 50명쯤 되었다. 그들은 가운데 땅 위에 나무 판을 놓고 둘러앉아 그 판 위에 놓인 밥과 고기를 먹었다. 그날 일을 제임스는 다음과 같이 묘사했다. "음식은 잔치라고 할 만한 것이 아니었지만 즐거움이 가득한 가족 파티와 같은 분위기였습니다. 누가 약혼하는 사람인지 특별히 드러나지 않아서 나는 알 수가 없었습니다. 식사가 끝난 후 (밤새 술을 마실까봐 걱정이 되었습니다.) 잠시 막간의 시간이 있었지만 나는 그 과정에서 아무 것도 할 수 없었습니다. 이상한 나라의 앨리스에 나오는 크로켓 경기 같았습니다.

나는 안으로 들어가서 열두어 명 앉아 있는 가운데 커다란 모닥불 주위에 함께 앉았습니다. 한 사람이 옛날 리수 전설을 노래하는 목소리로 읊으면 나머지 사람들이 합창처럼 끼어들곤 하는 것이었습니다. 내가 전혀 이해할 수 없는 말이었습니다."

조금 있다가 사람들은 그에게 춤출 시간이 되었다고 알려 주었다. 아침이 될 때까지 춤을 춘다고 하였다. "내가 머물고 있는 집 주인은 나에게 언제든지 가고 싶을 때 집으로 가도 된다고 말해 주었지만 내가 계속 남아서 전부를 볼 것이라고 생각하고 있음에 틀림없었습니다."

제임스는 거의 아무의 눈에도 띄지 않는 구석에 앉아 있었다. '남녀 할 것 없이 마구 먹고, 소리치고, 웃고, 어떤 사람은 일어서고, 어떤 사람은 앉아 있고, 또 여기저기 다니기도 하고, 사람들이 밖에도 있고, 안에도 있었습니다. 많은 사람이 화려하게 꾸민 옷을 입고 있었습니다. 그 모든 일이 일어난 집 안의 모습은 더럽고 낡은 방에 모든 것이 그을어서 검었으며 커다란 곡식 담는 궤가 여기저기 때묻은 채로 놓여 있었습니다. 개도 한두 마리 있어서 흙으로 된 바닥을 뛰어다녔는데, 이 모든 것이 중국 남서부에 있는 원시적인 마을의 풍경이었습니다. 그곳에 밤이 깊도록 함께 있었습니다."

술을 많이 마신 결과는 예상대로였다. 제임스가 무슨 말을 하려고 해도 아무도 그 말을 제 정신으로 들을 수 있는 사람이 없었다. 그런데 놀랍게도 다음 날 아침 한 사람이 제임스를 초대하는 것이었다. 주연에 취해 기진맥진하던 자리에서 일어나 가려고 하다가 자기가 사는 트린켓 산마을로 와달라고 하였다. 6마일쯤 되는 거리인데 그곳 사람들이 중국어 읽기를 배우고 싶어한다고 하였다.

해발 7,000피트

새로운 길이 열린 것에 기뻐하며 제임스는 해발 7,000피트 되는 산에 있는 작은 부락을 향해 길을 떠났다. 거기서 주인이 해주는 대로 살면서 일주일을 머물렀다. 밥과 야채를 하루에 두 번씩 먹고 잠은 모닥불 옆 땅바닥에서 그들이 자는 식대로 잤다. 간단한 중국어로 그가 전하는 메시지에 그들은 흥미를 보였다. 산족 사람들이 대부분 그렇듯이 그들도 천성적으로 음악에 재능이 있어서 제임스가 중국 찬양을 몇 곡 가르쳐 주었을 때 아주 좋아했다.

그를 초대했던 고씨 가족은 대부분의 산사람들처럼 정령숭배자였다. 집 뒤에 신주단이 있었는데, 밥 한 사발과 타는 향 그리고 정령들이 산다고 믿고 있는 나뭇잎 다발을 그 선반 위에 올려놓았다. 그 선반은 '하늘과 땅'이라고 쓴 붉은 종이로 덮여 있었다. 이것은 리수족이 제임스와 그의 가르침을 환영하고는 있지만 그들 배후에는 이방 주인의 요새가 굳게 서 있다는 것을 제임스에게 확실히 상기시키는 것이었다. 제임스는 아직 피상적인 것 외에는 그 신주단이 의미하는 것에 대해서 거의 알지 못하고 있었다.

어느 날 저녁, 아버지와 네 아들 간에 진지한 대화가 오고 갔다. 나누는 이야기가 무엇인지 리수말이었기 때문에 알아듣지는 못했는데 대화가 끝난 후 그들은 신주단을 없앨 것이라고 제임스에게 분명히 알렸다. 그들은 자신들이 배운 참 하나님과 그 아들 예수 그리스도를 기쁘시게 하고 싶다고 했다. 제임스가 미처 대답할 사이도 없이 그들은 그 선반과 그 위에 있던 물건들을 모두 방 한 가운데 있는 불에 던졌다.

그는 그들의 이해가 충분하지 않음을 알았다. "모든 것이 매우 행복했고 애매했습니다."고 그는 집에 편지했다. 최소한 아주 적은 빛이 그들의 어두움을 뚫었다. 그러나 그는 가장 기본적인 진리도 그들에게 남겨놓지 못하고 그곳을 떠나야 했다. 얼마나 불길한 사건이 앞으로 닥쳐올지 그는 전혀 예측할 수 없었다.

볼모로 남겨짐

제임스는 텅웨로 돌아가 엠버리 부부에게 자기가 경험한 것을 함께 나눌 수 있기를 간절히 소원했다. 그 모든 것을 이야기할 상대가 절실하게 필요했다. 그들의 우정과 사랑스런 충고가 얼마나 귀중했는지! 그런데 지금 이 선배 동료 부부가 '따리'로 가게 되었다는 것이었다. 그 소식에 그는 매우 슬펐다. 그의 편지를 보면 그 사건이 얼마나 그에게 고통스런 일이었는지를 잘 알 수 있다.

그는 엠버리 부부를 배웅하며 그 집 아기를 안고 도시 밖으로 십여 킬로를 같이 갔다. 그리고 다시 돌아와 홀로 빈 집에 들어갔다. "누군가 다른 사람이 따리에 갈 수는 없었을까요? 엠버리씨 가족이 그렇게 원했을 리는 없는데 일꾼이 너무 부족해서 그렇게 할 수 밖에 없었을 겁니다."

그 후로 제임스는 모든 것을 혼자 처리해야 했다. 얼마나 오래 혼자 있어야 할지 그는 알지 못했다. "맥카시 선교사님이라도 가끔 오셔서 저와 함께 얼마 동안 지내 주시면 좋겠습니다. 다음 달쯤이라도. 저는 혼자 비교적 넓은 지역을 돌보고 있으며 이제 복음을 혼자 설교해야 하는 책임도 만만치 않습니다. 제 어깨의 짐이 무겁습니다."

작은 일에 큰 시험

그의 현재 상황은 어느 모로 보나 작은 일이 아니었다. 그는 집안 일과 재산 돌보는 일을 싫어했다. 그가 둔 하인 소년은 성미가 급하고 다루기가 힘들었다. 이 소년과 요리사는 끊임없이 불꽃튀게 싸웠다. 해결해야 할 작은 일들이 꼬리에 꼬리를 물고 일어나 그가 언어 공부하고 싶은 시간을 방해했다. 그러한 일들을 겪으며 자기 사정에 따라 사는 것이 아니라 복음을 위하여 자기의 편리함을 영원히 희생하는 삶을 배워갔다. 그가 이 단계에서 실패했다면 앞으로 남은 날 동안 영적인 침체가 더욱 심했을 것이었다.

이것뿐 아니라 그는 자기와 함께 일하고 대화를 나눌 대상이 절실하게 필요했다. 몇 주를 혼자 보내고 나서 이런 편지를 썼다. "어쨌든 내가 중국어를 배울 수 있는 가장 좋은 기회는 이제 다시 오지 않을 거라는 생각이 듭니다. 방해되는 일들이 있고, 예기치 않은 방문객이 있으며, 주의를 기울여야 할 사소한 일들이 내 시간의 많은 부분을 요구합니다."

그렇지만 그는 개의치 않았다. 오히려 그는 '온전히 선교사로서 일하게 된' 것을 기뻐했다. 그것이 그가 중국에 온 목적이기도 하였다. 그래도 일정한 시간 내에 이만큼의 일을 하리라 하는 계획 같은 것을 할 수 없었다. "실망으로 끝나기 때문이었습니다. 내가 판단한 대로 제대로 이루어지지 않기도 하거니와, 방해를 받거나 늦추어질 때 사람이 조급하게 되기 때문이었습니다."

"어떤 일이 거의 끝나 가는데 누군가 와서 옆에 앉아 계속 말을 건다고 생각해 보십시오! 그럴 때 마음이 조급해서 복음을 전할 절호의 기회가 있는데 그것을 미루는 일이 있게 될까요? 결코 그렇지 않을 거라고 생각하겠지만 현실은 그러했습니다. 그것은 식사 시간일 수도 있고 꼭 해야 하는 편지 답장을 쓰고 있을 때일 수도 있으며 차 마시기 전에 그저 필요한 운동을 하러 나갈 때일 수도 있습니다. 어떤 경우든 누가 찾아오면 환영을 해야 합니다. 어느 때에라도 손님이 오는 것을 마음으로부터 진심으로 환영한다는 태도를 길러나가는 것이 좋습니다."

'일하는 시간 외에는 출입 금지'는 진정한 선교사의 정신을 나타내는 말이 아니었다. 그 무렵 그는 개인적으로 한 사람 한 사람을 만나는 이 일이 설교만큼 중요하다고 생각하고 있었다.

"손님이 우리 집에 나를 보러 찾아와 명백하고 직접적으로 그의 영혼 문제에 대해 이야기하려는 것 이상으로 좋은 기회는 없습니다. 이러한 환경에서는 더욱 강력한 호소가 될 것입니다. 물론 대중에게 설교도 해야 합니다. 그러나 성경 말씀이든지 다른 이야기든지 그것이 사람들을 그리스도께로 이끄는 유일한 방법은 아닙니다. 선교사로서 이렇게 말하는 것이 이상할지 모르지만 하나님께서 나에게 주신 은사는 설교가 아닌 것 같이 느껴집니다. 내가 얼마나 서투르고 부족한 면이 많은지 잘 알고 있습니다."

주님은 과거에 그가 사람을 개인적으로 만나서 복음을 전할 때 언제나 도와 주셨고 텅웨에서도 그가 한 사람을 도울 때 은혜를 주고 계셨다.

흥미롭게도 제임스는 본국에서나 해외에서 설교가 자기 은사가 아니라고 하였다. 그런데 원난성에서 흔히 하는 설교는 조직적인 것이 아니었다. 그는 자기가 본국에 있을 때 주제를 벗어난 설교를 한다고 말을 듣던 설교자처럼 설교하였다.

주제(subject)에 집중하느냐 않느냐는 질문을 받았을 때 그 설교자는 주제가 아니라 사람들을 그리스도께로 인도하는 목적(object)에 집중하고 있기 때문에 하나님께 감사한다고 하였다. "나의 설교가 그 목적에서 결코 벗어나지 않기를 바란다"고 그 사람은 얘기했다.

제임스는 가끔 힘이 빠지고 뒤로 처지고 있지나 않은가 하는 느낌에 낙심했다. 관심을 보이며 질문을 하던 사람이 멀어져 갔다. 군중들은 그의 설교에 익숙해져서 무관심하게 지나갔다. 어떤 사람은 큰소리로 반대하면서 다른 사람에게 외국 침입자를 멀리하라고 경고했다.

그래도 하나님께서는 제임스가 기대하지 못했던 사람들을 택해 만나게 하셨다. 대개는 리 부인과 같이 연세가 든 부인들이었다. 리 부인은 아이가 11명 있었으나 한 아이만 살아 남았는데 이 아이가 또 남편처럼 아편 중독자였다. 역경 가운데서 리 부인은 예수 그리스도와 살아있는 관계를 갖게 되었다.

"나는 늘 모든 일에 걱정 근심이 많았었지요. 나를 이렇게 힘들게 한 것에 대해 화내고 분개하기가 다반사였고요. 그렇지만 지금은 달라졌어요. 그런 느낌이 들 때면 나는 그저 하나님께 나갑니다. 그러면 그분은 내 마음에 평안을 주십니다."

그녀에게 기도하라고 권면하자 이렇게 대답했다. "예, 기도하고 있어요. 나는 끊임없이 하나님을 생각하며 일하면서도 기도를 하고 있어요."

그가 그녀에 대해서 묘사한 말이다. "그저 가난하고 배움이 없는 여인이 빨래해 주는 것으로 생활하기 때문에 많은 사람에게 멸시 받고 조롱을 당합니다. 남편에게도 잔인하게 취급을 받는데, 그 가운데서도 매일매일 자신의 구세주를 의지하고 하나님을 찬양하고 있습니다. 자기의 문제를 나에게 이야기하면서 어떤 때는 거의 비명을 지르다시피 흐느끼기도 하지만 보통은 언제나 밝고 명랑한 분입니다."

혁명의 소문

제임스는 텅웨에서 유명한 인물이 되어 가고 있었다. 더욱 그렇게 된 계기는 도시의 중요한 지역에 화재가 났을 때 그것을 진압하는 데 그가 적극적으로 참여해서 도움이 되었기 때문이었다. 중국 사람들은 외국인이 자기에게 피해가 있는 것이 아닌데도 자기 민족과 재산을 보호해 주려고 애쓰는 것에 호기심을 보였다.

각양각색의 사람들이 그를 보러 왔는데 그 중 많은 사람들이 곧 무너지려는 만주 왕조에 대한 그의 의견을 알고 싶어 했다. 그들은 선 얏센의 혁명에 대단한 희망을 걸고 있었다. 철학을 이야기하고 싶어하는 사람도 있었다. 소크라테스나 아리스토텔레스에 대한 그의 의견을 묻기도 하였다. 제임스는 이 모든 주제에 흥미를 느끼며 또 모든 기회를 살려서 1911년 혁명 전 기간을 유익한 우정을 쌓는 계기로 삼았다.

그의 리수족 친구들 소식은 뜸했고 실망스러웠다. 고씨네 큰 아들이 안약을 사러 왔는데 마을에 곡물 작황이 좋지 않아서 빈곤에 허덕인다고 하였다. 그는 또 악령이 활동하여 사람들에게 잔인한 일이 생긴다고 하였다. 그러나 제임스는 그곳에 갈 수 없었다. 텅웨에서 해야 할 일들이 있었다.

그가 텅웨를 근거지로 삼아 몇 년 동안 충성스럽게 일했지만 주님을 위해서 이룬 일이 거의 없는 것이 그에게 대단히 힘들었다. 사역에 약간의 진전도 있고 신실한 증인도 세워졌지만 거대하게 축적된 힘을 아직 거의 쓰지 않고 있는 것처럼 느껴졌다.

"내가 150마일 반경 안에 복음을 전하는 유일한 설교자라는 사실이 큰 책임감으로 다가오고 있네." 그가 다니던 학교의 반장에게 본국으로 보낸 편지이다. "나는 아주 약하다네. 그러나 주님은 약한 데서 강하게 만드는 것을 기쁨으로 삼으시는 것 같아. 그러니 특별히 나를 위해 기도해 주지 않겠나? 하나님께서 많은 귀중한 영혼을 구원하시는데 나를 사용해 주시도록 말일세."

그는 하나님의 사람들의 기도가 사역에 축복을 가져오는 것임을 더욱 더 느끼고 있었다. 기도하는 사람들이 그 일에 직접적으로 관여하지 않는 것은 문제가 되지 않았다. "바울은 심었고 아볼로는 물을 주었지만 자라나게 하시는 분은 하나님이시지." 라고 설명했다.

"그리고 이 성장은 중국에서든 영국에서든 믿음의 기도가 드려질 때 하늘에서 내려주실 수 있네. 우리는 하나님의 대리인으로 우리의 일이 아닌 그분의 일을 위해서 쓰임 받는 사람들이야. 우리가 해야 할 일을 하고 나서 다른 사람과 함께 그분의 축복을 기대하며 그분을 바라볼 수 있을 뿐이네."

이것 때문에 제임스는 본국의 그리스도인들이 선교지에 있는 사람만큼이나 해외 선교를 위해 기여할 수 있다고 생각했다. "나는 오직 마지막 날이 되어서야 얼마나 많은 선교가 열심 있는 본국 성도의 기도로 이루어졌는지 알게 될 것이라고 믿고 있네."

확실히 기도가 필요하다는 것이 문제의 핵심이었다. 슬라이드와 신기한 물건을 보여주고 사역 중에 있던 재미있는 이야기를 들려주는 것이 도움이 되기도 하지만 이것들은 '단지 주변적인 것에 지나지 않을 뿐 선교의 근저는 되지 못하는 것'이라고 제임스는 보았다. 선교가 지속되고 견고해지는 것은 무릎을 꿇을 때에라야 가능하다.

"내가 무엇보다도 부러워하는 것은 가장 진지한 믿음의 기도입니다.'
'계속해서 기도해 주세요. 이방인이 구원받는 것을 위해서 뿐 아니라 그리스도를 분명히 받아들인 사람을 위해서도 축복해 주시도록 기도해 주세요…… 저 자신도 진심으로 철저히 기도하기를 원하고 또 성령으로 충만해지고 싶습니다."

살을 에는 산봉우리

"그들은 당신을 훌륭하게 말하는 것으로나 배우는 것으로 판단하지 않고 있는 모습 그대로를 보면서 판단합니다. 그들 눈에 당신이 그들을 사랑하고 그들과 함께 있는 것을 좋아하는 것으로 보이면 그들도 당신을 사랑하는 것으로 보답합니다."

중국 혁명

후씨귀하, 렁웨 선교 교회 목사.

(프레이저의 중국 이름은 후능런當能仁 이다; 역주)

1911년 10월 27일

상서로운 이날을 맞아 현 왕조가 멸망하고 독립된 중국이 세워진 것을 정중하게 알려 드립니다.

우리는 동시에 렁웨에 있는 귀국 국민에게도 그 사실을 알리니 놀라지 마시기 바랍니다. 당신과 당신의 재산은 틀림없이 보호해 드릴 것입니다. 중국이든지 해외든지 전보를 보낼 필요는 없습니다. 현재와 같이 안전을 보장해 드릴 것입니다. 아무도 당신을 괴롭히지 못할 것입니다.

독립 국가로서의 중국 옹호자

제임스는 중국어로 후라는 성을 쓰고 있었다. 이 편지는 1911년에 왕정 대신 공화국 정부가 들어섰다는 것을 처음으로 알려 주었다. 너무 갑작스러운 일이어서 다소 놀라웠기 때문에 그는 시내를 지나 영사관으로 갔다. 영사와 통관사와 제임스, 이렇게 세 사람이 당시 그 지역에 있던 유럽인 전부였다. 영사는 해외에서 반역의 기운을 이미 알아차리고 있었고 많은 피를 흘리게 될 것이라고 예견했다. 의화단 사건으로 선교사가 많이 죽었던 때로부터 11년 밖에 지나지 않은 시점이었다. 국내에서 혁명이 일어나도 길거리에 백인이 눈에 띄면 환영받지 못할 것이었다. 영사의 충고대로 제임스는 혁명이 끝나기까지 영국령 미얀마에서 기다려야겠다는 계획을 세웠다.

텅웨는 이전처럼 정부군과 혁명군 간의 싸움터가 되었다. 결국 정부 군대가 혁명군에게 패하는 것으로 끝났지만 많은 사람들이 죽었고 그 과정에서 많은 재산이 파괴되었다.

제임스가 텅웨에서 고용했던 요리사가 집과 재산을 봐 주겠다고 해서 제임스는 언어 선생님과 심부름하는 소년도 함께 자기 집에서 살도록 조치해 주었다. 그러고 나서 다시 험한 산길을 8일이나 걸어서 미얀마로 갔다. 그는 브하모에서 사역하고 있는 CIM 선교사인 셀커크 부부와 함께 지내려고 마음먹었다. 오랫동안 걸으면서 그는 미얀마 쪽 산의 부족민 사역을 볼 수 있을 것이라는 기대를 하고 있었다.

미얀마에서 무일푼으로

그런데 이게 웬 일인가. 여행 끝에 지친 몸으로 도착해 보니 집은 비어 있고 셀커크 부부는 어디로 갔는지 없었다.

그는 아주 곤경에 빠졌다. 그의 수중에는 돈이나 가진 것이 거의 없었다. 송금 날짜가 벌써 지났지만 대격변 중에 텅웨에 도착했다고 하더라도 8일씩 걸려 산길을 넘어 브하모에까지 온 그에게 그것이 전달될 수가 없었다.

제임스는 원칙적으로 돈을 빌리지도 않았고 빚을 지지도 않았다. 자기에게 무엇이 필요해도 말해서는 안 된다고 생각했다. 그런데 전에는 이와 같은 환경에 있어 본 적이 없었다.

셀커크 가족은 어떤 선교사가 오더라도 저장실에 있는 식품을 먹어도 된다고 메모를 남겨 놓았다. 아끼고 아껴서 먹었어도 한두 주가 지나고 월말이 되자 먹을 것이 거의 없어졌다. 더구나 그는 하인에게 돈을 줘야 했다.

그는 매일 우체국에 갔다. 편지가 없었다. 이런 혼란한 와중에 무엇을 기다리고 있는 거냐고 사무원이 물었다.

우리의 필요를 채워주신다는 하나님의 약속이 그의 마음속에 줄곧 맴돌았다. 그는 날마다 무릎을 꿇고 하나님께 그의 송금이 안전하게 도착해서 하인의 월급을 줄 수 있게 해달라고 기도를 했다. 그는 자기 성경을 펴서 시편 37: 3-5 말씀에 줄을 그었다. 하인이 월급을 받을 것이라고 기대하고 있는 날이 다가오고 있었다. 그 날 낮까지 아무 것도 도착하지 않았다. 제임스는 다시 우체국에 갔다.

사무원은 만면에 미소를 짓고 있었다. 정말로, 상하이에서 등기 우편물이 와 있었다. 텅웨에서 보낸 것이었다. 그 안에 수표가 들어 있었다! 하나님께서 이 조그만 소포가 1,600마일를 안전하게 올 수 있도록 지켜주셨던 것이다.

그 혁명의 와중에서도 거친 자연 환경 속에서도 길을 잃지 않고 당신의 가난한 종이 필요할 때에 맞추어 도착하도록 보호하셨다. 참으로 하나님은 선하시고 공정하신 주인이셨다! 더구나 그는 바로 그날 수표 중 하나를 현금으로 바꿀 수 있었다. 그가 어머니에게 쓴 편지이다.

후에 들은 이야기인데, 그 돈이 전부 텅웨에서 여기에 있는 회사로 지불되었답니다. 그래서 제게 전해진 것이고요. 제가 이것을 전부 말씀드리는 것은 이 일에 하나님께서 가장 직접적으로 개입하셔서 저에게 경험하도록 한 것이기 때문입니다. 그것이 얼마나 제 믿음을 견고하게 해 주었는지 모릅니다. 여기 있는 사람은 아무도 제 상황을 알지 못했습니다. 그런 일에 대해 제가 얼마나 신중한지 어머니는 잘 이해하실 거예요. 주님이 그런 시험을 제게 허락하신 것은 그런 환경에서라도 얼마든지 구해 주실 수 있다는 것을 제게 보여 주시려고 했기 때문인 것 같습니다.

고독한 여행자

브하모에서 제임스는 고독한 편이었다. 그곳에 사는 중국 사람들에게 복음을 전하기 위해 오랫동안 찻집에서 시간을 보내기도 하였다.

"저는 그저 다른 사람들과 긴 의자에 앉아 있을 뿐이었어요." 찻집에 가던 이야기를 편지에 쓴 적이 있었다. "차 한 잔에 반 페니를 내고 다른 사람들처럼 잣을 까먹기 시작했어요. 그러면 손님들이 금방 나에게 말을 걸어와요. 질문도 많이 하고요."

나중에는 남크함이라는 남쪽 방향으로 가보았다. 그곳은 며칠 동안 정글을 지나서 가는 곳이었다. 열대 숲에는 원숭이와 녹색 앵무새와 신기하게 생긴 꿩이 가득 있었다. 그런데 곧 나무가 없어지고 산의 경치가 펼쳐져 보였는데 윈난 경계까지 산 너머 산이 끝없이 이어져 있었다.

여기에서 그는 샨과 카친족 기독교인을 만났다. 남쪽으로 뻗어 있는 샨족 마을은 유명한 아편 산지로서 세계적인 마약 무역의 공급지가 된 곳이었다. 카친 마을은 중국 미얀마 국경의 고산 지역으로 황무한 곳에 있었다. 이 부족 형제들이 따뜻이 맞아 주어 외로운 여행자가 큰 위로를 받았다. 통역을 통해서 말할 수밖에 없었고 예배나 대화도 전혀 알아들을 수 없었지만 그곳에 함께 있는 것이 즐거웠다.

삼브와 부인은 샨 학교 교장 부인이었는데 제임스를 사랑으로 잘 돌봐 주었다. 그런 호의는 그가 영국을 떠난 후로 한 번도 받아 보지 못했던 그런 것이었다. 그녀는 그가 가진 것이 빈약한 것을 보고 어머니 마음으로 가엾게 생각했다. 그녀는 눈에 띄지 않게 살짝 그의 가방에 수놓은 작은 베게, 접시, 수저와 포크, 차 조금, 설탕 그리고 비스킷을 넣어 주었다.

"내가 삼 브와 부인에게 그녀의 친절이 얼마나 고마운지 말을 하려고 했을 때 그녀는 대답을 하지 않고 고개를 돌렸는데 눈물을 감추기 위해서였습니다."

제임스는 이 지역을 방문했던 것을 사역 초기에 있던 일 중에서 가장 행복했던 일로 꼽았다. 그는 그곳 사람들을 이렇게 따뜻하게 묘사했다.

이 샨과 주변 부족 그리스도인들이 얼마나 단순하고 따뜻한 마음의 소유자들인지 와서 만나보지 않고는 결코 알 수 없을 것입니다. 삼브와 씨는 나에게 내가 아무 말을 하지 못해도 그들에게 도움이 된다고 말했습니다.

그들을 찾아 와 주었고, 그들의 집에서 그들과 함께 앉아 있는 것을 순수하게 기뻐하고, 그들의 예배에 참석하며, 그들과 함께 음식을 먹고 그들과 동화된 모습을 보이는 것만으로도 그들에게 내가 대단히 소중한 존재라고 나에게 말해 주었습니다. 내가 중국말로 노래하거나 기도하면 그들은 한 마디도 알아듣지 못합니다. 그런데 그것이 아무 상관이 없습니다! 내가 그렇게 하는 것을 보고 그저 좋아하는 겁니다.

그들은 당신을 훌륭하게 말하는 것으로나 배우는 것으로 판단하지 않고 있는 모습 그대로를 보면서 판단합니다. 그들 눈에 당신이 그들을 사랑하고 그들과 함께 있는 것을 좋아하는 것으로 보이면 그들도 당신을 사랑하는 것으로 보답합니다.

그는 브하모로 돌아오는 길에 카친 그리스도인들을 찾아갈 수 있었다. 그들의 자그마한 예배당에서 통역을 통해서 설교를 했다. 그 후 그들은 모두 모닥불 주위에 둘러앉았다. "그 커다란 저택에 대해서 얘기해 주세요!" 제임스는 그 날 있었던 일을 편지로 써 보냈다. "나는 내 나라에 있는 가장 웅장한 대저택에서보다 초라하고 소박하지만 이런 사람들과 이런 장소에서 자는 편이 더 좋았습니다. 그런데 우리 카친 친구들은 한정 없이 함께 얘기하자고 하지 않았습니다. 그들은 내가 먼 길을 와서 피곤할 테니 일찍 쉬라고 하였습니다. 사려 깊은 태도였습니다. 그러면서 우리만 있게 해 주고 그들은 자리를 비켜주었습니다. 불도 거의 다 되어 가고 있었습니다. 나는 돌아누워 금방 깊은 잠에 빠졌습니다. 붉게 타던 통나무는 곁에서 온 기만 남기고 있었습니다."

중국으로 돌아오다

제임스는 얼마 지나지 않아 텅웨로 돌아올 수 있었다. 도시가 조용하기 는 했지만 불안한 느낌이었다. 그의 재산과 그곳에 살던 사람들은 무사 했다. 중국은 이제 공화국이 되었고 사람들은 오랫동안 기다리던 개혁을 원했다.

제임스는 돌아와서 예정했던 언어 공부의 마지막 부분을 몇 달 안에 마 칠 수 있어서 기뻤다. 공부하는 것이 싫어서가 아니었다. 그는 '부족민이 아니라 중국어를 사용하는 사람들 사이에서 주로 사역을 해야 하는 입장 이라면 나는 죽을 때까지 이 언어 공부를 그만두지 못했을 것입니다.'라 고 편지했다. 그는 열심히 공부했기 때문에 나중에 CIM에서 언어 전문가 로 인정받았다.

제임스에게 기쁜 일이 또 있었는데 '칼 고우맨'이라는 미국 선교사가 함 께 있게 된 것이었다. 그는 디트로이트에 있는 포드 자동차 본사를 갓 나 와서 무디 성경학교에서 훈련을 받았다. 칼은 제임스와 동갑이었는데 살 아있는 소식통이었고 무엇이든지 할 준비가 되어 있었다. 그는 주위의 산 봉우리가 눈으로 덮여 있는 것을 보고 놀라며 그곳에 사는 부족 사람들의 삶을 빨리 보고 싶어 했다.

"그는 밝고 유쾌한 친구였어요. 내가 꼭 필요로 하는 바로 그런 사람이 었지요." 제임스가 새로운 동료에 대해서 편지에 쓴 내용이다. "내가 리수족에 관심이 많은 것을 보고 함께 관심을 갖게 되었답니다. 우리는 그들 가운데 새로운 사역의 장이 열리도록 함께 기도했습니다. 나는 이 리수 사람들에 대해서 세상에 있는 그 어떤 것보다 마음에 부담을 가지고 있습니다. 그러나 지부에 해야 할 일이 많고 중국어 공부도 해야 하며 혁명의 격변 속에 있기 때문에 그들과 접촉할 수 있는 기회를 갖지 못하고 있습니다."

제임스와 칼은 아침 6시 전에 일어나서 강에서 수영을 하였다. 그러고 나서 집에서 기도 시간을 가졌다. 제임스는 칼이 사역에 대해서 상세하게 기도하는 것에 자극을 받았고 함께 앞날의 계획을 가지고 의논할 수 있어서 매우 기뻤다. 칼에게 중국 관습이나 생활 습관을 안내하는 것도 즐거운 일이었다.

그러나 빅토리아 시대에 사시는 어머니와 고향 친구들로부터 영향을 받은 생활 습관들이 제임스에게 있었기 때문에 칼은 제임스의 그런 부분에 새로이 적응해야 했다. 그는 여인들이 조그맣게 묶인 발로 절뚝거리며 걷는 모습에는 곧 익숙해졌지만 발을 묶다가 뼈가 부러져 비명을 지르는 어린 여자 아이들의 괴로움에는 도저히 적응이 되지 않았다. 발이 크면 절대로 결혼을 못한다는 생각은 도저히 이해할 수가 없는 것이었다. 그리고 가끔씩 다른 잔인한 일들을 목도할 때도 마음을 단단히 먹고 참아야만 했다.

노예 소녀의 죽음

어느 날 칼과 제임스가 중앙로를 걸어가고 있을 때 화가 나서 소리 지르는 목소리가 들렸다. 한 노예 소녀가 무언가를 잘못해서 맞고 있었다. 두 선교사가 멈춰 서서 살펴보니 그 아이는 심하게 병이 들어 있었다. 군중들은 제임스가 간섭하지 못하도록 했다. 그가 상관할 일이 아니라고 했다. 몇 시간 후 제임스가 다시 돌아가서 그 아이가 어떻게 되었나 하고 물었다.

"그애는 죽었어요." 마당을 쓸고 있던 남자가 말해 주었다. 그는 시체가 안치된 곳을 가리키며 뺨을 씰룩였다.

제임스가 시체 안치소로 가자 관리인이 그녀가 있는 나무 상자를 보여 주었다. 제임스는 뚜껑을 비집어 열고 아이의 맥을 짚어 보았다. 아직 약하게 뛰고 있었다. 그가 상자를 열어 신선한 공기가 들어가게 하자 아이가 눈을 떴다. 관리인은 안절부절하더니 화를 냈다. "외국인이 여기 있는 물건 중 어느 것에라도 손을 댄 것을 알면 그들이 당신 집을 불태울 거요." 그는 항의했다.

제임스는 아이를 팔로 안아 집으로 데리고 왔다. 그들은 아이를 침대에 눕히고 마실 것을 조금 흘려 넣어 주었다. 그 후 며칠 동안 그들은 명멸해 가는 생명을 부드럽게 지극 정성으로 돌보았다. 두 총각은 그녀를 양녀 삼아 키우고 학교를 보내자고 서로 계획을 세웠다.

그러나 그렇게 되지 않았다. 아이는 일주일 후에 죽었다. 그 도시 안에 다른 수백 명의 원치 않는 어린 여자 아이들의 죽음과 같은 죽음일 뿐이었다.

은색 꿩 뇌물

이 일 후 어느 날 아침 제임스는 대문을 열다가 깜짝 놀랐다. 한 사람이 조용하게 산을 배경으로 서 있었다. 리수족 사람이었다. 그 사람은 손에 살아 있는 은색 꿩을 들고 있었는데 산에서 잡은 거라고 하였다. 그는 제임스에게 그 빛나는 새를 선물로 받으라고 하며 원하는 것을 말하였다. 가족 중에 결혼식이 있는데 10달라를 꿔달라고 하며 손님으로 초대하는 것이었다.

제임스는 곤혹스러웠다. 그는 돈을 빌려 준 적이 없었다. 그래도 그 리수 사람을 안에 들어오라고 하고 칼이 그와 얘기하고 있는 동안 자기 방으로 가서 그 상황에 대하여 하나님의 인도하심을 구하는 기도를 드렸다. 그는 얼마 지나지 않아 바로 내려와서 확신 가운데 10달라를 건네주었다.

짜이 가족은 제임스와 칼과 요리사를 결혼식에 맞이하기 위해 성대하게 준비하고 있었다. 산쪽으로 대나무 집을 늘리는데 아무 허가도 필요 없었다. 대나무를 기울여 대서 손님방을 만든 것이었다. 풀로 지붕을 얹고 가운데는 불을 피우도록 구덩이를 파 놓았다. 소나무 토막이 쌓여 있었는데 불을 밝히기 위한 것이었다.

'육가동' 이라는 곳은 세 가정으로 이루어진 작은 마을이었다. 칼과 제임스는 결혼 축하연이 시작되기 며칠 전에 그곳에 도착한 것이었다. 짜이 할머니가 모든 일을 주도하고 계셨다. 그녀의 첫째 남편은 세상을 뜨면서 토지와 아이를 남겼다. 그래서 다시 결혼했는데 제조업과 상업에 수완이 있어서 재물을 모으게 되었다. 그녀는 제임스가 전하는 말을 이해하며 관심을 보였다. 바쁜 결혼 준비 중에도 시간을 내어 하나님 말씀에 귀를 기울였는데 진심으로 갈급한 모습이었다.

산 속의 결혼식

결혼식 자체가 다채로웠다. 쌀로 만든 술을 취하도록 많이 마시는 것이 특징이었다. 신랑은 하일랜드 사람이 정장을 갖추어 입은 것 같이 화려했다. 그날의 하이라이트는 신부가 집에 들어 올 때였다.

그 후에 시어머니와 다른 노부인이 아래로 내려가서 그녀를 양 옆에서 데리고 계단을 올라 왔습니다. 집에 들어 올 때 신부를 시중드는 하녀도 함께 들어왔습니다. 그들이 막 문에 들어가려는 순간에 정복자 윌리엄 타입의 소총이 네 발 발사되었습니다. 문으로 들어가는 것이 모든 일정 중 가장 중요한 바로 그 순간이기 때문이었습니다.

절을 하는 순서가 많았고 신랑 신부의 건강을 기원하면서 술을 많이 마셨습니다. 그리고 원을 이루어 춤을 추었는데 이상한 나막신 춤 같은 것도 있었습니다. 세 소녀와 한 소년과 한 남자가 한 줄로 섰는데 소녀들은 팔로 서로 감싸 안고 있었습니다. 멀리 떨어진 곳에 다른 소년과 기타 같은 것을 든 신부의 어머니와 다른 남자가 있었습니다. 그들은 모두 한쪽 방향으로 향하고 있었는데 돌지 않고 그저 음악에 발을 맞추고 있었습니다. 그것을 보여드렸으면 좋았을 텐데!

소녀들이 입은 드레스는 뭐라고 묘사할 수 없을 정도입니다. 정말로 여인들이 결혼식 때 입은 드레스는 굉장했습니다. 어떤 옷은 정말로 아름다웠습니다. 커다란 바둑판무늬 안에 커다란 네모가 다채로운 색으로 수놓아져 있었습니다. 머리에도 커다란 장식 모자를 썼고, 각양각색의 구슬과 발걸이와 팔찌와 목걸이 등 장식을 안한 부분이 없었습니다.

칼과 제임스가 정중하게 술을 거절하자 그들은 이번에는 차게 식힌 커다란 지방 덩어리를 먹으라고 주었다.

"내가 알기로 고우맨은 자기가 받은 것을 먹은 것 같습니다. 그런데 저는 그들이 넓은 나뭇잎을 갖다 주었기 때문에 내 것을 그 잎에 싸 두었습니다."

향연은 이틀을 밤낮으로 계속되었고 백여 명의 손님들은 말할 수 없이 취해서 순서도 뒤죽박죽 되었다. 칼과 제임스는 십자가의 메시지를 그들에게 전하고 싶어서 들고 다니는 손풍금을 연주하며 노래했는데 그들은 비몽사몽간에 듣다 말다 했다. 결혼식이 끝나고 손님들이 가고 나서야 그들이 하고 싶던 진지한 일을 할 수 있었다.

짜이 가족

산 위쪽은 눈이 내리고 있었는데 짜이씨 가족은 모두 화롯가에 앉아 제임스와 칼이 하는 이야기를 듣고 있었다. 개, 닭, 돼지, 젖먹이, 아이들이 들락날락 하는 가운데 이야기를 나누기도 하고 오르간을 치기도 했다. 짜이 할머니는 특히 진리를 파악해서 믿고 싶어 했다. 그녀는 질문을 많이 하며 깊이 생각했다. 제임스는 그의 좋은 친구 요리사가 그 모든 것을 그녀에게 설명해 주는데 꼭 필요한 사람인 것을 알게 되었다.

그들은 일주일을 더 머물며 그동안 트린켓 산에 있는 고씨네 집을 다녀왔다. 연로한 아버지만이 눈병에 걸려 그곳에 있었고 아들들은 모두 멀리 가고 없었다.

아버지는 제임스를 보고 반가와 하며 제발 함께 있어달라고 하였지만 제임스는 나중에 다시 오겠다고 약속하였다. 칼이 산길을 다니는 것이 힘들었기 때문에 텅웨로 빨리 돌아가서 쉬게 해야 했다. 사는 것이 힘들고 먹는 것에도 익숙해지려면 시간이 걸렸다.

마지막 날은 육가동에 있는 짜이씨 집에서 지냈다. 그들은 예수님이 하나님의 아들이고 그들의 죄를 용서하기 위해서 죽으셨음을 믿는다고 고백했다. 그들은 하나님의 백성, 하나님의 가족이 되기를 진심으로 원했다. 그들은 리수말로 어떻게 기도할지 모르기 때문에 자기들이 서툰 중국말로 기도해도 하나님이 들으실까요? 하고 물었다. 그들은 자기들이 배운 찬양곡을 부를 수도 있었다. 또 텅웨에 내려와 제임스에게 와서 더 배울 수도 있었다.

제임스와 칼은 힘이 나서 산길을 내려와 텅웨로 돌아왔다. 선교관이 얼마나 대궐처럼 크게 보였던지! 침대가 얼마나 부드럽고 음식은 얼마나 훌륭하며 모든 것이 얼마나 깨끗하게 보였던지!

네 명으로 이루어진 교회

텅웨에서는 교회가 작은 규모로 계속 모이고 있었는데 처음으로 네 명에게 세례를 주었다. 리 부인은 엠버리 부인이 돌아오는 대로 세례를 받기로 되어 있어서 제임스는 세 명의 남자, 요리사와 물지게꾼, 그리고 한 선생님을 데리고 강가로 갔다. 그곳은 다리 옆에 있는 텅웨 폭포 가까이에 있는 조용한 강으로 구경꾼들이 모두 볼 수 있는 곳이었다.

세례를 주고 나서 그는 강 한 가운데 서서 다리 위의 구경꾼들에게 설교했다. "그것이 얼마나 단순하고 아름다운 예식이었는지 제게 신선한 충격으로 다가왔습니다." 그 사건에 대해서 쓴 편지이다. "하나님께서 펴놓으신 하늘 아래 하나님이 만드신 흐르는 강물은 어떤 실내 세례소 보다 더 적합하고 자연스러운 장소 같았습니다."

그 몇 안 되는 사람들은 교회로 돌아와 주 예수 그리스도의 몸과 피를 상징하는 빵과 포도주를 함께 먹었다. 기억에 남는 기쁨이었다. 이 적은 무리는 중국 남서부 한 구석에 처음으로 이루어진 신자의 모임이었다. 누군가 돌봐줄 사람이 필요했다.

제임스가 감당해야할 일이 이제 셀 수도 없이 많아졌다. 거리나 시장에 나가서 복음 전하는 것을 하루 일과 중에 꼭 넣었었는데 그것이 매우 어려워졌다. 그가 중국에 온 목적을 이루기 위해서 꼭 해야 할 일을 하는 것이 전쟁과도 같았다. 그런데 하나님께서 그를 도와주셨다.

거리에 나가 의자에 서서 무관심한 군중에게 설교하기가 썩 마음에 내키지 않는데, 그럼에도 불구하고 내가 저항할 수 없는 힘이 내부로부터 솟구쳐 나오는 것을 느꼈습니다. 그것은 마치 당신 안에 갇혀 있던 복음이 탈출구를 가져야 하는 것과도 같았습니다. 지난 금요일에 늘 하던 대로 나가서 설교하지 못하게 되어 대신에 다음 날 하기로 작정하고 미루었습니다. 그런데 토요일에도 같은 일이 일어났습니다. 그날 저녁 기도 모임 때까지 거리 전도를 하지 않고 또 하루를 그냥 보내려고 하였습니다. 그런데 제 마음이 굉장히 불편했습니다. 마음속의 평화가 모두 사라졌습니다. 나는 기도 모임이 끝나기만을 기다렸습니다.

기도 모임이 끝나자 나는 더 이상 갈등을 이길 수 없어서 늦었지만 중앙 거리로 나가서 긴 의자에 서서 사람들에게 메시지를 전했습니다. 이렇게 하고 나자 나는 말할 수 없이 행복했습니다! 하나님께서 당신을 불러 그분과 함께 일하도록 하시는 것은 정말로 좋은 일입니다. 그렇지 않습니까? 그런데 제 생각에 더 좋은 것은 그분이 당신으로 하여금 그 일을 할 수 있도록 힘을 주신다는 것입니다.

그의 시간을 빼앗는 일이 그렇게 많은 데도 불구하고 제임스의 마음에는 언제나 리수족이 큰 부분을 차지하고 있었다. 매일 매일 그는 그들을 방문할 수 있는 시간이 있었으면 하고 소원했다. 그런데 장이 서는 날이나 되어야 그들은 산에서 내려와 그를 방문하는 것이었다. 짜이씨 가족이 왔던 날에 대해 쓴 편지가 있다.

나는 그들이 이곳에 머문 날 저녁 얼마나 즐거웠는지 모릅니다. 그들의 단순한 독창성이 얼마나 매력적이었는지. 그들은 당신이 그 가족과 오래 사귄 친구인 것으로 확신하게 만듭니다.

우리가 그곳에 가서 결혼을 축하해 준 그 청년이 이번에 새 찬송을 배웠는데 시 목사님이 쓴 것으로 모두 아주 좋아했습니다. 이렇게 해서 그들이 아는 찬송이 세 곡에서 하나가 더해져 네 곡이 되었습니다. 그들은 이 찬송들을 전부 저녁 기도 대신으로 매일 저녁 (!) 줄줄 욉니다. 종교적인 의식과도 같이 그렇게 하고 나서 모두가 일어서서 기도를 드립니다. 이제는 리수말로 기도할 수 있다고 하였습니다.

일요일 저녁이 되면 (이 영혼들의 사랑스런 단순함이여!) 그들은 조금 다르게 특별한 예배를 드리려고 합니다. 그들이 할 수 있는 것이 제한되어 있으므로 별로 특별히 할 것도 없습니다. 그런데도 그들은 어쨌든 보통 때보다 찬송을 더 부르고 그 찬송들이 무엇을 의미하는지 살펴봅니다. 정말 단순하지요? 그렇지만 저는 주님이 우리나라에서 드리는 우아한 예배만큼이나 저들의 더듬거리며 드리는 단순한 예배를 기쁘게 받지 않으실까 하고 생각합니다. 주님은 '젖먹이와 어린 아이의 입으로 나오는 찬양을 온전케 하십니다.'

"여섯째," 신랑 이름이었습니다. 그는 찬송을 배우다 말고 멈추었습니다.

"선생님," 그가 먼저 얘기하고 싶어 했습니다. '우리가 그리스도인이 되어서 참 좋았어요! 악령들이 이제 더 이상 이전처럼 우리를 괴롭히지 않거든요. 사람들이 이렇게 말해요. 안곡 계곡에 있는 리수족이 짜이 가족에게 무슨 일이 생기지 않나 지켜보고 있대요. 만일 아무 일도 없으면 그들도 그리스도인이 되고 싶다나요."

대적의 얼굴

제임스는 당시 그의 모든 무대가 전쟁 속으로 들어가고 있었지만 그 자신은 전혀 준비되어 있지 않았다. 이 세상의 신이 그렇게 쉽게 자기 영토를 하나님의 백성에게 내어주지 않는 법이다. 셀 수도 없는 오랜 세월 동안 사탄은 산을 요새로 삼아 활동해왔다. 그들은 쉽게 침략 당하지 않았다.

잠시 동안 하나님을 입으로 섬기며 반쯤만 마음을 기울일 때는 상대적으로 아무런 해도 입히지 않았다. 신주단과 같이 있었기 때문이다. 그러나 살아 계신 하나님의 영이 이 사람들의 마음을 새롭게 태어나도록 하고 그곳에 그분의 왕국을 세우려 할 때면 얘기가 달라졌다. 십자가에서 이루신 승리를 만방에 드러내기 때문이었다. 대적은 그러한 가능성이 조금이라도 보이면 잘라버리려고 하였다. 전하는 사람과 메시지와 그것을 듣는 사람들을 공격하는 것이었다.

짜이 가족이 어느 날 밤 찬송을 부르고 있었는데 연로한 아버지가 신주단 이야기를 꺼냈다. 가족은 모두 즉시로 그것을 태울 때가 되었다고 결정하고 그렇게 태워버렸다. 그런데 그날 밤 아버지의 등이 아프기 시작하더니 그 통증이 곧 몸 전체로 퍼졌다. 너무 고통스러워하므로 온 가족이 달려들어 편안하게 해드리려고 애를 썼다. 하다 못해 마지막으로 그들은 하나님께 부탁하기로 했다.

기도하고 나니 노인의 통증이 사라지고 점차로 원래대로 회복되었다. 이것이 그들의 믿음을 완전히 견고하게 해 주었다. 그래도 아직도 그들 마음속에 귀신들이 복수하지 않을까 하는 두려움의 그림자가 남아 있었다. 제임스는 이 이야기를 듣고 예수의 이름이 세상에 있는 그 어느 것보다 강하다고 그들을 확신시켰다. '그분이 이미 승리하셨으니 그저 그 권리를 요구만 하라'고 그는 말해 주었다. 그러면서도 그의 마음은 그 사건으로 인해 불안했다.

소강 마을

이 일 후 얼마 지나지 않아 간신히 시간을 내어 리수 마을을 다녀왔다. 이전에 갔던 곳에서 일들에 진전이 있는지 보고도 싶었고 리수말도 배우고 싶었기 때문이었다. 그가 가는 곳마다 사람들은 그에게 따뜻하고 친절하게 대해 주었고 물론 호기심도 보였다. 이 여행을 하는 동안에 짜이 식구 중에서 다섯째가 함께 갔는데 그때의 일을 이렇게 기록했다.(Old Five, 리수 사람들은 친밀감을 곁들여 이름 대신에 이렇게 부른다. 맏이, 막내, 중간은 둘째, 셋째 … 다섯째 이다; 역주)

나는 소강에서 좋은 시간을 보냈습니다. 그곳은 여섯 가정으로 이루어진 작은 마을이었고 사람들은 단순하기 그지없었습니다. 나흘을 머무르면서 나는 방 하나를 차지하는 사치를 누렸습니다. 그래도 개인적인 공간은 아니었습니다. 자기만의 것은 여기에서 결코 있을 수가 없습니다. 이 집의 '벽'은 모두 대나무 가지로 엮여 있어서 바깥 바람이 자유자재로 드나들었습니다!

사람들은 시도 때도 없이 주위로 몰려와 끝없이 질문을 해대며 소지품을 보고 싶어 하고 비텔 너트(후추과의 일종)를 씹어 온 바닥에 뱉었습니다. 그걸 처음 보면 완전 피라고 생각합니다. 그래도 나는 이제 이것조차 아무렇지도 않습니다. 그들에 관한 것이라면 무엇이든지 내 맘에 드는데 단 한 가지 침 뱉는 것만큼은 좋아할 수가 없습니다! 그들이 아이 같기 때문에 그렇게 사랑하게 됩니다.

그들은 그의 옷을 만져보고 가방 안을 들여다보았으며 침낭에 앉아보고 그가 글 쓰는 것을 지켜보았다. 그가 스물여섯 살이나 되었는데도 결혼하지 않은 것을 이상하게 생각했다. 그들은 영국 여자를 보고 싶어 했다. 엠버리 부인을 본 남자는 그들에게 해 줄 이야기가 많았다. 모두 전설 같은 이야기였다. 그들이 리수 아내를 그에게 찾아줄 수도 있다고 말했다. 산에 사는 여자 중에서 가장 좋은 사람을 찾아주겠다고 그에게 확신시켰다. 이 소강 사람들은 그의 삶이 인간적으로 말해서 매우 고독하다고 생각했다.

이렇게 리수족은 제임스를 특별하고 소중하게 생각했다. 제임스와 다섯째는 오랫동안 소강에 머물면서 복음의 진수를 마을 사람들에게 가르쳤다. 다섯째는 그들이 리수말로 기도하도록 도와주었고, 제임스는 그들이 간단한 찬송을 부를 수 있도록 가르쳐주었다. 사람들은 메시지에 녹아들었다. 예수님이 가르치시는 진리를 받아들인다고 말했고 '그리스도인으로 돌아서고' 싶어 했다. 그들이 언덕배기에 귀신 사당을 세웠던 것처럼 예수님을 위해서 예배당을 지을 수 없을까?

"그곳은 가난하고 초라한 작은 마을이었습니다. 초가지붕에 사면이 모두 열려 있는 벽 없는 집에서 살았습니다." 그 안에 우상은 없었다. 리수 족은 우상 숭배자들은 아니었다. 그 안에는 악령이 그들에게 와서 괴롭힐 때 음식을 놓는 조잡한 선반이 하나 있을 뿐이었다.

제임스와 다섯째는 그들에게 기꺼이 그것을 없애겠느냐고 물었다. 그들은 의논하더니 그들이 그리스도인이 되는데 합당하지 않은 것은 모두 버리겠다고 말했다. 제임스와 다섯째는 선반에 관련된 것을 원하는 대로 처리할 수 있었다.

"그래서 저와 다섯째가 올라가 그것을 있던 자리에서 비틀어 떼어낼 때 마음이 후련했습니다. 그는 떼낸 것을 던지며 외쳤습니다. "예수 믿는 우리가 악령을 두려워할 필요가 어디 있어?" 그 대신 나는 선반이 놓여 있던 바로 위에 있는 십자로 엮인 작은 대들보에 중국어로 비문을 새겨 넣어서 그들의 변화가 더 확실한 것으로 남도록 만들었습니다."

매일 아침 저녁으로 그들은 함께 모여 천지의 주재이신 하나님께 예배를 드렸다. 예배 인도를 위해 지도자가 선정되었다. 그들은 처음으로 이 하나님이 자기들이 가는 지역마다 계셔야겠다고 생각했다. 그들이 산 위에 올라가서 양을 치면서 며칠을 지내게 될 때 예배에 참석하지 못하면 어떡하나 하고 걱정했다. 제임스는 하나님이 리수 목동이 산에서 기도하는 소리를 들으시면 매우 좋아하실 거라고 설명해 주었다. 그 산은 하나님의 것이고 하나님께서 만드신 것이기 때문이었다.

고 가족을 공격함

제임스와 다섯째는 가벼운 걸음으로 소강을 떠나면서 이 어린 신자들을 위해 날마다 기도할 것이며 곧 돌아오겠다고 약속을 하였다. 그들은 고씨네 가족을 다시 방문하려고 트린켓 산으로 향했다. 여정은 가파른 산을 계속 오르는 길이었는데 한 고개 한 고개 힘겹게 넘을 때마다 경치가 기막히게 아름다웠다. 리수 사람이나 중국인 짐꾼은 척박한 땅에서 살아남기 위해 땀 흘리며 고생하느라고 경치의 아름다움을 감상할 여유나 관심이 없었다. 그러나 다섯째는 제임스에게서 산의 아름다움이 그에게 얼마나 큰 의미를 주는 지를 조금씩 배워가고 있었다. 그래서 그도 마을로 올라가면서 가끔씩 멈추어 그 경치를 마시듯이 큰 숨을 들이 쉬었다.

문 앞에 앉아 계신 고 할아버지의 주름진 얼굴이 피곤해 보였다. 노인이 제임스를 맞아 안으로 들어오게 했을 때 방에는 아무 것도 없이 비어 있었다. 아마 곡식이 잘 안 되어서 그런가 보다 하고 제임스는 생각했다.

가족과 친구들이 집에 모여들어 제임스와 다섯째는 찬양을 시작했다. 그러나 찬양 소리가 시원치 않았고 뒤쪽에서는 잡담을 하기 시작했다. 점점 긴장이 고조되고 있었다. 셋째 아들이 반대하고 있는 것 같았다. 더 계속할 수 없음이 분명했다. 그들은 그가 이해할 수 없는 빠른 리수말로 무언가 논쟁을 하고 있었다.

모임을 할 수 없었다. 그곳에서 밤을 지냈는데도 그는 상황을 파악할 수 없었다. 다음 날 산 아래 쪽으로 내려오면서야 다섯째가 앉아서 걱정되는 이야기를 쏟아놓았다.

내가 그곳에 처음 갔을 때 고씨 가족은 모두 내가 그들에게 하는 말을 믿고 하나님과 주 예수님께 기도하기로 결정했었답니다. 그 때는 집에 아들 넷이 전부 함께 살고 있었는데, 믿은 지 얼마 안 되어 막내가 병이 들었습니다. 내가 가르쳐준 대로 그들은 낫게 해 달라고 기도했습니다. 어쨌든 그들 중에 몇 명이 그렇게 기도를 했습니다. 그렇지만 병은 더 심해지기만 했습니다. 그들은 계속해서 기도했습니다. 옛날 방법에도 호소했는지 안했는지는 모르겠습니다. 그 아이는 계속 악화되어 절망적인 상태에까지 가게 되었습니다. 그러자 무언가 다른 조치를 취해야 한다고 생각하고 기도를 멈추고 점쟁이를 불렀습니다. 그는 그의 병이 영에 사로잡혀서 생겼다고 말했습니다. 그는 그들에게 그 영을 달래기 위해서 바쳐야 할 제물을 말해 주었습니다. 돼지나 닭이나 그 외에 무슨 새든지 바쳐야 한다고 하여 그들이 그렇게 드리자 소년은 바로 그때부터 회복되기 시작했습니다.

그 후로는 한 동안 아무 일도 일어나지 않았다. 그런데 다시 폭풍이 닥쳤다. 고씨네 셋째 아들은 겁이 많고 유약한 젊은이였다. 제임스는 그가 이상하거나 난폭하게 행동하는 것을 본 적이 없었다. 그런데 어느날 밤 그와 그의 동생이 미쳤다.

그는 체치는 커다란 바구니를 들고 그것이 징이라도 되는 것처럼 두드렸습니다. 계속 헛소리를 해대며 사람들을 놀라게 했습니다. 그러고는 치아탕(조상의 액자 아래 존경을 표하는 구역에 있는 길고 좁은 탁자) 위로 기어 올라가 미친 사람처럼 날뛰었습니다. 셋째는 연로한 자기 아버지에게 외쳤습니다. "여기 와서 나에게 경배하라, 안 그러면 내가 죽을 것이다." 그의 동생은 입에 쌀을 가득 채우기 시작했습니다. 사람이 죽으면 다음 세상에 가기까지 먹을 양식이라고 사람들이 죽었을 때나 해 주는 행동이었습니다.

노인은 무섭고 혼이 빠져서 올라가서 아들들에게 머리를 조아려 절을 했습니다. 그들은 헛소리를 계속했습니다. 셋째 아들은 토기로 된 향로를 잡더니 분노한 악령의 목소리로 외쳤습니다. "내가 권능이 있는지 없는지 땅에 사는 너희들에게 보여주겠다!"

그는 그 향로를 땅에 있는 힘을 다해 던졌습니다. 그것은 깨지지 않았습니다. 이 발작이 지나갔을 때 그 동생이 다시 아프기 시작했습니다. 그들이 갖은 방법을 동원했음에도 불구하고 병이 더 심해가더니 마침내 죽어 버렸습니다.

후에 다른 동생인 둘째가 밭에 나갔는데 무언가 화나는 일이 있어서 아내를 꾸짖었습니다. 그녀는 집에 와서 아편을 먹고 자살을 했습니다. 둘째 아들은 그 일 후 집을 나가서 소식을 모르고 있습니다. 이 모든 일이 일어난 것은 그들이 영들을 배반하고 하나님과 예수님을 믿어서 그렇다고 그들은 믿고 있었습니다.

"고씨네 가족이 식구가 얼마나 많았었어요? 대가족이었던 것 기억하고 계시지요?" 다섯째가 제임스에게 물었다. "그런데 이제 그들에게 아무 것도 남지 않은 것처럼 보여요."

"그리고 일련의 일어난 사건에 대해 그들이 갖고 있는 견해를 들으면서 왜 그들에게 문제가 있었을 때 나를 한번도 찾아오지 않았을까 하는 의문이 들었습니다."

제임스는 사탄이 하는 짓을 분별하지 못할 정도로 둔하지 않았다. 고 노인이 처음 읽은 성경이 마가복음이 아니었던가. 처음부터 6장까지만 읽어도 귀신을 쫓아내는 이야기가 열 번은 나온다. 그런데 이것은 제임스가 맞서야 하는 새로운 문제였기 때문에 그것에 대해 깊이 고민하게 되었다.

그 일에 대해 심사숙고 하고 있을 때 누가복음 11장 24-26절 말씀이 그 설명이 될 수 있겠다는 생각이 들었다. 예수께서 한번 쫓겨난 귀신이 자기보다 더 힘센 귀신 일곱을 데리고 다시 나왔던 사람에게로 들어간다는 비유를 말씀하신 장면이다. "악한 자를 평생 섬기던 이 사람들이 예수님을 통해서 그 속박에서 벗어나 어설프게 하나님을 믿어보려고 했습니다. 그런데 그들의 믿음에 시련이 왔습니다. 사탄은 화가 났지요. 그는 리수 왕국을 다스리던 그의 권위에 감히 도전하는 사람들에게 칼을 들었습니다. 옛 습관과 미신이 그들이 막 갖게 된 연약한 믿음보다 강해서 그들은 다시 옛날의 동맹 관계로 돌아갔습니다. 처음에는 그가 어떤 주인인지를 보여주기 위해 단 것을 주었습니다. 소년을 낫게 해서요. 그러나 채찍으로 일곱 배의 진노를 퍼부었던 것입니다."

그러한 확신을 갖게 되었음에도 불구하고 제임스는 오늘날에도 예수께서 세상에 계실 때처럼 귀신이 사람을 사로잡을 수 있다는 것을 아직도 믿기 어려웠다. 그렇지만 어떻게 믿지 않겠는가?

원하시면 상상이라고 불러도 좋습니다. 그러나 성경으로부터 우리는 사탄이 '이 세상의 신'인 것을 알고 있습니다. 늘 그래왔던 것처럼 현재도 말입니다. 온 세상이 악한자의 손에 놓여 있습니다. 나를 그렇게 고통스럽게 만들었던 것은 리수 사람들이 알지 못해서 기독교인이 되려는 노력을 포기하고 정반대의 악령 숭배로 돌아섰다는 사실입니다. 그리고 나를 결정적으로 낙심케 한 것은 그 모든 것을 들은 다섯째의 믿음도 흔들렸다는 것입니다.

재앙의 날

제임스가 리수 지역으로 전도 여행을 갔던 일에 많은 열매가 있었고 사람들이 좋은 반응을 보이는 줄로 알았는데, 이런 일로 인해서 아주 충격을 받았다. 그는 텅웨에 돌아와서 기도에 힘썼다. 몇 주 동안 중국 도시 사역에 몰두했지만 그는 날마다 서쪽 창문을 통해 먼 산 쪽을 바라다보며 리수 마을에서 누군가 와 주기를 기다리고 있었다.

어느 날 아침 다섯째가 와서 얘기해 주어 왜 리수 사람들이 그를 보러 오지 않았나를 분명히 알게 되었다.

제임스는 슬픔에 잠겨 편지를 썼다. "일어난 일을 전부 쓸 수는 없지만 악한 것이 부지런히 활동했습니다."

결과적으로 짜이 가족 중에 다섯째 만을 제외하고 모두 옛날의 생활로 돌아갔다는 것이었다.

내가 떠나자 장손이 열병에 걸렸습니다. 키니네 한 알이면 나을 것을 제가 만일의 경우를 대비해서 가르쳐준 대로 우리에게 약을 얻으러 오지 않고 이웃 말을 듣고 점쟁이를 찾아 갔습니다. 그는 그들에게 나뭇잎 다발을 치워버린 것에 대해 영이 노해서 복수하러 오고 있다고 말해 주었습니다.

짜이 가족은 나뭇잎 다발을 다시 크게 만들어 세워 놓고 자기네 형편이 되는 대로 돼지를 제물로 바치겠다고 약속했습니다. 찬송가와 칼라판 전도지를 다 내려놓고 신앙 서적도 없앴습니다. 그들은 더 이상 찬송과 기도를 하지 않았습니다.

가족이 모두 돌아섰는데도 다섯째는 신앙을 굳게 지키고 있는 것 같았습니다. 다른 사람들은 모두 현재로서는 신앙을 완전히 부인했습니다. 그가 원하면 신앙을 가지고 있어도 반대는 않겠지만 그들은 좀 기다려 보다가 아마도 나중에 안전해지면 다시 생각해 보겠다는 등의 말을 했습니다. 이것이 사탄이 하는 일이지요. 내가 그것에 대해 어떻게 느끼고 있는지는 상상에 맡기겠습니다. 그렇지만 저는 이전보다 더욱 열심히 그들을 위해서 기도할 겁니다. 함께 기도해 주겠습니까?

그 소식은 제임스의 몸에 영향을 주었다. 그가 수고했던 모든 것이 명백하게 수포로 돌아갔다. 그가 소망했고 격려를 받았던 모든 것이 실패로 끝났다. 그가 리수족에게 처음 갔을 때 상하이에 있던 호스트씨에게 그들이 보였던 회심에 대해 빛나는 단어로 편지 써 보낸 것을 후회했다. 그곳에는 지금 말 그대로 아무것도 없었다. 짜이 가족이 전부 되돌아갔고 한 명 남은 다섯째마저도 흔들리고 있었다. 고씨 가족도 새로 갖게 된 믿음을 부인했다.

소강에 있는 사람들은 그가 그곳에 있을 때는 믿는 것 같았는데 그들도 역시 원점으로 돌아갔다. 그가 떠난 후 많은 사람들이 병이 들게 되어 다시 귀신을 숭배하게 되었다고 하였다. 이것이 모두 사실인지 아닌지 그는 알 수가 없었다. "그렇다면 하나님께서 그들을 용서해 주시기를 바랍니다.

자신이 하는 일을 그들이 모르고 그랬으니까요. 아니 그들은 알 수가 없습니다."

제임스는 깊이 절망했다. 그는 아직 동부 쪽에서 일하라는 지명을 받고 있었고, 그가 가야할 시간이 얼마 남지 않은 상태였다. "내가 떠나기 전에 여기에 진정한 사역의 기초가 놓인 것을 보고 싶은 마음이 간절합니다." 그가 당시에 쓴 편지의 글이었다. 그런데 동쪽 밭은 무르익어 추수할 일꾼을 애타게 기다리고 있고 서쪽은 곡식이 다 떨어지고 있는 것 같았다.

제임스는 칼과 이야기를 나눌 수 있어서 기뻤다. 칼은 곧 결혼할 예정이었는데 그 일로 인해서 선교관에 아주 밝은 기운이 넘쳤다. 그리고 제임스가 리수족 일로 심각하게 고민하고 있던 바로 그때 하나님께서 바타우를 보내주셔서 큰 위로가 되게 하셨다.

바타우는 23세 된 카렌 청년으로 미얀마에서 왔는데 리수말도 잘했고 영어도 유창했다. 그는 좋은 교육을 받아서 깊이가 있고 영적인 자질도 갖춰진 사람이었다. 그의 출현은 메마른 땅에 물과 같았다. 그는 며칠 머물면서 텅웨 팀을 격려했고 찾아온 리수 사람들과 얘기도 했다. 그리고 그는 다섯째가 돌아갈 때 함께 그 마을로 가서 다른 누구보다도 짜이 가정에 찾아가 며칠을 함께 지내며 그들에게 성경을 가르쳤다. 사탄은 처음부터 거짓말쟁이라고 분명히 가르쳤다. 그가 사랑으로 가르쳤을 때 그들은 잘 받아들였고 제임스는 다시 힘을 얻었다.

탐색 등산

그러고 있는 동안 상하이 본부에 있는 호스트씨로부터 편지가 와서 제임스에게 관심 있는 지역을 탐사해보는 것이 어떻겠느냐고 하였다. 그곳에 얼마나 많은 부족이 있으며 어디에 살고 있는지, 언어나 지형의 문제는 무엇인지를 알아보려는 것이었다.

그래서 제임스는 6주간 예정으로 조사를 떠났다. 북쪽, 서쪽, 남쪽 산악 지방을 전체적으로 살펴보려는 계획이었다. 다섯째가 통역 겸 친구로 함께 동행했다. 제임스는 무명 잠바와 바지를 입고 열대 숲 거머리와 가시에 다치지 않도록 긴 면양말을 신었으며 발에는 샌들을 신었다. 나누어줄 소책자 몇 권 하고 밤에 쓸 담요 두 장 외에는 들고 갈 것이 별로 없었다.

유럽인이 전에는 한 번도 가보지 않은 지역으로 첩첩 산을 넘어 가는 여행이었다. 며칠 동안 제임스와 다섯째는 계속 걸으며 마을과 마을 사이의 거리를 표시하려고 애썼다. 대부분의 마을들은 대나무 오두막 몇 채가 세차게 흐르는 누강 위로 해발 8,000 피트 쯤 되는 어두운 계곡에 매달리듯 붙어 있는 것이 전부였다. 아직 우기여서 강과 개울을 건널 때 그들은 굵은 밧줄이나 떠다니는 판자를 이용해야 했다. 알지 못하는 사이에 발목까지 오는 진흙 속을 걷고 있는 때도 많았다. 제임스의 편지이다. "그러나 그 진흙은 적어도 깨끗했습니다. 소나 돼지우리 주위에 있는 더럽고 불쾌하던 진초록색의 진흙과는 매우 다른 것이었습니다."

저녁 식사로 먹는 쥐

대부분 춥고 배가 고팠다. 그들은 어떤 때는 산쥐나 족제비를 잡아먹었고 어떤 때는 마을에서 쌀이나 계란을 살 수 있었다. 거리에 매서운 바람이 불고 있을 때면 연기나는 불 곁에서 밤을 지내면서 포근함을 느꼈다. 제임스는 자신이 있는 곳이 자연 그대로의 상태임을 알았다. "생판 모르는 사람들 사이에서 초라하고 비좁은 자리에 앉아 집에서나 가장 가까이 있는 유럽인에게서 수천 킬로 또는 며칠을 와야 하는 먼 거리에서 젖은 옷을 말리고 있었습니다. 안개와 비와 산의 고요한 세계를 바라다보며 저는 행복했습니다. 제가 자연 그대로의 모습으로 있음을 생각하고는 기쁨으로 전율을 느끼기까지 했습니다."

마을에 들어갈 때마다 제임스는 예수 그리스도에 대한 이야기를 해 주었다. 탄짜라는 곳에서 그는 특별히 따뜻한 환영을 받았다. 그곳에는 100가정 이상이 살고 있었는데 자고 가라고 하여 마을 사람들에게 이야기를 할 수 있었다.

"사람들이 하루 종일 드나들었습니다." 그는 그들이 어떻게 친절했는지에 대해 이렇게 말했다. "밤이 되었을 때 우리는 대단한 예배를 드렸습니다. 방은 사람들로 넘쳐났습니다. 남자와 소년, 가슴에 구슬 장식을 했거나 아이를 안은 여인들 모두가 빽빽이 앉아서 귀를 기울였습니다. 집중해서 들었고 마음으로 반응했습니다."

"예, 예" 그들이 말 중간에 끼어들었다. "우리는 모두 기독교인이 되고 싶습니다!"

모임 후에는 테이블이나 불 주위에 밀집해 몰려와서 왁자지껄하는 소란스러운 시간이 있기 마련이었다. 중국어로 된 쪽복음을 읽어 보려고 하면서 '모두 한 마디씩 하고 웃고' 하였다.

"그 혼란스러운 와중에 누군가 기타를 가져와서 춤을 추려고 일어섰습니다." 제임스는 이제 극도로 피곤하여 침대 주위에 있던 사람들과 같이 모기장을 살펴보고는 이내 깊은 잠에 빠졌다.

이 탐사를 통하여 제임스는 이 사람들을 지배하고 있는 귀신의 세력에 대해 확실히 파악하게 되었다. 이것은 존재하지 않는 것을 어린아이처럼 두려워하는 그런 것이 아니었다. 악령은 실제로 있었다. 그것들은 힘을 행사할 수 있었다.

마을 사람들은 두려움 속에서 살았고 완전히 그 종노릇을 하고 있었다. 탄짜 지역에 있는 한 마을에서는 귀신을 섬기는 무당이 가끔씩 '위대한 영'의 비위를 맞추기 위해 자기도 어쩔 수 없는 힘에 이끌려 자원하는 사람에게 날카로운 칼날로 된 사다리를 걷도록 하고 있었다. 정결 의식을 치른 뒤에 그 사람은 벌거벗고 사다리에 올라가서 무아지경에 빠지는 것이었다.

그들은 모두 나에게 그렇게 '준비된 사람'이 다치는 것을 본 적이 없다고
말해 주었습니다. 그러나 그전에 그들은 대부분 두려움으로 고통당하고 있었
습니다. 그들은 또 준비가 안 된 사람은 그것을 시도해서는 안 된다고 말했습
니다. 당장 날카로운 칼에 발이 잘릴 것이기 때문입니다. 단상처럼 만들어 놓
은 위에서 그들은 아래를 내려다보고 영으로부터 받은 메시지를 눈을 굴리면
서 이상한 목소리로 전합니다. 어떤 때는 커다란 불을 만들어 쇠줄이 빨갛게
될 때까지 달굽니다. 그리고 발작적으로 그것을 집어 자기들의 어깨에 두릅
니다. 이 경우에도 아무런 화상도 입지 않는다고 그들은 말합니다.

구경하는 사람들이 이 모든 것을 재미있어 할 것이라고 상상하실지 모르겠
습니다만 그것은 사실과 먼 생각입니다. 그들은 원하지 않아도 그것을 해야
만 합니다. 작년에는 오직 한 사람만이 그것을 할 수 있는 '정결함'을 가지고
있었다고 했습니다.

제임스는 아무 말도 하지 않고 이 모든 것을 지켜보았다. 그가 대적을
과소평가했던가? 그러나 '하나님의 아들이 나타난 것은 마귀의 일을 멸
하기 위해서(요일 3:8)'이었다.

참되신 하나님을 갈망하던 사람의 감동적인 이야기도 있었다. 가난하고
허리가 굽은 할머니가 작은 가게에서 그 안에 모여 있는 사람들에게 이야
기하고 있는 그를 찾아 왔다. 그에게 애원하는 표정이었다. 할머니는 그
가 악마와 우상 숭배가 거짓으로 가득하다고 설교하는 얘기를 들었다. "제
발, 제발 저에게 무엇이 옳은지 가르쳐 주세요." 하고 말했다. 제임스는
그리스도 안에 있는 구원의 길에 대해 시간을 내어 설명해 드렸다. "나는
지금 평안합니다." 할머니는 조용하게 말했다. "완전히 평안해요."

여관 일에 바쁜 주인이 제임스에게 살아계신 하나님께 기도드리는 법을

가르쳐 달라고 하였다. 그녀는 십자가의 의미를 알고 있는 것처럼 보였다. 제임스가 가르쳐준 짧은 기도를 반복해서 외었다. 다음 날 아침 아직 날이 밝기도 전에 그녀는 일어나서 그를 찾았다. "다시 한 번 말해 주세요. 저는 기도가 무척 하고 싶은데 떠나신 뒤에는 나를 도와 줄 사람이 없어서요."

이 여행을 통해서 많은 경험을 했다. 한 번인가 두 번 제임스와 다섯째는 근친결혼으로 인해서 온 마을이 정신 지체자인 부락을 지난 적이 있었다. 그들은 마을마다 대부분 사나운 개를 두어서 외부인으로부터 자신들을 보호했다. 사납게 짖어대는 마른 동물이 성벽보다 더 효과적이었다. 제임스는 어느 날 이 개의 무리에게 맹공격을 당한 적이 있었다. 다섯째가 도와서 간신히 막대기로 쫓아내기는 했지만 심하게 상처를 입었다. 피나는 다리와 발을 묶고 절룩거리며 마을로 들어갔는데 통증이 심했다. 사람들이 무슨 일인가 하고 몰려들었다. 어쨌든 평화의 복음을 들고 산을 넘는 자의 발이 지금은 아름답다고 할 수 없었다.

카친족(族)

제임스는 다시 남쪽에 있는 사나운 카친족 영토의 끝까지 왔다. "그들은 이 근처에서 가장 사나운 족속입니다. 그들은 상습적인 강도들로 모든 사람을 자기들의 원수로 생각합니다. 더럽고 무법자고 무식해서 모든 사람이 그들을 경멸합니다. 그들은 야만인이지만 식인종은 아닙니다."

언덕배기에서 그 지역에 다가갔을 때 카친족 세 사람이 그들에게 화살을 쏘았다. 카우보이들이 하던 대로 그들은 바위 사이에 숨어 공격자들이 가기까지 기다렸다.

산에는 산적들이 많이 있었다. 선교사로서 제임스는 한 번 이상 속옷만 제외하고 전부 빼앗긴 경력이 있었다. 다섯째는 이 탐사 여행 중에 그런 사람들을 만나면 어떻게 싸워 물리칠 수 있을까 하고 가끔씩 염려했다. 제임스는 그에게 산적을 만나면 저항하지 않고 물건을 다 가져가도록 할 것이라고 말했다. 그들에게 아무 것도 없어도 하나님이 그들이 필요한 것을 주실 것이라고 확신시켜 주었다.

실제로 그 사나운 카친족일지라도 그의 온유한 접근 방식에 마음이 누그러져 밤에 그들의 낡은 오두막에서 자도록 해주었고 이 여행 기간 동안 서서히 우정이 싹이 터서 나중에 많은 영적인 열매를 맺게 되었다.

접수된 보고서

제임스는 돌아와서 상하이에 있는 호스트씨에게 14쪽 되는 보고서를 보냈다. 북쪽 지역만 해도 300여 마을과 읍내가 있었고 만여 명의 리수족과 그보다 더 많은 수의 카친족이 있었다. 샨 지역은 아직 파악하지도 못했다. 제임스는 그 필요가 방대한 것에 깊이 마음이 쓰였다.

며칠 동안 그는 완전 기진맥진한 상태로 텅웨에 있는 침대에 누워 있었다. 그는 허약해져 있었기 때문에 말라리아를 더 심하게 앓았다. 그의 다리는 곪아서 통증이 아주 심했다. 정신적으로 영적으로 우울해지는 것은 당연히 따라오는 결과였다. 그는 본부에서 동쪽으로 가라고 할까봐 겁을 내고 있었다. 스스로도 자기가 왜 그것을 두려워하는지 알 수가 없었다. 동쪽 지역에서는 연합된 팀 사역이 행복하게 이루어지고 있어서 많은 주민이 좋은 반응을 보이고 있었다. 그가 관심을 갖고 있는 서쪽에는 제임스 말고는 아무도 없었고 그가 설교를 해도 거의 반응이 없는 것 같았다.

오래지 않아 염려하던 소식이 왔다. 호스트씨가 동쪽 일이 우선 급하니 그곳으로 가라고 편지를 보내 왔다. 그는 동쪽 지역에 있는 사푸샨으로 가야 했다.

받아들임

그렇게 하기로 하자 마음이 평화로웠다. 그 경험이 고통스러웠다고 지금 회상하고 있지만 불신앙으로 흔들리지 않았다고 그는 말할 수 있었다. 하나님께서 그에게 리수족에 대한 부담을 그렇게 주셨지만 자기가 그것에 대해 어떻게 할지는 몰랐다. 그의 안에는 하나님께서 인도하고 계시다는 확신이 자라가고 있었다. 그래서 그는 비록 매우 마음이 복잡했지만, 전과 같은 시간을 들여 전과 같이 행복하게 그저 그것에 대해 기도만 하고 있었다.

그는 아무에게도 그것에 대해 이야기하지 않았다. 그것은 그의 내적인 힘을 증명하는 시험이었다. 그는 기꺼이 갈 것이었다.

그러는 동안에도 제임스는 요양을 하면서 계속 끊임없이 그의 리수 양떼를 위해서 기도하고 있었다. 어린 신자들이 믿음 안에 견고히 서도록 필사적으로 기도하면서 그는 그들이 그를 보러 올 수 있는 장날을 손꼽아 기다렸다.

"이날 저녁 다섯째가 다시 들어왔습니다. 자기 가족에게 좋은 소식이 있다고 하였습니다. 가족들이 모두 이제는 굳게 서고 싶다고 하는데 그 큰형만이 예외라고 하였습니다." 그들은 몇 달 전에 나뭇잎을 모두 버렸으며 매일 아침마다 다시 '기도'를 하고 있다고 하였다.

다섯째는 그에게 소강에 있던 환자를 위해서 그가 기도했을 때, 그리고 그 후에도 다른 환자를 위해서 기도했는데 두 경우 다 회복되었다고 말해 주었다. "우리는 최근에 함께 한 여행에 대해서 또 리수 사람들이 어디에서나 우리 얘기를 들을 준비가 되어 있다는 이야기를 서로 나누었습니다." 하고 제임스는 기록하였다.

"최소한, 아니 마침내, 다섯째 자신은 은혜를 굳게 붙잡고 그 안에서 자라가고 있는 것 같습니다. 그것이 내 영혼에 있는 우울함을 사라지게 하는 천사 역할을 하였습니다. 디모데가 와서 데살로니카 교회의 좋은 소식을 전해 주자 바울이 새롭게 힘을 얻었던 것처럼 저도 이제 낙담의 계절을 지내고 이렇게 외칠 수 있습니다. '너희가 주 안에서 굳게 서라, 그러면 우리가 살리라.'"

그 동안 칼 고우만의 신부가 도착해서 중국 친구들이 함께 매우 즐거워하는 가운데 결혼식이 거행되었다. 고우만은 바로 신혼여행을 떠나고 제임스는 엠버리가 돌아올 때까지 선교관에서 혼자 지냈다. 그에게 기도할 시간이 충분히 있었다.

일생의 결심

이 일 후 며칠 지나지 않아 상하이의 호스트씨로부터 전보가 왔다. 제임스는 내용을 확실히 이해하기 위해 몇 번이나 다시 읽어야 했다.

'만일 당신이 분명하게 리수족 사역이 주의 인도라고 생각하면 억지로 사푸샨으로 가라고 하지 않겠습니다.' 라고 되어 있었다. 비록 동쪽 팀에 일꾼이 급하게 더 필요하지만 그들은 서쪽에도 일꾼이 필요함을 너그러운 마음으로 생각할 수 있었고 제임스가 자기 분야를 더 개척해야 한다는 데에 서로 동의했던 것이다.

그가 산을 타고 버려진 사당으로 올라갔을 때는 겨울밤이었다. 그곳은 그가 기도하기 위해 즐겨 찾아가는 곳이었다. 그는 집중해서 기도할 필요가 있었다. 그가 텅웨에 계속 머물러 있어야 한다고 느꼈던 것이 옳았는가? 동부 리수족을 위해 사역해야 하나? 제임스가 큰 소리로 기도하는 것을 사당을 지키는 노인이 들었다.

나는 달빛 아래서 위 아래로 오가면서 큰 소리로 기도했다. 주위는 고요했다. 마침내 기도가 찬양으로 바뀌었다. 더 이상 질문이 필요 없었다. 하나님이 무엇을 하게 하시든지 간에 나는 나의 전부를 드릴 것이다. 나는 렁웨 지역에 계속 머물기로 작정하였다.

오직 한 가지 무기

갈등의 시간에 나는 성령을 통하여 내 마음에 생각나는 적당한 성경말씀을 큰 소리로 외쳐서 그 갈등에서 벗어나곤 했다. 십자가를 근거로 단호하게 저항할 때 효과가 있었다. 낙담의 구름이 사라졌다. 그 악몽같던 압박이 사라지기 시작했다. "저는 목말라 죽어가는 사람이었는데 그런 저에게 아름답고 시원한 냉수가 흘러오기 시작하는 것 같았습니다."

집에 보낸 편지

제임스는 이제 그가 맡아서 해야 할 임무의 양에 대해 평가해 보았다. 그는 산을 오르거나 원시적으로 사는 것을 두려워하지 않았다. 그는 등산을 좋아했다. 그러나 혼자서 강력한 악령 숭배에 대항할 수 있는 살아 있는 교회를 세워야 한다고 생각하니 마음이 움츠러들었다. 만군의 하나님 여호와께서 그와 함께 계심을 알고 있었지만 하나님의 계획 속에 홀로 사역하는 일은 그가 알기에 없는 일이었다. 물론 그의 뒤에 선교회가 도와주고 있었다. 그러나 그와 함께 가라고 누군가를 보내줄 수 있는 처지는 아니었다. 모두가 중국에서의 사역에 개입되어 그 이상 더 어떻게 해 볼 도리가 없을 만큼 일이 확장된 처지에 있었다. 그는 이제 본국에 편지해서 새로운 동료가 필요하다고 부탁했다. "저를 위해서 늘 기도해 주시는 것을 알고 있습니다." 그는 어머니에게 편지했다. "제가 같은 마음을 가진 친구들을 적든지 많든지 간에, 한 곳에 있든지 널리 퍼져 있든지 간에 만날 수 있도록 함께 기도해 주시겠습니까? 만일 작은 기도 모임을 만드실 수 있으면 제가 정기적으로 편지를 쓰겠습니다."

그의 사역에 그러한 동료가 필요하다고 말을 꺼낸 것은 이번이 처음이었다. 그러자 레치워스에서는 즉시로 그에 따라 행동했다. 한 사람 두 사람씩 그 지역에 있는 사람들이 그와 함께 짐을 나누어지자고 마음을 모았다. 그들은 그 임무를 사업상의 동료와도 같이 이행했다. 그것은 그 일에 대한 분명하고 확고한 헌신이었다. 그들은 그를 위해서 계속 함께 기도했다.

본국에는 진지하고 영적인 그리스도인들이 얼마나 많이 있는지요. 그리고 그렇기 때문에 교회의 기도가 얼마나 풍성하고 강력한지요! 저와 여기 있는 리수 사람들이 이 힘을 조금 나누어 받을 수 있기를 얼마나 사모하고 있는지 모릅니다. 물론 이제껏도 많이 받았습니다. 그렇지만 중보 기도의 모임이 더욱 넓게 퍼지게 되기를 참으로 간절히 원하고 있습니다.

리수족 사역은 영적으로 장밋빛 침대가 되지 않을 것입니다. 저는 이미 사탄이 맘먹고 대들기 위해 자기가 가진 모든 무기를 총동원하고 있다는 것을 잘 알고 있습니다. 하나님의 일이 그 어떤 일이라도 순탄하게 진행되리라고 생각하는 선교사는 바보일 것입니다. 저는 하나님의 은혜로 그분이 인도하시는 길을 따라서 직선으로 가는 것을 지체시키는 그 어떤 것도 용납하지 않을 것입니다. 그분이 인도하시지만 저와 함께 결심하고 기도하는 동료가 있다는 것을 알면 대단히 힘이 될 것입니다. 주께서 조만간 여기 리수족 안에서 일하실 것을 믿어 의심치 않습니다.

제임스는 이 편지를 쓸 때만 해도 그 전쟁이 얼마나 치열할 것인지 거의 알지 못했다. '하나님의 은혜로 나를 지체시키는 그 어떤 일도 용납하지 않겠다.' 이것이 그가 그의 사역지인 누강 상류 지역을 탐사할 때 그리고 리수족 사이에 정착해서 일을 시작하면서 가졌던 결심이었다.

흑인 리수족

누강 계곡에 있는 흑인 리수족 마을을 여행할 때 제임스는 바타우와 미국 침례회 게이스씨와 함께 갔다. 게이스씨는 웃음과 생동감이 넘치는 50세 정도 된 분이었다. 2주 동안 그들은 북쪽의 '거칠고 불친절한 지역'을 지나갔다. 그들은 이번에는 비가 오지 않는 겨울을 택해서 갔는데 높은 위도에서 폭풍이 불었기 때문에 매우 위험하였다. 아래의 글에 그것에 대해 약간 묘사되어 있다.

해발 10,000피트 되는 산등성이에서 밤을 지냈습니다. 이틀 동안 인가를 만나지 못했습니다. 계속 어둡고 눈이 오기 시작했습니다. 우리와 함께 있던 리수인이 우리를 위해 장화 같은 것을 만들어 주었습니다. 아침이 되니 눈이 두텁게 쌓여 어디가 길인지 알 수가 없었습니다. 리수인은 몸이 젖어서 추위에 떨었습니다. 위에 있는 길을 찾아야 했습니다. 쿠 테흐 리야오-푸흐-테흐(극한 고통 상황). 바타우는 발을 돌부리에 채여 길에 피 자국을 남기면서 걸어왔습니다. 그는 눈을 본 적이 없었습니다. 오후 늦게까지 먹을 것이 없었습니다. 눈이 오지 않는 곳에서 불을 피웠습니다. 무장한 강도를 보았으나 우리를 공격하지 않았습니다. 경치가 굉장했습니다. 그것을 그럭저럭 즐길 수 있었습니다.

그들은 이번에는 새로운 윈난 지도를 가지고 있었는데 그것은 데이비스 소령과 이 지역의 왕립 지리학회에서 만든 것이었다. 어떤 길은 몇 인치밖에 안 되는 좁은 산길이었고 수천 피트 되는 상공에 작은 돌출부에 지나지 않는 곳도 많이 있었다. 그러나 물이 제대로 공급되는 곳에는 어디든지 리수인의 작은 통나무집이 자리 잡고 있었다. 이 지역에도 수만 명의 부족민이 살고 있는 것이 분명했다.

외로운 집

봄이 오자 제임스는 소강에다 그의 충실한 동반자인 다섯째와 함께 집을 지었다. "2,000피트 아래로 거품을 내며 요동치는 강을 따라서 11,000피트나 되는 산으로 둘러싸인 곳이었습니다." 그의 생각에 이 '리수 힐튼 호텔'에 있는 그의 방은 대단히 쓸만했다.

"그것은 실제로는 대나무와 초가지붕으로 만들어진 별채였습니다. 모두 금방 조각나 버릴 수 있는 것이었습니다." 제임스가 그 집을 묘사한 글이다. 새는 지붕을 다섯째가 바나나 잎으로 수리했다. 바닥은 원래 있던 그대로 평평한 땅이었는데 주위에는 온통 저장통과 바구니와 그 외의 것들로 가득했다. "있는 그대로 나는 그 안에서 편안했기 때문에 더 나은 것이 있으면 좋겠다는 생각은 들지 않았습니다."

그는 희랍어 성경과 다른 책 몇 권을 가지고 있었고 접시, 찻잔, 침구가 있었다. 쌀과 채소는 그곳에 있는 사람이 가져왔고 그의 화장실 및 목욕탕은 바로 2,000피트 아래에서 노호하는 강물이었다.

시간이 지날수록 제임스는 자기가 기도 동역자들에게 기도를 부탁한 것이 시기적절한 것이었음을 깨닫기 시작했다. 그의 사역의 시초에 반드시 이런 지지가 필요했던 것이다. 그는 리수족이 곧 무리지어 그리스도께 돌아올 것이라고 생각했다. 그는 기도하고 설교하고 가르쳤다. 이제 하나님께서 곡식을 거두실 차례였다.

그러나 리수족은 예수 그리스도께 그다지 관심을 보이지 않았다.

어두운 그림자

제임스의 영적 생활에 이상하고 불길한 그림자가 다가왔다. 그는 혼란스러웠고 깊은 우울증에 빠져 들어갔다. 처음에 그는 혼자 있어서 그런가 하고 생각했다. 가끔씩 깊은 고독감에 삼켜져 버릴 것 같은 기분이 들었기 때문이었다. 그러나 그것은 외로움 때문이 아니었다. 혹시 음식이 변변치 않아서 그런가 하고도 생각해 보았다. 밥과 채소만으로는 영양이 심각할 정도로 부족했다. (텅웨에 있을 때 그가 연유를 두 통씩이나 즉석에서 마시자 그들은 웃었다.) 그러나 음식때문도 아니었다. 그는 그런 음식에 익숙해 있었다. 그는 안개와 비로 덮인 바깥을 바라보며 날씨 때문에 그런가 하고 생각했다. 그런데 점차로 그는 무언가 이 육신적인 불편함보다 더 깊숙한 곳에서 영혼을 파괴하는 영향력이 있음을 인식하게 되었다.

깊고 불안한 의심이 그를 공격했다. 그래, 정말로 하나님이 말씀하셨는가? 그 질문이 그에게 반복해서 떠올랐다. 무엇을 하려고 할 때마다 너무도 분명하게 그 소리가 들렸다. 네가 기도했어도 응답이 없었지 않은가? 아무도 네 말을 들으려고 하지 않잖아? 처음에 믿었던 몇 사람도 다시 원래대로 되돌아갔지 않은가? 그래, 아무 소용없어. 그런 바보 같은 일을 하기 위해 이곳에 머물렀던 것이 잘못이었어. 중국에 5년이나 있었지만 뭐 내세울 만한 것이 별로 없지. 그렇지 않아? 너는 자신이 선교사로 부르심을 받았다고 생각하지만 상상에 불과한 거야. 모두 남겨 두고 돌아가서 그 모두가 커다란 실수였다고 인정하는 것이 좋을 거야.

날이면 날마다 밤이면 밤마다 그는 의심과 극도의 절망 속에서 씨름했다. 자살을 생각하기까지 했다. 한번 뿐 아니고 여러 번 그는 어두운 계곡의 나락을 노려보았다. 다 끝내버리지 않고 뭐해?

어두움의 권세가 그를 고립시켰다. 그들이 이기면 사역을 끝장낼 수 있는 것이었다.

비가 줄기차게 내렸다. 오두막은 다섯째가 계속 새 가지를 가져다가 지붕을 덮었어도 완전 수렁처럼 되어가고 있었다. 그런데 어느 날 구름이 빽빽이 덮여 어두운데 텅웨에서 영국에서 온 편지가 도착했다. 그 산 위까지 그것을 배달한 심부름꾼은 지쳐있었고 몰골이 말이 아니었다.

한 권의 잡지

제임스는 조심해서 편지를 개봉했다. 젖은 페이지가 찢어질 염려가 있었기 때문이었다. 그 안에 「승리자(The Overcomer)」라는 책이 있었는데 전에 본 적이 없던 잡지였다. 그는 자리 잡고 앉아 그것을 읽기 시작했다. 사방에서 비가 뚝뚝 떨어지고 있었다.

"나는 그 잡지를 반복해서 읽었습니다. 그것이 나에게 가르쳐 준 진리는 악한 자의 세력에서 구원받는 길은 십자가를 근거로 해서 단호하게 저항하는 것뿐이라는 것이었습니다." 그는 공학도이었기 때문에 무엇이 작동하는 것을 보아야 직성이 풀렸다. 그 진리가 일해 내는 것을 보고 싶었다. 그러나 그의 이제껏 경험으로는 그가 들은 영적 가르침이 작동하지 않는 것 같았다.

그는 모든 것을 그저 주 예수께 수동적으로 맡긴다는 진리보다 그의 삶에 더 필요한 것이 있음을 느꼈다. 십자가를 근거로 단호하게 저항한다는 말이 그에게 빛을 던져 주었다. 그리고 그것이 효과가 있었다. "저는 목이 말라 죽어가는 사람이었는데 그런 저에게 아름답고 시원한 냉수가 흘러오기 시작하는 것 같았습니다."

사람들은 여러분에게 말할 것입니다. 도움이 되는 집회를 마치고 나서 하는 말일 수도 있겠지요. 이러저러한 진리가 승리의 비결이라고요. 아닙니다. 때마다 다른 진리가 필요한 것입니다. "주를 바라보라"고 어떤 사람은 말합니다. 그런데 "악을 대항하라(약 4:7)"는 말씀도 성경에는 있는 것입니다.

그리고 나는 그것이 효과를 발휘하는 것을 보았습니다! 낙담이라는 구름이 사라졌습니다. 내가 원하기만 하면 영적 세계의 승리를 언제나 차지할 수 있다는 것을 알게 되었습니다. 주님 자신이 사탄을 말로 대적하셨습니다. "사탄아 내 뒤로 물러나라!" 저도 겸손히 그분을 의지하면서 같은 말을 했습니다. 그 당시 저는 성경 말씀의 약속을 무기로 사용하여 사탄에게 말했습니다. 그런데 그것이 효과가 있었습니다. 바로 그때 그 악몽 같던 압박이 사라지기 시작했던 것입니다.

새로 발견한 대항의 무기를 사용하는 법은 점차로 배워가야 할 것입니다. 얼마나 배울 것이 많은지요. 하나님께서 저에게 이렇게 말씀하시는 것 같았습니다. '너는 내게 리수족 안에 큰일을 이뤄달라고 부르짖고 있지. 나는 그 큰일을 바로 네 안에서 내가 이루기를 원하고 있다.'

제임스에게 그때 그 작은 잡지가 얼마나 중요한 것을 가르쳐 주었는지 말로 다 표현할 수가 없었다. 산 속 초라한 오두막에서 지냈던 길고도 어두운 밤이 승리의 새벽으로 끝이 났다. 하나님께서는 그를 그분의 승리의 열차로 인도하신 것이었다. 그것은 이미 끝났고 완성하신 승리였다.

물론 그 승리는 영적인 것이었다. 주위 환경은 이전과 똑 같았다. 소강 사람들은 아직도 흥미를 보이지 않고 있었다.

제임스는 리수말 공부에 더 힘을 쏟았다. 구절들을 받아 적고 영어 알파벳으로 다른 음가를 표시하려고 애쓰면서 자신만의 노트를 만들었다. 이렇게 하는 데는 아이들이 가장 좋은 선생님이 되어주었다. 그들은 그와 함께 있는 것을 좋아했고 같은 구절과 억양을 몇 번이고 그를 위해서 반복해서 말해주면서도 싫증을 내지 않았다.

다섯째의 이상한 병

대적은 이제 다른 무기를 들었다. 다섯째가 심한 병에 걸렸다. 그가 며칠씩이나 고열로 헛소리를 하며 누워있을 때 제임스는 두려움을 감추고 그를 위해 기도했다. 그와 함께 일하는 동료를 잃는다면 중대 사건이 될 것이었다. 마침내 다섯째의 열이 내렸다. 그러나 완전히 회복되지는 않았다.

"그가 이렇게 앓는 것을 보는 것은 제게 큰 고통이었습니다." 제임스가 어머니에게 쓴 편지였다. "그는 어떤 때 이상한 표정을 했는데 그가 정신이 올바를 때는 결코 볼 수 없었던 것입니다. - 노인처럼 초췌하여 괴로운 표정을 짓기도 하고 때로는 따분하며 구제불능한 반항의 표정을 지었습니다. 그가 보이는 이 괴기한 분위기 때문에 고통스럽습니다. 그에게 기도가 필요한 것을 꼭 기억해 주십시오. 이 문제 때문에 제 마음 안에 일어나는 일을 전부 말씀드릴 수 없습니다."

이제 제임스는 다섯째가 그가 바라던 동역자가 될 수 있으리라는 기대는 할 수 없게 되었다. 다섯째의 삶이 온전히 편안하지 않은 것이 확실했다. 2년 후 그는 자기 마을에 형성되었던 작은 친교 모임에서 부도덕한 문제를 일으켜 제명되었다. 후에는 회복되었고 사역에도 참여하였지만 제임스의 특별한 동역자로서 발전하지는 못했다.

레치워스에 확고한 기도 모임이 형성되었다는 소식은 제임스에게 말할 수 없는 기쁨이었다. 따리로 가는 도중 어둡고 춥고 바람이 숭숭 들어오는 여관에 앉아 그는 편지를 썼다. "일이 잘못 되어가는 것 같을 때 저는 생각으로는 로마서 8:28, 마음으로는 빌립보 4:6의 태도를 유지하려고 애를 쓰며, 제가 '일어설 수 있는 두 날개'로 삼고 있습니다." 그리고 그는 성경 말씀을 인용했다. "하나님을 사랑하는 자에게 모든 것이 합력하여 선을 이루느니라. (롬 8:28)" "범사에 감사하라. 이것이 너희를 향하신 하나님의 뜻이니라. (데전 5:18)"

잔잔한 물가

따리에서 멧캐프씨와 며칠 지낸 것이 제임스의 심령에 방향제가 되었다. 그는 그 성의 동쪽에서 부족 사역을 하고 있었다. 따리의 푸른 호수는 길이 30마일에 폭이 6마일이었는데 14,000 피트 높이의 눈 덮인 산맥에 평행하게 뻗어 있었다. 여기에서 며칠 지내면서 제임스는 민챠 여안내원 둘을 만나서 따리산 꼭대기를 올라갔다. 참으로 대단한 일이었다. 이곳은 제임스가 등반에 성공하기 전이나 후나 유럽의 산악 등반가들도 몇 번 실패한 산이었다. 맑은 날이면 따리시의 성벽에서 해발 21,000피트 되는 리키앙 봉우리가 보였는데 그는 그곳은 시도하지 않았다. 그가 나중에(1937년) 언급한 바로는 많은 일행들이 시도를 했지만 아무도 성공하는 것을 보지 못했다고 했다.

한나 부부가 너그럽게 환대해 주었다. 부족민과 살던 제임스로서는 그 모든 것이 호사스럽게 느껴졌다. 가장 좋았던 것은 멧캐프씨와 함께 보낸 시간이었다. 제임스는 언어 공부나 선교하는 방법에 대해서 그의 경험으로부터 많은 것을 배울 수 있었다. 그는 부족 교회 사역을 어떻게 하는지에 대해 현명하게 상담해 주었다.

그는 텅웨로 돌아오면서 5년 전에 그가 처음으로 방문했던 빠오산에 들렀는데 그곳 사역이 성장한 것을 보고 격려를 받았다. 그는 여기에 한 달 동안 머물렀는데 사람들이 그가 세낸 가게에 몰려들어와 나중에는 거리에까지 넘쳐났다. 얼마 안 되어 신자들은 그 도시에 처음으로 교회를 세웠다. 건축비의 일부분은 레치워스로부터 보내온 것이었다. 제임스가 바로 이 시기에 그러한 사역의 열매를 본 것은 인자하신 하나님의 사랑 덕분이었다. 그것은 목마른 여행자에게 오아시스와도 같았다.

큰 목소리

텅웨로 돌아와 며칠을 지내면서 그는 산으로 여행 갈 준비를 하였다. 몸과 마음이 힘을 얻었지만 잠시 다른 공격을 받기도 하였다. 그 결과는 기록할 가치가 있는 것이다. 그는 자기 마음이 악한 생각으로 공격받고 있는 것을 알게 되었다. 설교할 때마저 그러한 공격을 받았다.

나는 텅웨에서 벗어나 산 중턱 언덕에 있는 내 기도처로 갔다. 거기에서 그 일에 대해 사탄을 대적하며 선포했다. 나는 나의 구세주께서 십자가에서 나를 위해 이루신 승리를 근거로 구해 주실 것을 주장했다. 나는 심지어 사탄과 그의 궤계를 말로 소리 내어 대적했다. 그 때 거기에서 결박이 풀려 다시는 돌아와 피로움을 당하지 않았다.

야고보서 4:7 말씀도 있다. 우리 주님도 외치셨다. 나사로의 무덤에서 '큰 소리로' 말씀하셨다. 그분은 십자가에서도 '큰 목소리로' 외치셨다. 갈등의 시간에 나는 성령을 통하여 내 마음에 생각나는 적당한 성경 말씀을 큰 소리로 반복해서 외쳐서 그 갈등에서 벗어나곤 한다. 대적을 하면 부서진다. "마귀를 대적하라 그러면 너에게서 달아날 것이다."

사마리아 짐꾼

이 무렵 창씨라는 미얀마의 마흔닌 사람이 텅웨에 들렀는데 길에서 이상한 광경을 보았다. 짐꾼처럼 옷을 입은 키 큰 사람이 길에서 무거운 짐을 등에 지고 비틀거리며 도시로 가고 있었다. 창이 자세히 보고 있으려니 그는 외국인이었는데 등에 중국 짐꾼을 업고 있었다. 제임스가 길가에서 죽어가는 사람을 발견해서 그를 등에 업고 6마일이나 걸어 온 것이었다. 모두가 대부분 자기 일에 바쁜 그 나라에서는 쉽게 볼 수 있는 행동이 아니었다. 이 길가의 장면은 창을 그리스도께로 인도하는 계기가 되었다.

대부분의 구경꾼들은 그렇다고 제임스를 특별한 영웅으로 여기지 않았다. 유럽인들은 선교사거나 아니거나 그를 보통과 다른 사람으로 생각했다. 프랭크 다이몬드는 감리교 선교사로 감동적인 작가였는데 어느 날 딸에게 이렇게 말했다. "이상한 사람 하나가 산 속에 혼자 살면서 선교를 하고 있는데 아무도 그를 많이 알고 있는 것 같지 않아."

그가 1914년 가을에 탄짜로 갔으니 이상하게 보였을 법도 하였다. 그는 천성적으로 사람과 함께 있는 것을 좋아했기 때문에 자기가 원해서 혼자 살았던 것은 아니었다. 그러나 이 지역의 부족을 향해 자신이 느끼는 부담이 개인적인 것임을 그도 인정해야 했다. 더구나 그를 돕기 위해 와 줄 사람이 없었다.

탄짜 전쟁터

제임스는 탄짜에 정착하기 전에 리수와 카친 마을 주위를 5주간이나 여행했다. 어디든지 주변 지역 사람들은 중심부에 있는 사람들이 그의 메시지에 어떤 태도를 갖는가를 보고나서 자기들의 태도를 정하겠다고 말했다. 그래서 조심스럽게 생각해 보고 기도한 끝에 탄짜에 살기로 한 것이었다. 그 바로 주위에 마을이 40개나 있어서 가장 전략적인 장소였다.

그가 탄짜에 도착하자 겨울이 다가왔고 해발 6,000피트인 그곳은 이미 매우 추웠다. 제임스는 자기가 집으로 쓸 수 있는 방이 두 개인 오두막을 발견했고, 겨울 동안 쓸 땔감도 숲에서 구할 수 있었다. 그는 리수 옷을 입었고 리수 음식을 먹었으며 리수말로 이제 꽤 유창한 대화도 할 수 있었다. 그는 언제나 집을 열어두었기 때문에 사람들은 마음대로 그 안에 드나들었다.

그러나 그가 알고 싶어 하는 사람에게 가르치면 가르칠수록 문자가 필요함을 더 느끼게 되었다. 그들이 그리스도의 제자가 되었을 때 그분의 명령을 그들 스스로 읽지 못하면 어떻게 그분을 따를 수 있겠는가? 사실상 사람들은 그가 쓰고 있을 때 몇 시간이고 앉아서 지켜보고 있었고 어떤 때는 따라서 써보려고도 했다. 그들은 읽고 싶어 했다.

몇 달이 지났을 때 제임스는 탄짜 사람들이 복음에 대해서 더욱 관심을 가지고 있고 그 관심이 자라고 있다고 느꼈다. 많은 사람이 규칙적으로 그의 작은 집에 와서 하나님에 대해 배웠다. 그는 이제 미얀마로 가서 이 리수 문자에 대한 문제를 게이스씨와 상의할 때가 되었다고 생각했다.

가기 전에 그는 친구들을 모아 놓고 그가 가르친 것에 대해 어떻게 생각

하느냐고 물었다. 예수가 하나님의 아들이라는 것을 이해하고 받아들였을
까? 그는 그들끼리 서로 이야기하도록 두었다. 그들은 몇 시간을 상의하
더니 돌아서서 말했다. 그의 가르침을 확실히 받아들였기 때문에 그가 그
곳에 머물며 가르쳐 주면 기독교인이 되고 싶다고 하였다. 그리고 그와 그
의 메시지를 향한 우정을 중요시한다는 표시로 그와 함께 식사를 하였다.

미얀마에서 온 리수 문자

드디어 상황도 괜찮은 듯이 보여서 제임스는 미얀마를 방문할 때가 되었
다고 생각했다. 그는 희망에 차서 떠났는데 미얀마 시장에 가보고 싶어 하
는 짜이씨도 동행했다. 그가 한 여행 중에서 아주 행복한 여행이었다. 윈
난 경계선에 다가가자 미얀마가 말할 수 없이 아름답게 보였다. 제임스는
크게 기뻐하며 므이트키나에서 넓은 숲과 빛나는 이라와디강에 대해서 편
지를 썼다. 리수 글자와 교리문답을 만드는 일은 게이스씨와 바타우가 도
와주었는데 아주 매혹적인 일이었다. 그 모든 일 이면에는 많은 탄짜 사람
들이 그리스도께로 돌아오는 것이 확실하다는 전제가 있었다.

미얀마에서 제임스는 믿음에 대한 이해에 위기를 맞게 되었다. 탄짜에서
라면 하루하루가 바쁘게 지나갔다. 땔감을 살피고 손님들을 맞으며 날마다
해야 할 일이 많이 있었다. 그런데 여기에서 그는 많은 시간을 하나님을 구
하면서 보냈다. 그리고 기다리면서 그는 많은 기도의 응답을 받았다.

텅웨 시장에서 처음 리수 부족 사람을 만난 뒤부터 그는 그들을 위해 기
도해 왔다. 이제까지 6년 동안 하나님께서 리수 부족이 크게 돌아오는 역
사를 일으켜 주시도록 기도해 왔다. 복음을 전할 때 당하는 고난이나 역경
을 그는 개의치 않았다. 이제 게이스 씨 부부 집에 머물면서 그는 하나님
의 영이 새로운 조치를 취해야 할 단계라고 자신에게 가르쳐주고 계심을
알았다. "믿음으로 구하라."

"주님은 영적인 삶에 대해 최근에 나에게 많은 것을 가르치고 계십니다." 그가 기도 동역자들에게 쓴 편지이다. "사실 저 자신 영적으로 지난 일 년 동안 혼란스러운 경험을 하였습니다. 제가 배운 중요한 교훈은 믿음의 기도를 드리는 것과 관련된 것이었습니다."

그는 지난 몇 년간 자신이 드린 기도가 전혀 효과적이지 못해서 시간을 많이 낭비했다는 것을 알게 되었다. 믿음 없는 기도는 '무딘 칼날로 베려는 것과 같아서 수고는 많이 하지만 목적을 이루지 못했다.' 기도의 수고가 이루어지고 이루어지지 않고는 믿음에 달려 있다. "네 믿음대로 (네 수고대로가 아니라) 될지어다."

그는 사람들이 믿음의 기도를 드리지 못하는 이유가 하나님께서 그들의 간구를 이미 응답하셨다는 것을 믿지 않고 응답하실 것으로 기다리고 있기 때문이라는 생각을 새롭게 하게 되었다. "기도의 자리에서 일어나면서 하나님께서 언젠가 응답해 주시겠지라고 생각합니다. 그분이 이미 응답하셨다고 믿지 않는 겁니다."

이런 믿음으로는 효과적인 기도를 할 수 없다고 판단한 것이었다.

진정한 믿음은 현재 시제를 기뻐하고 미래에 대해 걱정하지 않습니다. 하나님의 약속은 현재 시제이어서 우리 마음을 쉬게 해줄 수 있을 만큼 매우 안전합니다. 일이 다 이루어지는 것은 대부분 미래에 일어나는 일이지만 하나님은 스스로 당신의 말씀에 매이시기 때문에 우리는 걱정할 필요가 없습니다. 어떤 때는 우리가 구하는 것을 즉시로 주시지만 대부분은 그저 약속만 주십니다(막 11:24). 아마 그분은 이 후자의 경우 더 영광을 받으실 것인데 왜냐하면 그것이 우리의 믿음을 시험하고 단련하기 때문입니다. 저는 진심으로 리수 사역을 위해서 많은 기도를 부탁드리고 싶습니다. 그렇지만, 오! 그만큼 많은 믿음도 함께 보여 주세요. 그렇게 해 주시겠습니까?

그 자신의 믿음의 근육이 강해지고 있어서 그는 스스로 명백하게 초점을 맞춘 구체적인 믿음의 기도를 드릴 때가 되었다고 생각했다. 1915년 미얀마에 있는 게이스씨 집에서 그는 하나님과 거래서를 만들었다. 하나님께서 그분 안에 있는 구원받는 믿음을 수백의 리수족 가정에 주시도록 분명하고 확실하게 기도하고는 자신의 일기와 하늘의 역사책에 기록했다. 그것은 그가 전에 하지 않던 기도였고 그 후에도 그 기도는 다시 하지 않았다. 그것은 가볍게 이루어진 일이 아니었다. 많은 세월 그것을 위해 준비된 시간이 있었기 때문에 제임스는 그것이 뒤엎을 수 없는 믿음의 한 걸음이라는 것을 알았다.

"저는 그때가 믿음의 기도를 드릴 때임을 알았습니다." 그가 무엇을 하고 있는지 그리고 그것이 그에게 어떤 희생을 요구할 것인지 충분히 인식하면서 그는 수백의 리수 가족들이 그리스도께로 돌아오도록 믿음으로 구하면서 자신을 드렸다. 거래는 이루어졌다. 그는 이미 응답 받았다는 깊고도 편안한 확신을 가지고 기도의 자리에서 일어났다.

왜 가족들인가?

그가 개인이 아닌 '가족들'이 구원받도록 기도한 것은 책임 있는 가족 구성원 모두가 하나님께로 돌아와야 그 집안의 우상적 요소가 다 끊어진다는 것을 알았기 때문이었다. 그때까지는 진정한 의미에서 헌신이 이루어지지 않은 것이었다.

확실한 헌신의 행동을 이끌어내는 것이 이 사람들에게 우선적으로 중요합니다. 만일 한 사람이 하나님께 돌아왔는데 우상 섬기던 기구들을 불에 태우지 않고 그의 뒤에 있는 다리를 끊어버리기를 두려워하면 그는 다시 옛날 생활로 돌아갈 가능성이 있습니다.

그러나 그 사람이 집에서 모든 우상을 제거해 버리면 제임스의 말에 의하면 그 후에도 그의 믿음에 대해 안심할 수가 있었다. 이렇게 다 버리는 단계를 거치고 나면 거의 다시 귀신 섬기는 자리로 돌아가지 않았다. 아무리 귀신 숭배가 그 민족을 강하게 사로잡고 있어도 한번 취한 그러한 태도는 영원히 그 세력을 부숴버리는 것 같았다.

이 부족 사람들이 가족 단위로 주께 돌아온다는 것은 반드시 가족 구성원 모두가 전심으로 믿음을 받아들였다는 의미는 아니다. 사실상 그런 식으로 되는 적은 거의 없었다. 그것이 의미하는 바는 가정의 책임 있는 사람이 확고하게 사탄으로부터 돌이켜 하나님께로 돌아온다는 것이다. 그래서 제임스가 '기독교 가정'이라고 말할 때는 그 집에 있는 모든 우상의 자취를 그 가정의 책임 있는 구성원이 없애버린 경우를 의미하는 것이었다.

이것 후에도 물론 처리해야할 부분이 많이 남아 있습니다. 그러나 어떤 의미에서 보면 이 단계를 거치면 물고기를 이미 건져 올렸다는 느낌이 드는 겁니다. 그래서 하나님께서 강하게 끌어주신 것에 감사하게 됩니다.

어떤 때는 가족 중 젊은이는 믿게 되었는데 다른 사람들이 뒤에서 잡아 끄는 경우가 있었다. 젊은이는 집안의 귀신 숭배에 대해 아무 것도 할 수 없었다. "그의 믿음이 진지할 수도 있고 우리도 그를 받아들이지만 제가 말씀드린 대로 그런 경우는 불안정하기 쉽습니다."

반대

제임스는 미얀마를 떠나면서 마음이 평안했다. 그러나 탄짜까지 가는 엿새가 다 지나기도 전에 그곳에 문제가 생겼다는 전갈이 왔다. 그는 계속 걸음을 재촉했는데 또 더 신경 쓰이는 보고를 받았다. 그리고 마지막으로 전해 받은 소식은 그가 그곳으로 돌아가면 안 되겠다는 경고였다.

그가 탄짜에 도착해서 알게 된 사정은 다음과 같았다.

내가 미얀마를 떠나던 바로 그날 탄짜에 살던 중국인들이 나에 대해 험한 말을 돌리기 시작했습니다. 그들은 리수인들 보다 수적으로 많았습니다. 그들은 내가 영국 정부에 돈을 받고 그 부족을 넘겨줄 목적으로 왔다고 말했습니다. 짜이씨가 내 공법자라는 것이었습니다. 그리고 짜이씨가 나와 함께 므이트키나로 소금을 사러 갔다는 것은 눈을 속이기 위한 것이고 그의 진짜 목적은 영국 정부가 그에게 주는 돈을 받으러 간 것이라는 것이었습니다. 그들 중 몇은 그의 집과 재산을 당장 몰수해야 한다고 했습니다. 그렇지만 좀 온유한 의견이 우세해서 그가 오기까지 기다리기로 했다는 것이었습니다.

짜이씨가 돌아왔을 때 탄짜 사람들은 '협박 집회' 라고 할 수 밖에 없는 모임을 열었다. 짜이씨 외에도 그들은 제임스가 미얀마로 떠나기 전에 가졌던 식사 모임에 참석한 사람들을 전부 소환했다. 많은 논란 끝에 그들은 소환당한 사람들이 절대로 기독교인이 되지 않고 또 제임스를 그들의 집에 오거나 그들 가운데서 살지 못하도록 하겠다고 하는데 동의하도록 서명을 하게 했다. 그들이 약속을 어기면 집과 재산을 몰수하겠다고 하였다.

"짜이씨는 소환된 사람들 중에서 말하자면 지도자로서 그날 모인 사람들 전부의 식사비용을 지불해야 했습니다. 리수 사람들은 그들의 위협과 경고에 완전히 단념했습니다. 그들은 저희가 그 지경에서 떠나기를 간청하게(막 5:17) 하였습니다."

제임스는 자신의 오두막에서 자기 짐을 챙겼다. 리수 사람들은 전처럼 최소한 친절하게 행동하였지만 수적으로 우세한 중국인들이 무서워서 그들의 말에 복종하지 않을 수가 없었다. 그들은 그곳에 살아도 좋다는 정부의 허가를 받을 수 있다면 그를 환영할 것이라고 하였다. 탄짜에서의 사역이 끝난 것 같았다.

그가 믿음으로 드린 기도가 참이었나 거짓이었나 하는 것이 지금 분명히 드러나고 있었다. 그가 기도 동지들에게 보낸 편지이다.

그러한 일이 일 년 전에 일어났다면, 나는 어두운 절망의 구렁텅이에 빠졌을 것입니다. 과거에 많이 했던 대로 말입니다. 지금 저는 조금은 더 잘 알고 있습니다. '모든 절망이 사탄에서 나온 것'이라는 주장에 전적으로 동의합니다.

절망은 죄처럼 대항해야 합니다. 순간적인 절망도 나쁘기는 마찬가지여서 우리를 약하게 만들고 계속해서 더 깊은 절망으로 빠지게 합니다. 하나님께서는 이 시험으로부터 놀랍게 저를 지켜 주셨습니다. 제가 한 순간도 부활하사 승천하신 주님께 대한 빛나는 믿음을 잃지 않고 그 가운데서 마음의 평화를 유지할 수 있었다고 말씀드릴 수 있어서 그분께 모든 찬양을 돌려 드립니다.

하나님은 그가 전보다 더욱 그분을 믿고 그분 안에서 기뻐할 수 있도록 힘을 주셨고 그는 이전보다 더욱 리수족 안에 은혜의 역사가 있을 것을 믿어 의심치 않았다.

그는 이제 5년 전에 처음으로 방문했던 텅웨의 남서쪽으로 자리를 옮기는 것이 지금으로서는 가장 현명한 순서라고 판단했다. 그는 엠버리씨 부부에게 그렇게 말했고 그들도 그 지역으로 가는 것이 열매 맺는 길이 될 것이라고 동의하였다.

6주간의 여행

6주 동안 그는 이 마을에서 저 마을로 이 도시에서 저 도시로 여행 다니며 모험과 재난과 격려 받은 일 등을 날마다 일기에 기록했다. 언젠가 어디에선가 하나님의 말씀은 결실하리라. 그렇게 구하는 마음이 여행을 계속하도록 그를 강권했다. 그래서 그는 길가나 시장터를 불문하고 한낮의 태양 아래서나 또는 밤에 리수의 화롯불 가에서 말씀 전파를 계속했다. 그의 일기와 집에 보낸 편지는 다채롭고 생생하였다. 그는 이렇게 기록했다. "달빛 아래 길가에 있는 크고 높은 탁자에 서서 연기 나는 호롱불을 들고 말씀을 전했습니다. 진기한 광경이 주의를 끌었습니다."

새로 정착할 곳을 찾는 중에 제임스는 상따라는 작은 읍내로 오게 되었다. 그곳에 밤에 도착했기 때문에 아주 지쳐 있었는데 그때 그곳은 새해맞이 축제가 한창이었다. 그는 밤에 어디 누울 수 있는 잠자리를 찾아서 — 그가 자주 했던 대로 아마 노천이었을 것이다. — 하룻밤을 자고 다음 날 아침에 일어났는데, 영적인 갈증이 특별히 느껴져 새로워질 필요가 있다는 생각이 들었다. 그는 마을을 벗어났다. 그는 일기를 이렇게 끝맺고 있었다.

'그 날은 대부분 산에서 혼자 성경을 읽고 기도하면서 보냄. 그것이 필요하다고 느껴졌음. 밤에 하나님께 축복해 주십사고 부탁드림 — 그곳이 처음 방문이었으므로 이방 땅에 이방인. 아는 사람이 하나도 없었다.'

제빵 기술자

읍내로 돌아왔을 때 제임스는 극단 일행이 시장에다 기둥을 세우고 있는 것을 보게 되었다. 아직 공연을 시작하기 전이었다. 그는 그의 작은 아코디온을 꺼내들고 노래를 부르기 시작했다. 금방 군중이 몰려왔기 때문에 그는 자기가 전하고 싶었던 메시지를 설명하기 시작했다. 뒤에서 조롱하는 소리, 반대하며 외치는 소리가 약간 있었지만 한 백여 명의 사람들이 달이 높이 떠오를 때까지 머물러 듣고 있었다. 끝내기 전에 제임스는 그들에게 세상의 구주이신 예수 그리스도에 대해 더 알기 원하는 사람이 있느냐고 물었다.

한 젊은 남자가 즉시 앞으로 나왔다. 그는 예수 그리스도를 따르고 싶다고 말하였다. 그는 이미 예수가 하나님의 아들이심을 믿고 있었다.

그 사람 이름은 모 티엔창(모세로 알려진 리수 전도자. 성경번역팀의 일원; 역주)이었는데 제빵 기술자였다. 그는 제임스를 자기 가게로 데려갔다. 그런데 놀랍게도 모는 여러 번 읽은 표가 나는 작은 마가복음 복사본을 보여주는 것이었다. 자기 아들이 5년 전 망시 시장에서 가져온 것이었다. 모는 이 작은 책을 여러 번 읽고 또 읽었다. 그는 그 이야기에 이상하게 감동이 되었다. 최근 몇 년 간 그는 더 배우기를 사모했다. 정말로 예수님이 세상에 오신 하나님이 아니셨던가?

제임스와 모는 산 너머로 새벽이 다가왔는데도 아직 이야기를 계속하고 있었다. 모는 몇 주간이 걸리는 질문에 대답해 주기를 원했다. 그러나 제임스는 그날 늦게 계곡 위에서 약속이 있었기 때문에 더 머물 수가 없었다. 그는 며칠 내로 다시 오겠다고 약속하였다.

계곡 위의 약속을 지키고 나서 제임스는 서둘러 모에게 돌아왔다. 그는 특별한 환영을 받았다. 가게 위의 방에 침대를 준비해 제임스를 그 위에서 자게 했다. 자기는 그를 높이고 존경한다는 표시로 그의 침대 옆 바닥에서 잤다. 심지어 일도 제쳐놓고 모는 새 친구와 한시라도 떨어지지 않고 함께 있으려고 했다.

이틀 동안 대화를 나누고 교리 문답을 신중하게 하고 나서 제임스는 모의 개종이 진짜라고 확신했다. 가게 뒤에 있는 방에 앉아 있으면서 그의 마음을 괴롭히는 것이 단 한 가지 있었는데 그것은 그 안에 동으로 된 커다란 우상이 있고 그 앞에 향을 태우고 있는 것이었다. 며칠 지난 후에 그는 용기를 내어 그 이야기를 했다. "아, 제가 그것을 만지면 가족들이 어떻게 될지 몰라서 두려워요." 모의 말에 제임스는 온화하게 그것에 대해 하나님께 기도해 보자고 제안을 했다. 모는 이 일들을 헤쳐 나갈 수 있는 힘을 달라고 하나님께 애통하는 심령으로 부르짖었다. 그 소리에 제임스는 깊이 감동했다.

기도 자리에서 일어나면서 모는 물과 대야가 있던 단으로 곧바로 갔다. 그는 천을 벗기고 가족 제단이 있는 곳으로 다가가려고 하다가 다시 망설였다. "여기 와서 한 번 더 기도합시다." 그의 갈등을 보고 제임스가 말했다.

그들은 함께 한 번 더 기도했고 그것으로 결정이 되었다. 말 한 마디 없이 모는 천지라는 한자말이 쓰여 있는 빨간 줄이 쳐진 종이를 없앴다. 그는 또 향과 종이돈과 우상을 치웠다. 말 한 마디 없이 그는 그것들을 불태웠다.

'나는 전에 우상을 그렇게 깔끔하게 마무리하는 것을 본 적이 없었다.' 제임스가 그렇게 기록했다. 그런 후에 모는 한 번 이상 이렇게 말했다. "내가 옳은 일을 했다면 오늘 좋은 꿈을 꿀 겁니다." 다음 날 아침 제임스가 잘 잤냐고 물으니까 그는 기운차게 대답했다. "좋은 꿈꾸었어요. 좋은 꿈요." 제임스는 '그가 자유로워진 것'을 알 수 있었다.

모가 우상을 부수고 조상 숭배의 상징을 불태웠다는 소식이 빠르게 퍼져나갔다. 호기심이 많은 사람들은 일부러 말씀 전하는 제임스와 함께 서 있는 그를 보러 왔다.

"그리스도를 그렇게 담대하게 증거하는 사람을 나는 본 적이 없습니다."라고 제임스는 나중에 말했다. "사방에서 그에게 공격이 들어왔습니다. 그에게 기복이 없었던 것은 아니지만 그는 한 번도 주를 부인하지 않았습니다."

누강과 메콩강 계곡

남서쪽에 있는 다른 작은 부락에도 그를 따뜻하게 환영하며 말씀 들을 준비가 되어 있는 리수 마을이 있었다. 그 마을 사람들은 밤에 불가로 몰려와서 그가 가르쳐준 노래를 반복해서 계속 부르기를 좋아했고, 간단한 기도도 배우고 싶어 했다. 그들은 그에게 더 남쪽으로 내려가면 리수족이 수천 명 살고 있는 마을들이 있다고 가르쳐 주었다.

그래서 그는 몇 주 동안 남쪽으로 내려가서 미얀마, 태국, 그리고 베트남을 비롯해서 누강과 메콩강 유역의 계곡들을 광범위하게 둘러보았다. 비옥한 경사 지역에 서로 다른 부족들이 많이 흩어져 살고 있었는데 선교사들이 한 번도 방문한 적이 없었고, 그 자신도 자신이 심은 씨가 자라서 추수할 때가 오리라고는 거의 생각하지 못하고 있었다. 그는 집요하게 여행을 계속하여 돌산 길로 올라갔고, 마을과 마을 사이에 굽이치는 계곡 길을 따라 가면서 알고 싶어하는 정신을 가진 사람을 찾아 일대를 샅샅이 돌아보았다. 일단 알고 싶어 하는 마음이 있다는 것은 하나님의 때가 왔음을 의미하는 사인이라고 생각했기 때문이었다.

탄짜의 이층방

오랜 여행 끝에 집에 돌아왔을 때 제임스는 탄짜에서의 반대가 수그러들었고 다시 오는 것을 환영한다는 소식을 들었다. 봄이 왔을 때 그는 다시 그곳에 가서 이번에는 추장 집의 다락에 있게 되었는데 그곳은 쥐가 들끓는 곳이었다. 방바닥이 듬성듬성한데다 고르지 않아서 연기와 냄새가 아래에서부터 올라왔는데 그래서 그는 아래에서 하는 잡담을 전부 들을 수 있었다. 언어 공부에 아주 유용한 자리였다. 그는 식구들과 같이 식사를 했다. 바닥은 공동생활을 하게 되어 있었고 돼지, 닭, 당나귀도 모두 함께 있었다. 어둠이 깃든 숲을 내다보면 하늘을 배경으로 클레어투스 봉우리가 우뚝 서 있었다.

"저에게 리수 개종자를 주십시오. 그러면 아무리 누추한 곳에서라도 진심으로 행복하겠습니다." 여름에 접어들면서 제임스가 한 말이었다.

그러나 그는 이 지역에 있는 악령의 사악한 본성을 막 깨닫기 시작하고 있었다. 그들을 대적하기 위해서는 영적인 무기로 중무장해야할 필요가 있었다. 그리고 '모든 일을 행한 후에 서기 위해서(엡 6:13)' 커다란 힘이 필요했다. 남부 산악 지대를 여행한 것이 그에게 힘이 되었다. 그리고 레치워스에서 함께 기도해 주는 동역자들로 인해서 더욱 더 감사했다. 그들은 모두 아홉 명이었는데 그 모든 과정을 함께 하며 기도하였다. 그는 각 개인에게 편지했다. 비록 답장을 받는데 몇 달 씩 걸렸지만 그들도 각자 답장을 해 주었다. 아주 가까운 관계였다.

어떤 때 그는 텅웨까지 먼 길을 걸어갔다. 산에서 몇 달을 보낸 뒤 쉬기 위해서였다. 엠버리 부부와 그 아이들은 그를 가족처럼 환영했고 그는 그들과 모든 것을 터놓고 나누며 이야기할 수 있었다.

그들은 후에 제임스가 먼지투성이로 여행에서 돌아왔을 때의 일을 이렇게 기억하고 있었다. 그들과 인사를 나눈 후 그는 곧장 오르간 있는 데로 가서 음악에 자신의 영혼을 쏟아 놓았다. 바흐, 베토벤, 슈만, 쇼팽을 악보도 없이 몇 시간이고 연주하였다. 그에게 차 한 잔이나 식사조차 권할 수 없었다. 이 다른 종류의 목마름도 채워져야 했다. 그가 함께 있으면 얼마나 집이 웃음으로 가득 차는지 몰랐다. 그의 익살은 전염성이 있었고 그의 모험담은 끝이 없었다. 산에 살던 제임스에게 있어서 그것은 꼭 필요한 휴식이었다. 엠버리 가족과 함께 며칠 지내는 일은 고향으로 돌아오는 것과 비슷한 일이었다.

기도라는 무기

탄짜에 돌아왔을 때 그는 기도만이 어두움의 권세를 물리칠 수 있는 유일한 무기라는 것을 점점 더 배우고 있었다. 그는 설교도 했고 가르치기도

했고 서로 이야기도 나누었는데 열매는 거의 없었다. 그는 기도 동역자들에게 이렇게 편지했다.

탄짜에서 열 두어 명 가량이 기독교인이 되려는 의사를 표명했습니다. 이들 중에서 예배에 정규적으로 오는 사람은 거의 없거나 아주 없습니다. 그들 중 아무도 귀신 숭배를 버리겠다는 사람도 없습니다. – 자기 가족에 대해 책임 있는 사람 중에서. 말하자면 '강한 자'는 아직 결박되지 않았습니다. 대다수의 사람들은 아직도 악마가 무서워서 하나님께로 돌아서지 않고 있습니다. 그럼에도 불구하고 하나님께서는 저를 앞으로 나가게 하십니다. 그래서 저는 희망을 갖고 있습니다. 너무 서두르지 않으려고 노력하고 있습니다. 그러면서도 저는 하나님께서 제 목숨을 부지시켜 주시는 한 복된 은혜의 역사를 리수족 안에서 감당할 수 있도록 그분께 부르짖을 것입니다.

이 기간 동안 그의 기도에 대한 이해에 커다란 진보가 있었다. 그는 실제로 기도를 하면서 하나님의 일을 경험하게 되었고 하나님에 대한 지식이 자라났으며 하나님과의 우정도 깊어졌다. 그가 성경에서 기도에 대하여 연구할 때 하나님의 일에는 기도가 전적으로 중요한 주제인 것을 알게 되었다. 성령이 그에게 전적으로 새로운 차원의 능력 가운데 일하도록 인도하셨는데 그것을 통해서 그는 하나님과 함께 하는 왕자가 될 수 있었고 승리할 수 있었다.

"만일 너희 중 두 사람이 마음을 합하여…" 나는 혼자 기도할 때조차 기도를 하나님과 나 이렇게 둘이 하고 있다는 느낌이었습니다. 나는 하나님의 뜻을 놓친 간구가 응답되리라고는 결코 생각하지 않습니다(요일 5:4). 개인적으로 저는 다른 일에서와 마찬가지로 하나님께서 내 기도를 인도해 주시도록 의지할 필요가 있다고 느낍니다.'

그는 묵상으로 뿐 아니라 성령이 그에게 하라고 요청하시는 그 기도를 명확하게 소리내어 간구하는 것이 도움이 된다는 것을 알게 되었다.

그는 또한 기도하기 전에 '설교를 하기 위해 준비하는 메모와 같은' 기도 제목 노트를 만드는 것이 도움이 됨을 알게 되었다. "영이 잘 조율이 되어야 하는 것처럼 생각도 인도를 받아야할 필요가 있습니다. 메모를 함으로 내 생각을 정돈할 수 있고 기도 제목을 준비하여 책상 앞이나 의자에 놓고 그 앞에 앉아 무릎 꿇고 일에 착수하는 겁니다."

제임스가 기도하는 친구들에게 편지를 쓴 것은 1915년 10월 9일 탄짜에서였다. 그에게는 이제 혼자 쓰는 방이 있었는데 아무 가구도 없고 땅바닥에 조명도 없어서 어두웠으며 거칠게 만들어진 테이블 하나가 있어서 그 위에 대고 편지를 쓰는 것이었다. 편지는 리수에서 달리기를 잘하는 사람이 텅웨까지 며칠 걸려 산길로 가서 전하면 거기에서 미얀마를 거쳐 배로 영국에까지 전달되었다. 영국에서는 기도 팀이 그것을 소중하게 받아 보관하였다.

믿음의 기도

"성경은 기도에 여러 종류가 있다고 말합니다. 중보가 있고 간구가 있고 기도의 노동이 있으며 믿음의 기도도 있습니다. 아마도 모든 기도가 근본적으로는 같을 것입니다만 각각의 기도는 이 위대하고 놀라운 주제에 대해 다양하게 나타내 보여주고 있습니다."

제임스는 계속해서 일반적인 기도(general prayer)와 명백하게 초점을 맞춘 기도(definite prayer)의 차이점을 말하고 있다. 그는 예수님이 무화과나무에 대해 하신 말씀(마 21:21-22)과 그 안에 거하는 자에게 하신 약속의 말씀(요 15:7)에서 그 형태를 보았다. 이것들이 후자의 예로서 '확실하게 구체적인 간구를 드리고 확실한 믿음을 발휘하여 성취하는 것'이다.

일반적인 기도에 믿음이 필요 없다는 말이 아니다. 일반적인 기도란 "여러 가지 많은 것을 위해서 기도하지만 각각의 케이스에 대한 하나님의 뜻을 모르는 채 하는 기도입니다. 나는 이런 일반적인 기도를 많이 합니다. 예를 들어 유럽 전쟁에 대해 기도를 하면서는 구체적인 기도를 많이 할 수 없습니다. 왜냐하면 하나님의 목적을 그렇게 할 수 있을 만큼 충분히 모르기 때문입니다."라고 제임스는 편지에 썼다.

일반적인 기도를 드릴 때 제임스는 자기의 무지로 인해서 기도가 제한되고 있음을 느꼈다. 그러면서도 막연하기는 하지만 '우리 모두의 의무'이기 때문에 해야 했다. 최소한 이것이 바울이 디모데에게 한 말의 의미일 것이라고 그는 보았다. "그러므로 내가 첫째로 권하노니 모든 사람을 위하여 간구와 기도와 도고와 감사를 하되 임금들과 높은 지위에 있는 모든 사람을 위하여 하라(딤전 2:1,2)." "내가 기도하는 대상에 대하여 세부 내용은 거의 아는 것이 없을지도 모르지만 어떻든지 그것을 하나님께 부탁드리고 그 손에 맡겨드리는 것입니다. 막연하더라도 모든 사람을 위하여, 모든 나라를 위하여, 모든 것을 위하여 항상 기도하는 것은 바르고 좋은 일입니다."

그러나 명백하게 초점을 맞추어 제한해서 하는 기도는 아주 다른 것이었다. 그는 특별한 감각으로 그것을 '믿음의 기도'라고 보았는데 '명백하게 초점을 맞추어 확실한 믿음으로 구하면 구체적으로 응답되는' 그런 기도였다.

그는 믿음의 기도에 대한 생각을 계속하면서 이렇게 편지했다. "예를 들어 캐나다 이민의 경우를 생각해 봅시다. 한 사람이 '황금 곡식'을 꿈꾸며 영국을 떠나 캐나다 서부로 갑니다. 그에게는 구체적인 생각이 있습니다. 그는 자신이 거둘 좋은 곡식과 그것이 자기에게 가져다 줄 돈을 생각합니다."

이 캐나다 이민자는 믿음의 기도를 드리기 위해 기도하기 시작하는 하나님의 자녀와 같다. 그에게도 구체적인 목표가 마음속에 있다. 아들이나 딸의 개종일 수도 있고, 주를 섬기는 데 필요한 능력일 수도 있으며, 복잡한 환경에서의 인도나 그 외에도 수백 가지 간구일 수 있는데 한 가지 조건은 그것이 명백하게 초점을 맞춘 구체적인 기도이어야 한다는 것이다.

그의 생각에 캐나다로 가서 농사지으려는 농부와 믿는 기독교인 사이에 닮은 점은 다음과 같았다.

1. 영토의 넓이

농부에게 주어질 캐나다의 광활한 영토를 생각해 보라. 누군가 경작하기를 기다리고 있는 땅이 말 그대로 수백만 에이커이다. 그곳에서는 다른 사람의 발가락을 밟을 필요가 없다. 모든 사람에게 충분한 공간이 있다. 아무도 차지하지 않은 땅을 그저 가서 개발하기만 하면 되는 좋은 토지인 것이다.

확실히 우리의 기도도 그와 같다. 우리가 그저 올라가서 믿음으로 취해도 되는 땅이 얼마나 넓은지 모른다. 죄가 범람하고 슬픔이 한이 없고 세상에서 우리가 하는 모든 믿음의 기도를 황폐하게 만드는 사탄의 영향력도 크지만 아직도 우리가 취할 수 있는 땅이 많이 남아 있는 것이다.

2. 정부가 이민을 장려한다.

캐나다 정부가 이민을 장려하기 위해 애쓰는 모든 수고를 생각해 보라. 정부가 모든 빈 땅의 주인이지만 사람들이 그곳에 와서 정착했으면 하고 간절히 바라기 때문에 이민자에게 각종 혜택이 주어진다. 이민국을 세우고 배삯이나 철도 요금을 감해주며 토지도 무상으로 증여해 준다.

하나님께서 당신의 백성을 믿음의 기도로 초청하시는 것도 그에 못지 않게 절실하시다. "구하라, 구하라, 구하라"고 그분은 끊임없이 우리에게 말하고 계시다. 그분의 장려책을 보라. "구하라, 그러면 받을 것이요, 너희 기쁨이 충만하리라." 아직 소유가 없는 믿음의 영토가 그의 소유가 된다. 그리고 그분은 우리에게 와서 무상으로 그 땅을 차지하라고 하신다. "너희가 그 땅을 차지하기 위해 들어가지 않고 언제까지 머뭇머뭇하겠느냐?"

3. 제한함

그 땅이 아무리 넓다고 해도 적당한 규모로 손쉽게 나눌 수 있다. 중요한 것은 영토의 광대함이 아니라 우리에게 실제로 주어진 몫이 얼마나 되는가 하는 것이다. 캐나다 정부는 농부 이민자에게 160에이커를 할당해 준다. 왜 그 이상은 안 주는가? 왜냐하면 그 이상은 그 농부가 감당할 수 없다는 것을 잘 알기 때문이다. 만일 160에이커가 아니고 160평방 마일을 준다면 농부는 그 넓은 땅을 가지고 어떻게 해야 할지 모를 것이다. 그래서 지혜롭게 땅의 크기를 그의 능력에 맞게 배분해 주는 것이다.

우리가 명백하게 초점을 맞춘 믿음의 기도를 드릴 때도 마찬가지이다. 명백하게 초점을 맞춘다는 단어는 '제한을 둔다' 또는 '한계를 정한다' 는 의미이다. 우리는 하나님께 큰 것을 구하라는 말을 자주 듣는다. 이유가 있는 말이다. 그러나 모든 일에는 균형이 있는 법이어서 이 방향으로 지나치게 멀리 나갈 수 있다. 기도에서 조차 '우리가 씹을 수 있는 한계를 넘어가면' 뱉어 버릴 수가 있는 것이다.

제임스는 믿음의 기도에 있는 정해진 한계에 대해서 말할 때 고후 10:13을 인용했다. 바울이 하나님께서 주신 '분량의 한계' 가 있다고 한 부분이다. "믿음은 음악과 같아서 실제로 쓰면 쓸수록 더 강하게 자라난다. 그렇다고 인도 고무처럼 원하는 길이만큼 늘어날 수 있는 것은 아니다."라고 그는 말했다.

"지나치게 긴장하는 것은 순전한 믿음이 아니다. 그 안에는 육신적 요소가 혼합되어 있다. '믿음의 안식' 에는 긴장이 없다. 순전한 믿음은 하나님께서 인도하시는 대로 구체적인 축복을 간구한다. 육신적인 결점 때문에 뒤로 물러서지도 않고 세상적인 열심으로 지나치게 앞서 나가려고 하지도 않는다."

탄짜에서 자신의 상황을 놓고 그는 주님께 구체적인 숫자를 말하면서 수백 가정의 리수 신자를 달라고 기도했다. 그 지역에는 2천 이상의 리수 가정이 있었다. 그는 왜, 천 가정을 구하지 않았을까?

"솔직하게 말씀드리면 천 가정만큼의 믿음이 내게 없기 때문입니다. 그래서 저는 제가 믿기에 주께서 주셨다고 생각하는 한계를 받아들이기로 했습니다. 어쩌면 하나님이 천을 주실지도 모르지요."

아마도 주님은 언젠가 장래에 그를 인도하셔서 천 가정을 달라는 기도를 드리게 하실지도 모른다. 그 때까지는 하나님께서 그에게 그가 구한 것 (빵)을 주실 뿐 아니라 그 이상(버터)을 주시리라고 그는 믿을 수 있었다. 에베소서 3:20에서 '우리가 구하는 것이나 생각하는 것에 넘치도록'이라고 말씀해 주신 대로.

"우리는 우리의 믿음의 분량을 넘어서지 말고 건전하고 실제적이 되어야 합니다." 믿음 안에서 너무 적게 구하지도 말고 지나치게 많이 구해서도 안 된다.

캐나다의 160에이커를 생각해보라. 그 나라를 다스리는 정부가 지역을 할당할 때 자기들 생각대로 정하는 것도 생각해 보라. 정부는 이민자가 '얼마나' 뿐만 아니라 '어느' 땅을 가질 지를 정해 주는 권세가 있다. 자기가 정착할 곳을 찾기 위해 온 땅을 다 다니지 않아도 된다. 자기 농장이 어떤 형태로 운영되어야 할지도 정부와 협의를 해야 한다.

우리가 기도로 요청할 때도 이와 같이 하고 있는가? 일을 착수할 때 하늘 정부와 협의하고 있는가 아니면 그냥 우리에게 다가오는 첫 번째 것을 가지고 기도하는가? 하나님의 약속이라고 그냥 일을 착수하려고 하기 전에 하나님의 뜻을 알기 위하여 시간을 들여 그분을 구하고 있는가?

제임스는 하나님의 말씀에서 원리를 찾았다. 요한 일서 5장 14-15절이 그에게 아주 명백해 보였다. "그의 뜻대로 무엇을 구하면…… 우리가 무엇이든지 구하는 바를 들으시는 줄을 안즉…… 우리가 그에게 구한 그것을……" 이 구절들은 틀림없이 응답되지 않는 수많은 기도의 원인을 밝혀 주고 있다. 야고보 4:3에서도 잘못된 동기로 구할 때는 기도가 응답되지 않는다고 말하고 있다.

저는 얼마 전에 스튜어트 홀덴의 간증을 읽었습니다. 그분은 자기 생애 중에 가장 큰 축복은 응답되지 않는 기도라고 하였습니다. 저도 같은 말을 할 수 있습니다. 제 기도가 응답되지 않을 때 저는 제 뜻 대신에 주님의 뜻을 구하게 됩니다.

아마 우리들 대부분 그러한 경험이 있으리라고 생각합니다. 계속해서 기도하고 있는데도 응답이 없습니다. 우리 위에 있는 하늘이 놋쇠같이 딱딱합니다. 그렇습니다. 복된 놋쇠이지요. 그것이 우리를 사로잡고 있는 이 현세의 이기심 대신에 그리스도의 십자가로 향하도록 가르쳐 주기만 한다면 말입니다.

때로는 우리의 간구가 아주 좋은 것으로 보일 때가 있는데, 그럼에도 불구하고 그것이 반드시 하나님에게서 나온 것이라는 보장이 되지 않습니다. '좋은 욕망' 중 많은 것이 십자가에 못 박히지 않은 우리의 자아에서 나온 것입니다.

제임스는 하나님께 가장 가까이 살고 있는 사람들이 그분의 뜻을 가장 잘 아는 분들임을 깨닫고 있었다. 우리는 '하나님의 뜻을 아는 것으로 채워지도록' (골 1:9) 부르심을 받았다. 그는 또한 그리스도의 죽으심과 연합하는 것에 대해 더 알아야 할 필요가 있다고 생각했다.

우리는 지금 하고 있는 것 보다 더 많이 하나님의 말씀을 먹고 자라야 할 필요가 있습니다. 더욱 거룩해야 하고 더 기도해야 합니다. 그러면 그분의 뜻을 잘못 이해하는 위험에서 벗어날 것입니다.

요 15:7의 놀라운 약속의 말씀 앞에는 '만일'이라는 도달하기 어려운 전제가 있습니다. 그 말씀을 한번 이렇게 바꾸어보면 어떨까요. 만일 너희가 내 안에 거하지 않고 내 말이 너희 안에 거하지 않으면, 무엇이든지 원하는 대로 구하지 말라. 왜냐하면 너희에게 이루어지지 않을 것이기 때문에.

우리가 만일 하나님 앞에서 우리 자신을 좀 더 철저하게 살펴본다면 어떤 경우에는 어쩌면 우리의 삶 전체가 그분의 뜻과 일치되지 않고 있음을 발견하게 될 지도 모른다. 그러한 경우라면 어떻게 그 사람이 자기의 기도가 응답되리라고 기대할 수 있겠는가?

이것이 많은 '기독교인의 선한 일'이 지니는 문제점이 아닐까? '하나님이 하라고 주신 일'을 해야 한다는 개념이 부족한 것이다. 기독교 지도자들이 자기가 계획을 세워놓고 그 일에 힘을 다하면서 하나님께 축복해달라고 열심히 비는 일이 얼마나 많은가. 허드슨 테일러처럼 제임스도 일을 시작하기 전에 '그분의 계획을 알기 위해 하나님을 기다리는 것'이 훨씬 더 좋은 일이라고 믿었다.

기독교인의 일이 육신적일 때가 많다. '좋은' 일이기도 하고 겉으로 성공적으로 보이기도 하는데 그곳에 '쉐키나의 영광'이 없는 것이다.

믿음의 기도란 우리가 바른 장소에서 올바른 일을 하고 있다는 확신을 필연적으로 수반합니다. 우리가 특정한 기도를 드릴 때 하나님께서 우리를 인도하신다는 것을 확신하고 있습니다. 그리고 어떤 것이 하나님의 뜻일지도 모른다고 해서 그것을 위해서 하나님께서 기도하도록 인도하신 사람이 반드시 당신이어야 한다는 의미는 아닌 것입니다.

그분은 당신에게는 다른 일을 하게 하실 수 있다. 우리는 하나님으로부터 우리의 기도제목을 받아야 하고 그분의 뜻을 알기 위해 기도해야 한다. 시간이 걸릴 수 있다. 하나님께서 허드슨 테일러가 중국 내지 선교회(CIM)의 기초를 놓기 위한 명백한 믿음의 기도를 하기까지 그를 15년 간이나 다루셨다. 하나님은 서두르지 않으신다. 우리가 훈련되어 있고 준비가 되어 있으면 그분은 우리와 함께 일을 시작하신다.

우리가 준비만 되면 더한 봉사도 맡기실 수 있고 믿음의 부담도 더 주실 수 있고 기도제목도 더 허락하신다. 그리고 그분께서 친히 인도하실 것이다. 아브라함이 갈대아 우르에 계속 살고 있었다면 믿음의 모델이 되지 못했을 것이다. 우리도 "나를 따르라"고 말씀하시는 그분의 발자취를 따라서 앞으로 가지 않으면 부르심에 합당한 믿음을 결코 갖지 못할 것이다.

4. 보증된 요구

이민의 이야기로 다시 돌아가 보자. 그는 캐나다 정부와 계약을 맺게 되었다. 그는 그들의 조건을 받아들이고 그에게 할당된 토지를 인수한다. 그 땅에 대한 권리를 요구하면 그것은 즉시로 양도된다. 이 이상 더 간단할 수 있을까?

하나님의 면전에서 우리의 권리를 요구하는 것도 그렇게 간단한 일이다. 우리가 당면한 문제에 대해서 그분의 뜻에 대한 깊고 평안한 확신을 갖기만 하면 우리는 아버지에게 요구하는 아이처럼 우리의 요구를 내놓을 수 있다. 간단히 요청하기만 하면 된다. 그 이상 필요한 것은 아무것도 없다. 굽실거릴 필요도 없고 애원할 필요도 없으며 눈물도 씨름도 필요 없다. 두 번 다시 요구할 필요가 없는 것이다. 불의한 재판관의 비유는 하나님은 원하시지 않는데 억지로 응답해주시도록 우리가 쥐어짜야 한다고 가르치는 것이 아니다. 진정으로 구하기만 한다면 일생 중 단 한 번만으로도 충분한 것이다.

제임스는 텅웨의 리수족을 위해서 4년 이상이나 계속 기도하고 있었다. 하나님께서 수백 가정을 자신에게 주시도록 수없이 간구했다. 그러나 그는 이제 그것이 일반적인 기도였을 뿐임을 알게 되었다. 하나님께서는 그 동안 그를 다루셨다. "물론 다른 사람도 반드시 같은 식으로 하나님께서 인도하신다고 말하려는 것이 아닙니다. 하나님께서 한번이라도 서로 다른 두 사람을 꼭 같은 식으로 다루시던가요?"

그가 므이트키나에서 게이스씨 부부와 함께 머물고 있던 1914년 11월 말 이후에야 늘 드리던 간구가 그의 마음속에 '확실한 짐'이 되었다. 그는 그 변화를 이런 식으로 묘사했다.

아이가 잘못된 방식으로, 예를 들어 무례하게 무언가를 달라고 하면 부모에게 꾸중을 듣는다. 부모는 "제대로 말해라."라고 말할 것이다. 그것이 당시에 하나님께서 나에게 하시는 말씀 같았다. "나에게 합당하게 구해라. 나에게 지난 4년간 이것을 해달라고 하고 있었지. 사실 내가 그것을 해 줄 것이라고 믿지 않으면서 말이지. 이제는 **믿음으로** 구하라."

그는 그 부담을 분명히 인식했다. 당면한 일이었기때문이었을 것이다. 그것이 그의 마음을 무겁게 했다. 그는 그날 오후 혼자 방으로 가서 무릎을 꿇었다.

> 나는 믿음의 기도를 할 때가 왔음을 알았습니다. 그리고 내가 무엇을 하고 있으며 그것이 나에게 어떤 대가를 요구하는지 충분히 이해하면서 나는 확실하게 믿음으로 이 간구와 함께 저 자신을 주께 드렸습니다. 나의 짐을 온전히 주님께 올려드렸습니다.

그는 이미 응답을 받았다는 깊고도 평안한 확신 속에서 기도 자리에서 일어났다. 계약은 이루어졌다. 그때부터 그는 하나님의 평화와 기쁨을 경험했다. 구한 것은 이미 받은 것이었기 때문이었다.

나는 그 간구를 두 번 다시 하지 않았고 앞으로도 하지 않을 것입니다. 그럴 필요가 없습니다. 구하고 취하고 받는 것은 수 분 안에 끝나는 일입니다 (막 11:24). 과거에 이미 구한 것은 안 이루어질 수가 없고 다시 반복될 필요가 없습니다. 하나님과 믿음의 약속 관계로 들어가는 것은 엄숙한 일입니다. 그것은 양쪽 편을 다 묶어 놓습니다. 하나님을 향해서 말 그대로 손을 듭니다. 당신이 분명히 구했기 때문에 그가 약속으로 제공하신 선물을 틀림없이 받을 것입니다. 그러니 믿음을 가지고 다시는 의심하지 마십시오. 당신이 백살이 된다고 해도.

5. 일에 착수하기

또 다시 캐나다 농부 이야기로 돌아간다. 그는 권리를 갖게 되었고 토지는 그의 소유가 되었다. 공식적으로 도장을 찍고 계약이 이루어졌다. 그러면 그것으로 끝인가? 결코 아니다! 오직 시작에 불과할 뿐이다!

그는 자기가 원하던 목표를 아직 이루지 않았다. 그의 목표는 밀을 추수하는 것이지 황폐한 땅 몇 마지기를 갖자는 것이 아니다. 그리고 그 둘 사이에는 대단한 차이가 있다. 정부는 그에게 바로 출하할 수 있는 밀가루 포대를 주겠다고 약속한 적이 없다. 그것을 생산할 수 있는 토지를 주겠다고 한 것뿐이었다. 지금은 팔을 걷어 부치고 일을 시작할 때인 것이다. 그는 이제 농장 안에 살 집도 지어야 하고 가축도 들여야 하며 일꾼을 모으고 땅을 고르게 갈아 그곳에 씨도 심어야 한다. 정부가 그에게 실제로 하는 말은 이것이다. "당신에게 토지를 갖도록 해 주었으니 이제는 가서 일하시오."

그는 이 구별이 영적인 세계에서도 마찬가지로 분명히 있다고 보았다. "하나님께서는 우리에게 믿음의 기도를 응답해 주시겠다고 하신 것이지 수확을 주신 것이 아닙니다." 수확을 위해서는 그분과 함께 협력해서 일을 해야만 한다. 믿음에는 반드시 일이 따라야 하는데 특히 기도라는 일이 우선 있어야 한다. "구원은 은혜로 오는 것이지만 그것이 우리 것이 되기 위해서는 일이 필요합니다(빌2:12)."

믿음의 기도에도 마찬가지 원리가 적용된다. "아무 대가 없이 은혜로 주어지지만 우리가 그것을 따라 수고하지 않으면 결코 우리의 것이 되지 않을 것입니다. '믿음과 수고'가 함께 가는 것입니다. 그들은 결코 분리될 수 없습니다."

영적 세계에서도 일을 하지 않으면 아무런 추수를 거두지 못한다. 제임스는 이 원리가 믿음의 기도를 드릴 때마다 적용된다고 믿었다. 그는 사탄의 요새가 공격당하는 곳에서, 그리고 '강한 자가 움켜쥐고 있는 먹이를 빼앗아야' 할 때 특히 그러해야 한다고 확신했다.

여호수아 밑에 있던 이스라엘의 자녀들을 생각해 보라. 하나님은 그들에게 가나안 땅을 주셨다. 아무 대가 없이 은혜로 주신 것이다. 그러나 그들이 실제로 그것을 소유하기 위해서는 싸워야만 했다.

다른 예는 다니엘의 생애에서 볼 수 있다(단 10:12-13). 그가 기도를 시작하자 그날 바로 그 기도가 응답되었다. 그러나 그 응답을 받은 뒤에도 20일 간이나 하늘에서 전쟁이 있었다.

사탄은 다음과 같은 전술을 쓰는 것으로 보인다. 그는 우선 먼저 우리로 하여금 실제로 살아 있는 믿음을 갖지 못하도록 자기가 할 수 있는 모든 힘을 다하여 대적한다. 그는 믿음의 기도를 극도로 싫어하는데 왜냐하면 그것이 '멈추라'고 하는 권위 있는 경고이기 때문이다.

사탄은 산만하고 육신적인 기도는 신경도 쓰지 않는데 그런 것들은 그에게 별로 상처가 되지 않기 때문이다. 이런 이유 때문에 하나님 안에서 확실한 대상에 대해 명백하고 초점 있는 믿음을 갖고 기도하기가 그토록 어려운 것이다. 그래서 우리는 이 고요하고 안식이 넘치는 믿음을 갖기 위해서 언제나 힘을 다해 애써서 기도를 해야 한다(엡 6:10 등).

그리고 우리가 모든 장애물을 완전히 통과해서 하나님과 손을 잡기 전까지는 참된 믿음을 얻었다고 할 수 없다. 믿음은 하나님의 선물이다. (롬 12:9) 믿음이 부족할 때 우리는 육신의 힘 또는 의지력이라는 무기를 사용하게 되는데 그런 것은 이런 전쟁에 아무런 쓸모가 없다. 그러나 일단 우리가 진정한 믿음을 소유하게 되면 모든 지옥의 권세는 완전히 무력해져서 없어지고 만다.

그러면 어떻게 되는가? 그들은 물러가 하나님께서 우리에게 주시겠다고 맹세하신 땅에 자기들의 군대를 모아서 철저하게 대항한다. 믿음의 기도가 드려질 때 진정한 싸움이 시작되는 것이다. 그러나 하나님을 찬양하라! 우리 편이 이기게 되어 있다.

여호수아서 10장을 읽고 또 읽어보자. 그리고 다시는 패배라는 말을 꺼내지 말자. 패배라니, 말도 안 된다! 아니, 우리에게는 승리, 승리, 오직 승리만이 있을 뿐이다!

삼하 23:8-23절이 그 즈음 그에게 인상 깊은 말씀이었다. 다윗과 함께 한 용사 중 특별히 삼마라는 사람의 이야기가 기록되어 있는 두 구절에서 감동을 받았다. 그는 녹두가 가득한 밭 한가운데 혼자 서서 블레셋의 군대를 물리쳤다.

삼마를 크리스챤 용사의 대표라고 본다면 다윗은 십자가에 못 박히고 부활하신 그리스도를 예표한다고 볼 수 있다. 삼마는 다윗의 용사 중 한 사람이었다. '그 밭'은 믿음으로 기도하는 장소라고 할 수 있다. 만일 좋다면 잃어버린 가엾은 영혼을 녹두라고 생각해 보자. 블레셋인은 그 지역을 장악하고 있는 사악한 군대라고 하고, '백성'은 영적 빈혈증을 앓고 있는 그리스도인 (아마도 좋은 사람들)으로 보라. 나는 이 백성들이 블레셋 사람들이 가까이 다가오는 것을 보고 도망하면서 이렇게 말한다고 상상해 본다.

"아마도 저 땅을 우리에게 주시는 것은 주님의 뜻이 아닌가봐. 우리는 하나님의 뜻에 복종해야 돼."

그렇다. 정말로 우리는 하나님의 뜻에 굴복해야 한다. 그러나 그러면서도 "사탄은 맞서서 대적해야 한다(약 4:7)."

대적이 우리에게 강하게 싸움을 걸어온다고 해서 그것이 우리가 하나님의 뜻에서 벗어나 있다는 증거는 아니다. 우리가 '주님의 뜻이라면' 하고 기도하는 것이 불신앙의 구실에 지나지 않을 때가 많다. 하나님께의 복종이 담대함과 조화를 이루지 못하는 거라고 생각지 말라. 삼마가 한 일은 단지 자기 자리를 지켰을 뿐이었다. 그 당시에 그는 정복해야 할 다른 세계를 찾고 있지 않았다. 그는 그저 자기가 있던 곳에 서서 오른쪽 왼쪽으로 휘둘렀을 뿐이었다. 그 행동의 결과로 누구에게 영광이 돌아갔는가 보라!

6. 승리하기까지 기도함

반복하지만 이것은 모든 종류의 기도에 반드시 적용되는 것이 아니다. 여기 있는 한 젊은 리수 그리스도인은 몇 달 전에 겪었던 일을 즐겨 얘기한다. 밤에 밭을 걸어가고 있는데 배가 너무 아팠다. 그는 무릎을 꿇고 머리를 땅에 숙이고 예수님께 자기를 고쳐달라고 부탁드렸다. 즉시로 배 안의 통증이 사라졌다. 주님을 찬양하라!

그런데 그렇게 단순한 믿음에 단순한 응답을 받는 경우가 수 없이 많이 있다. 그러나 그러한 기도에 만족하고 머물러서는 안 된다. 우리는 위통이나 다른 아픔을 넘어서서 하나님의 목적에 부합되는 더 깊은 친교에로 나아가야만 한다. '더 이상 어린아이가 되지 않아야(엡 4:14)' 하는 것이다. 우리는 계속 성숙해져야 하지 무한정 하나님의 유치원에 남아 있어서는 안 된다.

그는 우리가 영적으로 성인이 되어 갈 때 갈등은 피할 수 없는 것으로 보았다. "성경에 엡 6:10-18 말씀이 남아 있는 한 우리는 심각한 전쟁을 치룰 준비가 되어 있어야 하고 '이 모든 일을 다한 후에 서 있어야 한다.'

끝까지 싸워 전쟁터에서 승리자로 남아 있어야 하는 것이다."

우리의 기도가 응답되지 않는 것은 대부분의 경우 우리가 마지막까지 싸우지 않아서가 아닌가?

만일 기대한 대로 바로 결과가 보이지 않으면 그리스도인은 실망하기 쉽다. 그리고 응답이 조금 더 지체되면 모든 것을 쉽게 포기해 버리려고 한다. 영국에서는 건물을 반쯤 짓다가 말았을 때 그런 곳에 붙이는 이름이 있다. 이러저러한 'Folly(큰돈을 쳐들인 아무 소용없는 대 건축)'라고 한다. 나는 우리가 하는 기도 중에 그와 같은 오명을 받아 마땅한 것들이 있지 않나 하고 생각한다.

같은 것을 반복해서 간구할 필요는 없다. 그에게는 그렇게 하는 것이 앞뒤가 맞지 않는 것처럼 보였다.

이러한 상황에서 그는 기도가 다음과 같은 형태를 취해야 한다고 제안했다.

(a) 하나님이 주신 땅에 견고하게 설 것과 믿음과 승리를 중단 없이 주장하는 것, 관련된 주제에 적용되는 성경 말씀을 반복해서 확인하는 것이 내게 도움이 됨을 발견했다. 계속해서 믿음이 강해져야 하는데 그러기 위해서 믿음의 바른 근거가 되는 하나님의 말씀을 잘 섭취해야 한다.

(b) 굳게 결심하고 그리스도의 이름으로 사탄의 군대에 대항하여 싸워야 한다. "저는 기도할 때 요일 3:8 절이나 계시록 12:11절과 같은 성경 말씀을 읽는 것으로 사탄에 대항하는 직접적인 무기로서 사용하기를 좋아합니다. 이렇게 기도 할 때마다 더욱 힘과 자유가 주어졌습니다. 살아계신 하나님의 말씀보다 더 날카로운 것은 없습니다(엡 6:17, 히4:12)."

(c) 구체적인 것까지 상세하게 문제되는 모든 것을 낱낱이 기도할 것.

그는 계속해서 자기 일과 관련되어 하는 개인적인 기도 제목으로 '하나님의 뜻을 새롭게 알기 위해서' 부터 도움이들의 삶에 필요한 것을 주시도록까지 구체적으로 열거했다. 그는 "그렇게 상세하게 기도하는 것이 지치는 일이기도 하다"고 말하면서도 그것이 '하나님의 뜻을 확인하고 그분의 지고한 축복을 받기에 효과적인 기도'라고 믿었다.

그는 하나님께서 그렇게 개인적으로 인도하신 경우가 아니면 '수백의 리수 가정을 달라고 하나님께 구하는 명백한 기도'를 함께 드려달라고 누구에게도 요청하지 않았다. 그들은 일반적인 기도를 드리는 것이 더 나았다. 하나님의 인도와 동떨어진 간구는 의미가 없었다.

그러나 하나님의 인도를 느끼고 있는 사람들과는 열정적으로 '기도로 협력'하고 싶어 했다. 단지 '가끔씩 언급하는 정도' 이상의 것을 그는 원했다. 그가 원한 것은 '반시간이나 그 정도의 시간'을 분명하게 따로 떼어내어 그의 일을 위해서 날마다 기도해주는 그런 헌신이었다.

그는 다음과 같은 뉴스로 편지를 끝맺었다.

약 2주 전에 저는 육가공 계곡에 있는 작은 마을에서 두 명의 리수 여인에게 세례를 주었습니다. 그들은 지난 1월 제가 세례를 베푼 젊은 리수 남자들의 부인이었습니다. 이제 모두 6명의 리수인이 세례를 받았습니다. 그들은 모두 한 가족입니다.

그러나 다음날 저는 슬픈 마음을 안고 그 중에서 아흐도라는 남자를 교회에서 무기한 출교시켜야 했습니다. 그는 나를 자기 집에 처음 데려가 리수 사람들을 소개해 주고 주위 마을에도 안내해준 사람입니다. 그리고 작년 말까지 나와 함께 있을 때는 나의 설교자이자 '도움이' 역할을 했습니다. 그는 지난 몇 년 동안 그리고 지금도 자기 마을에서 뿐 아니라 나와 함께 갔던 다른 마을에서도 제 7계명을 계속해서 범하고 있었던 것으로 보입니다.

리수족은 언제나 매우 부도덕하지만 그는 기독교인이라고 고백하고서도 죄를 지었기 때문에 그들보다 더욱 죄가 무겁습니다. 어떤 경우에는 다른 사람은 다 아는데 외국인 선교사만 모를 때 그러한 일이 거의 한없이 계속 됩니다. 저는 지난 1월 그의 동생과 부모님들과 같이 세례를 주었습니다만 그때부터 그는 나와 함께 있지 않았습니다. 한 가지 다행스러운 것은 그가 죄를 진심으로 뉘우치는 것처럼 보이고 자기 죄를 부인하려고 하지 않는 것입니다. 그의 회복을 위해서 기도해 주세요.

다음 달에 다시 편지 드릴 수 있기를 희망하며 여러분 모두를 위해 간절한 기도를 드립니다.

여러분과 함께 주님을 섬기는

J. O. 프레이저

산에 내리는 비

세계에서 가장 높은 고원에서부터 티벳 주위와 티벳을 가로질러 흐르는 큰 강이 다섯이
있다. 그들에게서 나오는 빠른 물살이 중국 중심부, 베트남, 미얀마, 그리고 인도까지 멀
리 있는 평야에 생명수를 공급한다. 물살이 갑자기 세지고 힘이 있는 것과 바짝 마른 아래
쪽 땅에 갑자기 많은 양의 물이 쏟아지는 것은 높은 위도에서 눈이 녹고 있음을 의미한다.
아니면 산 위에서 비가 내리고 있을 때이다.

구름 속의 단절

노인은 영들에게 화가 나 있었다. 어두워진 방을 더듬거리며 그는 무당과 그의 집에 들어오는 길을 저주했다. 그는 눈의 고통을 참을 수가 없었는데, 그의 아내와 아이들은 조용히 떡갈나무 그루터기 아래에 앉아 잣을 씹으면서 그로부터 거리를 유지하고 있었다. 그들은 올드 피시가 심한 고통 때문에 위험할 정도로 대담해졌다고 생각했다. 몇 년 전에 영들에게서 돌아선 이웃의 짜이 노부인이 힘을 더해주고 있는 것이 분명했다.

마침내 노인은 햇빛이 눈에 들어오지 않도록 가리면서 그들이 일하고 있는 곳으로 비틀거리면서 내려갔다. 그들은 짜이 부인의 하나님에 대해서 오랫동안 이야기했다. 그 영들을 믿다니 돈만 들이고 시간 낭비만 했다. 짜이 부인은 정말로 진리를 발견한 것일까?

"그는 검을 집어 들었습니다. 그는 실제로 칼을 집어 들고 가족 제단을 부수어 버렸습니다. 중국 설이었는데도 향이나 종이돈을 태우지 않겠다고 했습니다."제임스는 나중에 이렇게 썼다. 그는 전에 복음을 들은 적이 있지만 제임스가 알기로 이번에 처음으로 우상을 확실하게 치우는 것이었다.

제임스는 그 후로 거의 3달이 지나도록 그를 방문하지 못했지만 올드 피시는 고통을 완화시켜주는 안약을 얻으러 엠버리 부인을 찾아 왔다.

제임스는 그 집에 3일간 머물렀다. 나중에 제임스가 또 그 집을 방문했을 때 그는 올드 피시와 그의 아내와 아이들, 그리고 연세 드신 부모님이 모두 하나님을 예배하기 위해 진심으로 마음을 정하고 기다리고 있는 것을 볼 수 있었다.

이 소식은 밖으로도 널리 퍼져서 좋은 인상을 심어 주었다. 많은 사람들이 이제 악령을 버리고 그리스도께로 돌아섰을 때 과연 아무 탈없이 안전한지를 알고 싶어 기다리고 있었다. 이미 기독교인이 된 사람들을 위해 기도하는 것이 중요했다. 그들이 모든 시험을 이기고 영이 혹시 병을 고쳐준다고 해도 여전히 믿음을 지킬 수 있도록 기도가 필요했다. 기독교인이 되고 나서 공격을 당해서 병이 났을 때 즉시로 리수 사람들의 눈 앞에서 복음을 불신하기 때문이었다.

짜이 노모는 그들 가족의 영적 지주였다. 반대나 가족 문제가 있어도 흔들리지 않았다. 그의 믿음은 어린아이 같이 견고했다. 그녀는 제임스에게 세 번이나 자기 돼지가 도망갔는데 기도해서 찾았다고 말했다. 어린 아이의 기도에 어린 아이의 믿음이었지만 그것으로도 언약을 지키시는 하나님에 대해 조금씩 이해하기 시작했다.

여기저기서 작디작은 불빛이 그 지역의 영적 어두움을 비추었지만 일반적으로 여전히 캄캄하게 구름이 덮여 있었다. 제임스는 자기 영혼을 덮어오는 우울증에 다시 빠지지 않기 위해 각성이 필요했다. 가장 어려운 시험은 좌절감이었다. 가족들이 말씀을 받아들이고 심지어 예수님을 주로 시인하기까지 했는데 다시 떨어져 나가는 것이었다. 그것은 사탄의 소모전이었다.

그는 다음 몇 달 동안 영혼의 여행을 연대기 순으로 기록했다. 한 주 또한 주 하나님께 기도하면서 기다리는데도 아무 것도 보이지 않자 제임스는 그 전쟁이 '산 속의 왕자'에 대항하여 싸우는 것뿐만이 아님을 발견하였다. 그것은 자신 안에서의 싸움이었다.

"중국에서 사실 때 가장 큰 어려움이 무엇이었습니까?" 후에 한 학생이 그 노련한 선교사에게 물어보았을 때, 그는 '내 자신'이었다고 대답했다.

칼 사다리

제임스는 그 사람들이 얼마나 귀신 숭배에 깊이 빠져 있는가를 볼 때면 십자가 자체의 능력에 대한 믿음에 시험을 받곤 했다.

처음에 그는 탄짜 근처에서 자기에게 질문하러 찾아오는 사람들에 대해서 큰 희망을 가지고 있었다. 그들은 생생한 관심을 보였다. 그들은 냉마촌 근처에 살고 있었는데 귀신 섬기는 무당은 제임스가 사람들을 가르쳐도 아무 상관도 하지 않았다. 무당은 자신이 영들에게 사로잡혀 있고 그들에게 속해 있다고 말하면서 수백 명이 모이는 칼날 사다리 축제에 오라고 제임스를 초대하였다. 그는 많은 사람들이 모이는 데서 말할 수 있겠다고 생각하여 가겠다고 했다.

그 때 고비라는 선교사가 제임스에게 와 있었기 때문에 그들은 함께 가서 군중 속에 섞여 들어갔다. 다음은 그가 집으로 보낸 편지이다.

칼 사다리는 발을 딛는 가로장이 30개 이상 있었는데 수직으로 고정되어 있었습니다. 그것은 공터에 40피트 가량 높은 곳에 놓여 있었습니다.

'귀신 무희'는 60세가 넘은 남자였는데 그 사다리에 오르기 전 날 밤 자기 손과 발을 불타고 있는 재로 씻게 되어 있었습니다. 고비와 저는 이것을 보러 절로 갔습니다. 그곳에서 모든 일이 진행되고 있었습니다. 소름끼치게 생긴 우상에게 제물을 드리고 있었는데 그 중에는 그 귀신 무희가 자기 이빨로 물어서 죽인 닭도 한두 마리 포함되어 있었습니다. 북과 징을 치면서 사람들의 감정을 격앙시키려고 했지만 부분적으로 성공했을 뿐이었습니다. 마침내 귀신 무희는 절에서 나와 맨손과 발로 벌겋게 타고 있는 불 위를 지나갔습니다. 우리는 다음 날 그의 손이 화상을 입고 있는 것을 보았습니다.

늙은 귀신 무희는 다음 날 오후 2시가 되어서야 절에서 나왔는데 입으로 주문을 더 외면서 사다리를 매우 천천히 올라갔습니다. 주문을 더 외며 꼭대기까지 가더니 다시 천천히 내려왔습니다. 그때 그보다 젊은 두 사람이 올라갔다가 내려왔습니다. 한 여인도 거의 그렇게 하였습니다. 그녀는 자기 집에 귀신이 들어서 자기의 '신'의 능력으로 칼 사다리를 오르면 낫게 될 것이라고 하였습니다. 그러나 그녀는 필요한 영감을 받지 못한 것이 확실했고 잠시 동안 해보려고 애를 쓰다가 시도하기를 포기했습니다.

군중들의 얼굴에는 두려움이 가득했다. 그들은 그것을 즐기는 것이 아니었다. 제임스는 그것을 보며 이들이 어두움의 자식으로 태어나 그렇게 자랐다고 다시 확신할 수 있었다. 그들은 이러한 의식을 수행하여 자기들의 의사와 상관없이 그 영들에게 복종해야만 했다.

복음에 흥미를 보이던 사람들도 이제는 떨어져 나갔다. 완전히 절망적이었다.

그 지역의 리수 사람들이 복음에 대해 보이는 태도에 저는 아주 실망했습니다. 늘 하던 대로 그들은 처음에는 기쁨으로 말씀을 받습니다. 몇 명은 기독교인이 되겠다고도 말합니다. 한 노인과 그의 아들은 특히 진지한 것 같았습니다. 그런데 두려움의 영이 그들을 사로잡자 하나씩 하나씩 떨어져 나가서 아무도 남아 있지 않는 겁니다. 우리는 우리가 그들을 처음 만났을 때 보았던 이방인의 상태대로 그들을 남겨 놓아야만 했습니다. 그것은 매우 가슴 아픈 경험이었고 한 동안 저를 멍하게 만들었습니다.

상처받고 무감각해졌지만 제임스는 다시 무기를 집어 들었다. "나의 대적이여 나로 인하여 기뻐하지 말지어다. 나는 엎드러질지라도 일어날 것이요 어두운데 앉을지라도 여호와께서 나의 빛이 되실 것임이로다(미가

7:8). "

　잠시 동안 슬픔으로 마음이 깨져 마을 밖으로 나왔는데 그때 의식적으로
말씀을 떠올린 것이 도움이 되었습니다. 저에게 어디로부터인가 힘이 솟아
났습니다. 직접 분명하고 강하게 사탄을 대적하는 기도를 하자 믿음이 회복
되고 평화가 찾아들었습니다. 승리를 위해서 절망의 기운이 완전히 떠나가야
만 했습니다.

기도의 씨름

이 일 후 며칠 동안 제임스는 욕망과 기도 사이의 관계에 대해 살펴보았
다. 고비가 여행을 떠났기 때문에 그는 혼자 있었다.

　그는 리수족 안에 하나님의 역사가 일어나기를 간절히 원했다. 정열적
이고 필사적인 소원이 기도 중에 그를 사로잡았다. 하나님께서 당신의 영
의 깊은 소원을 그에게 보여주는 것만 같았다.

　그는 이 간절한 소원으로 인한 고뇌 속에서 성령님과 교제를 나누고 있
었다. 그는 그와 이 씨름을 함께 할 기도의 동역자를 원했다. 그는 중보
기도팀에 편지를 보내면서 삼상 1장의 한나에 대해 언급했다.

　　이 여인이 '주님께 기도할 때' 가졌던 '영혼의 고통'과 같은 고통이 얼마
　나 우리의 기도에 있는가요? 우리는 몇 번이나 주님 앞에서 '통곡'해 보았나
　요? 우리가 많이 기도하고 있는지는 모르겠지만 우리의 바람이 그녀와 비교
　해 볼 때 그만큼 깊지 않았던 것 같습니다. 우리는 많은 시간 무릎을 꿇었지
　만 마음을 끓이면서 고뇌 가운데 기도하지는 않았습니다.

　진정한 탄원이란 마음으로부터 나오는 소원이어야 한다고 그는 믿었다.

이것이 없으면 기도로 이길 수 없었다. 그리고 그것은 세상의 욕망이어서도 안 되고 우리의 죄된 마음에서 나오는 욕망이어서도 안 되었다. 그것은 '하나님 자신으로부터 우리에게 심어진' 소원이어야 했다.

"아, 그런 열망이, 아, 한나의 간절함이 나에게만이 아니라 이 불쌍한 이교의 원주민을 위해 나와 함께 기도에 동참하고 있는 모두에게 있기를 소원합니다!"라고 제임스는 기록했다.

그러한 간절함을 가져야 할 합당한 이유가 있지 않은가? 누구나 자신의 브닌나를 가지고 있다. '저희가 주의 법을 지키지 아니하므로'(시 119:136) 다윗의 '눈물이 시냇물처럼' 흘렀다. 예레미야는 거룩한 성이 파괴되는 것에 통곡하며 한탄했다. 느헤미야는 최근에 예루살렘에 떨어진 재앙 소식을 듣고는 금식하고 애통하며 울었다. 우리 주님도 그 백성의 마음의 완악함 때문에 예루살렘을 향하여 우셨다. 사도 바울은 '자신의 골육 친척' 때문에 그 마음에 '큰 근심과 그치지 않는 고통'이 있었다 (롬 9:2).

누구나 자기의 아픈 기도 제목을 가지고 있다. 아니 가져야만 한다. 모든 불경건함과 불신앙이 우리 주위에 온통 널려 있는 것을 보고 어떻게 그냥 있을 수 있겠는가?

"이 리수 사람들 사이에서 제가 날마다 목격하고 그들이 매일 하는 일에 대하여 저와 함께 의분을 가지고 기도해 주시지 않겠습니까? 그들 사이에 있는 가공할 악령의 능력이 여러분의 분노가 되게 하십시오. 그들의 죄성, 두려움, 연약함, 변개가 여러분의 마음에 의분을 일으키기 바랍니다. 하나님께서 그 짐을 여러분에게 무겁게 지워주시도록 구하십시오. 그래서 그 짐에 짓눌려 무릎 꿇기를 바랍니다. 하나님께서 여러분에게 같은 슬픔을 주셔서 기도 외에는 다른 선택의 여지가 없도록 해 주시기를 기도드립니다. 저는 여러분이 저와 같이 비탄에 잠겨 의분을 품고 기도하게되기를 원합니다."

그는 자신이 묘사하는 그러한 마음의 상태가 기도로 전환될 때에라야 비로소 가치 있는 것이 됨을 알았다. 열망은 그것이 아무리 깊다고 할지라도 그 자체로는 아무것도 할 수 없다. 보일러의 수증기압이 기계를 작동시킬 때에라야 쓸모가 있는 것과도 같다. 다시 말하지만 그는 영적인 법칙이 실제로 움직여야 함을 본 것이다. 강한 영적 욕망은 그것을 제대로 다루지 않을 때 오히려 해를 끼칠 수 있다. 그러한 욕망을 갖기까지 기다려야 한다는 의미가 아니라 우리가 기도를 하고 싶든 하고 싶지 않든 언제나 기도해야 한다는 말이다.

기도하고 싶은 건강한 취향을 갖는 것이 가능한 가장 좋은 일이었다. 이 취향을 소홀히 하면 음식이 충분하지 않을 때 몸이 약해지는 것처럼 영이 무디어 지고 약해질 것이다.

그가 생각하기에 한나는 하나님이 주신 욕망을 바른 방식으로 다루었다. 영혼의 괴로움을 주님 앞에 쏟아내었다. 괴로움이 복이 되기를! 그러기 위해서는 그것을 쏟아내야 한다.

다음 5달 동안 그 기도 모임이 탄짜에 있는 제임스에게 얼마나 소중한 것이 되었는지 말로 옮기기가 어려울 정도이다. 그의 수고에 대해 아무 것도 보여줄 것이 없었다. 아무도 돌아오지 않았고 반응도 거의 없었다. 그가 산을 그렇게 쉬지 않고 다니는데도 아무 열매가 없었다.

그에게는 여덟에서 열 명의 사람들로 구성된 소중한 기도팀이 있었다. 홀로 멀리 떨어져서 거의 성공하지 못하고 있는 선교사를 위해 기도한다는 것은 인내가 필요한 일이었다. 더구나 편지가 도착할 때쯤이면 이미 시간적으로 과거의 일이 되는 일도 많았다. 그러나 제임스는 더욱 기도해 달라고 부탁하는 편지를 썼다.

제가 여기에 와 보니 영국은 어느 교파를 막론하고 경건하고 조용하게 기도하는 사람들로 부요한 것을 알겠습니다. 숫자적으로 볼 때 많은 군중이 다 그렇지 않을지 모르지만 그들은 믿음 안에 부요합니다. 그들 중에 빈곤하고 비천한 상태에 있는 사람도 많이 있지만 말입니다. 제가 오빌의 금보다 더 사모하는 것은 하나님의 능력을 가지고 이긴다는 것이 무엇인지 아는 사람들의 기도입니다. 저를 도와 사려 깊고 분별력 있는 기도를 해 주시지 않겠습니까? 이 사람들 중에서도 그러한 기도의 동역자가 나오도록. 제가 기도를 요청하고 싶은 부분은 특히 하나님의 말씀을 가르치고 설교하는 사역을 위해서인데 순전하고 단순하게 할 수 있도록 기도해 주세요. 제게는 구원이 필요한 이 백성들을 주께 올려드릴 때 갈보리의 복음 밖에 믿고 의지할 데가 없습니다.

그 자신도 기도가 필요했다. 절망, 무기력, 조급함과 같은 내면의 좌절을 그는 깨닫고 있었다. 그는 자신의 일지에 이 긴 기간 동안의 싸움에 대해 다방면으로 기록해 두었다. 그것은 영적 산고의 이야기이었는데 그 산고가 없었다면 하나님의 일이 탄생하지 못했을 것이었다. 그것은 또한 매우 인간적인 이야기로 활력 있는 믿음만이 아니라 실패와 굴욕의 이야기이기도 하였다.

매일의 시험

날마다 오는 시험은 자신 안에 있었다. 살을 에는 겨울바람이 지나가고 끊임없이 비가 줄줄 내리는 회색의 봄이 되었다. 살풍경한 그의 숙소는 영영 마를 줄을 몰랐다. 가끔씩 그는 진흙이 싫었다. 그것은 그저 진흙이 아니라 리수 사람들이 도처에 함부로 뱉어대는 것들과 섞여 있었다. 그것은 잠자리를 이와 빈대로 들끓게 만들어 그를 화나게 했다. 그리고 몇 달을 밥만 먹으니 온 몸이 다른 음식을 달라고 아우성치는 것 같았다. 무언가 달콤한 것, 아니면 버터나 치즈가 먹고 싶어 죽을 지경이었다.

그의 다리는 여행을 다니던 초기부터 지금까지 아침에 잠자리에서 일어나려고 하면 보통 부어올라 있어서 정맥이 뭉친 것을 풀어주기 위해 다리를 위로 들어 올려야 했다.

　산속 마을을 몇 번씩 걸어 다니고 나자 모든 뼈마디가 다 아픈 것 같았고 모든 근육에 알이 배겼다. 그가 한나절이라도 잠자리에 누워 있다고 해서 누가 뭐라고 하겠는가? 그는 일기에 다음과 같은 갈등을 적어 놓았다.

　1916년 1월 1일 이렇게 특히 추운 날에는 늦게 일어나지 않도록 조심해야 한다. 요즈음 나의 죄를 대항하는 가장 성공적인 무기는 내 안에 살아 계신 그리스도이시다. 그분을 찬양하라!

　1916년 1월 2일 일요일 나에게 영혼 구원에 대한 간절한 열망이 있다. 그런데 기도는 그렇게 안정되어 있지가 않다. 내 기도생활을 회복해야만 한다. 또한 쉬지 말고 (소리 내지 않고) 기도하여 그리스도 안에 거하는 것을 유지해야만 한다. 그것이 지금 가능하다는 것을 알아가고 있는 중이다. 로마서 6장보다는 요한복음 15장이 요즈음 나에게 더 강한 무기이다.

　1월 4일 화요일 결과가 없는 것을 슬퍼하는 사람들처럼 되지 않으려고 한다. 대신 하나님의 신실하심 안에 쉴 것이다. 내 역할은 하나님의 성실하심을 붙잡고 커다란 결과를 확보하기 위해 필요한 수단을 사용하는 것이다.

　1월 8일 토요일 언덕에 나가서 정오부터 3시 30분까지 기도하다. 리수 사역을 위한 일반적인 기도를 많이 했다.

　1월 9일 일요일 '구' 가족과 '가족 제단'을 없애는 것에 대해 얘기를 나누다. 내일 그 아들의 약혼식이다.

　1월 10일 월요일 거의 모든 기독교인이 구씨네 약혼식에 갔다. (그곳에는 술과 춤 등이 있을 것이다.) 나는 밤을 거의 기도로 보냈다. 이 세상에서 나에게 지속되는 기쁨을 주는 것은 리수 사람들이 많이 구원받는 것뿐이다. 어디서든지 리수 사람의 '개종' 소식이나 그럴 기미가 보인다는 소식을 들으면 이 세상 그 무엇도 줄 수 없는 기쁨이 나에게 넘친다.

　1월 16일 일요일 아침 예배에 한 사람도 오지 않았다. 여리고 성벽은 '믿음으로' 무너졌다. (그러나 성벽의 믿음 때문은 아니었다!) 히브리서에 있는 모든 믿음의 예들 중 이것이 나의 경우에 가장 가깝다. 그러나 믿음만이 필요한 것은 아니었다. 7일 동안 성 주위를 돌고 난 후 벽이 무너졌다. 7일 간의 인내가 요구되었고 날마다 성 주위를 부지런히 도는 일도 필요했다. 그것은 규칙적이고 체계적인 기도로 상황을 포위하는 것과도 같을 것이다. 여기에서 우리의 일에서 성공할 수 있는 하나님의 방법을 본다. 그 일이 무엇이든 간에 기도와 믿음과 인내라는 세 가지가 함께 있어야 한다.

1월 18일 화요일 오늘 기도는 특정한 기도 제목이 아니라 일반적인 기도였다. 주된 생각은 인내해야 한다는 것이었다. 아브라함은 부르심을 받았을 때에 갈 바를 알지 못하고 믿음으로 나갔다. 그가 약속의 땅에 도착하자 그곳에는 아무 것도 없었다. 있는 것이라고는 기근뿐이었다. - 지난 2년 간 이곳의 리수족과 함께 있는 나처럼. 그러나 아브라함은, 아니 그의 씨는 후에 젖과 꿀이 흐르는 땅을 소유했다. 하나님의 때가 아브라함에게 온 것이었다. 그러나 아모리인에게는 아니었다. 하나님의 때가 나에게는 왔지만 아마도 이번 달 아니면 올해 리수인에게는 오지 않는가 보다.

내가 아직도 이곳 사람들 사이에 하나님의 은혜가 흐르지 못하도록 통로를 막는 것이 무엇인지 알지 못하고 있다니…… 그래서 일반적인 기도를 더 할 필요가 있다. 하나님의 계획이 조금 더 충분히 드러날 때까지.

은밀한 작정

그 즈음에 제임스의 도우미 중에 성격이 나쁘고 종종 무례하게 행동하는 한 사람이 있었다. 그는 제임스의 시간과 돈을 낭비하게 했고 그가 해야 할 일을 제대로 하지 못하는 것처럼 보였다.

제임스에게 이 일을 해결하는 것은 워털루 전쟁과도 같았다. 자신의 속에서 솟구쳐 오르는 '불같은 성급함'을 조절하는 것이 전쟁이었다. 그는 자신의 영혼이 그런 상태인 것이 매우 당황스러웠다. 겉으로 냉정함을 유지하지 못해서가 아니라 속에서 화가 끓어오르는 것. 이것은 패배였다. 그는 예수께서 바로 이 문제에 대해 구원해 주겠다고 약속하신 것과 그의 '영혼과 마음과 몸을 흠 없이 보존해 주시리라' 는 것을(살전 5:23) 확실히 알고 있었다.

그는 S. D. 고든의 『광야의 갈등』이라는 책을 그때 읽고 있었는데 그의 일지에 다음과 같이 인용하였다. "나는 하나님께서 당신에게 승리를 주시라고 부탁하려는 것이 아닙니다. 간청하지 말고 예수 그리스도의 보혈을 근거로 더 요구하십시오."

오직 하나님의 눈만이 그분 안에서 완전하게 서려고 하는 야망을 가진 한 사람의 은밀한 투쟁을 보고 계셨다. 그곳에는 그것을 볼 사람이 아무도 없었다. 존 웨슬리는 기록했다. "나는 오랜 경험과 관찰을 통해서 누구든지 예수의 피로 죄사함을 받은 자는 – 의롭게 된 자는 – 더 높은 길이든지 더 낮은 길이든지 자기가 걸을 길을 선택할 자유가 있다고 생각하게 되었다. 나는 성령께서 그때 그의 앞에 '가장 좋은 길' 인 하나님의 형상, 그 전부인 거룩을 깊이 갈망하게 하는 길을 놓는다고 믿는다. 그러나 만일 그가 이 제안을 받아들이지 않으면 그는 자기가 느끼지도 못하는 사이에 기독교인의 낮은 수준으로 물러나게 된다."

그 글을 읽고 자기 일지에 써 놓은 설명의 내용으로 미루어보아 제임스는 영적 내리막길에서 회복의 길로 접어들게 된 것 같다. 그의 일기에는 그 싸움에 대해 더 정직하게 기록되어 있다.

2월 1일 화요일 오후에 3시간 가량 기도했는데 마치 해야 할 기도가 밀려 있는 것처럼 충분치 않은 느낌이었다.

2월 3일 목요일 아침의 좌절로 낙담하고 있었는데 하루 종일 회복되지 않았다. (중국 설 마지막 날)

2월 4일 금요일 오후 2시까지 식사 안함. 탄짜에서의 사역이 나를 완전히 절망하게 한다. 진지함이 요구되는 영적 문제에 대하여 아무도 중요하게 생각하지 않는다. 악한 자가 오늘 다른 기독교인과 마찬가지로 나에게도 영향을 주고 있는 것 같다. 저녁에 구씨와 쿠씨 사이에 싸움이 있었다. 아두와 O. S. 쿠도 춤추러 가지 않고 싸웠다.

낮에 방문객이 몇 명 있었다. 언덕 꼭대기에서 영혼의 고통을 느끼며 조금 기도했다. '에브라임을 홀로 둔 것' 같은 심정. 그러나 바로 여기에서 나는 두 가지 선택의 기로에서 마음이 아프다. 탄짜를 떠나라는 인도하심이 아닌 것 같아서이다. 주님이 예루살렘을 떠나지 않았어야 하는 것과 마찬가지로 (눅 19:41)……내 기도는 '주님 나를 다른 곳으로 보내 주십시오'가 아니라 '주님 여기 탄짜에 견고한 교회가 하나 서도록 해 주십시오.'이다.

2월 5일 토요일 어제 받은 절망과 패배감의 공격에서 완전히는 아니지만 거의 벗어났다. 어떤 때는 회복하기가 쉽지 않음을 발견한다. 그러나 크게 보면 상식과 안식하는 믿음이라는 혼합된 태도를 취하고 있다.

O. S. 가족 두 사람이 저녁에 왔다. 유익한 대화를 나눴다. 쿠씨와도 이야기했다. 그러나 아직도 일의 상태에 대해 매우 마음 아파하고 있다. 기독교인 중 대다수가 독한 술을 마시러 갔다. 현재 탄짜는 내가 이곳에 처음 발을 디딘 이래로 그 어느 때 보다도 거의 희망이 보이지 않는다.

그렇지만 나는 어제와 같은 비관적인 견해를 갖지 않을 것이다. 반대는 이론적으로 따지거나 간청해서가 아니라 (주로) 꾸준하고 끈질긴 기도로 이길 수 있는 것이다. 사람을 상대할 필요가 있는 것이 아니라 (두려움의 영에 사로잡힌 리수인을 상대하는 것은 가슴이 찢어지는 일이다.) 어두움의 권세에 대항해서 싸워야 하는 것이다.

나는 이제 내 얼굴을 부싯돌처럼 굳게 하고 있다. 일이 잘 안 되는 것 같으면 기도한다. 만일 예배 등이 활기가 없고 단조로워지면 더욱 기도한다. 아무 열매 없이 몇 달이 지나면 더욱 더 힘을 내어 기도하고 도와줄 사람을 찾는다.

2월 6일 일요일　비와 바가 자기 부모가 허락하면 기독교인이 되겠다고 한다. 젊은이 네 명이 무슨 일이 있어도 자기들은 그리스도를 따를 것이라고 한다. 나는 처음으로 그들에게 전혀 새로운 태도를 취했다. 속에 있는 간절한 소원을 숨기고 겉으로는 고요하고 거의 무관심하게 보일 정도로 대했다. 나는 결국 이것이 최선의 길이라고 생각한다. 그것이 그들에게 더 자신감을 갖게 할 것이다.

2월 8일 화요일　모라쁘가 아침에 기독교인이 되었다. 그 집에 있던 구, 바 그리고 티는 모두 한없이 기뻐하며 찬송을 드렸다.

가정 안의 불꽃들

이즈음에 기쁜 일이 있었는데 그런 일들은 그가 인내의 한계를 넘지 않게 약간의 격려가 되어 주었다.

제임스는 남쪽 마을을 여행할 때는 자기가 '캘커타 집의 검은 구멍'이라고 부르던 집에 머물렀다. 아침에 마을을 떠나려고 하자 마을 사람들이 그의 주위에 모여들어 가지 말고 함께 있어달라고 하였다. 그들은 기독교인이 되고 싶어 했다.

많이 설명하고 가르치고 나서 그는 그들과 기도했다. 그리고 그들이 섬기던 우상들을 부수는 것을 지켜보았다. "우리는 그것들이 활활 타는 것을 기분 좋게 바라보았습니다. 이 장면을 보는 기쁨은 세례를 줄 때 갖는 기쁨 다음으로 큰 것이었습니다."

인근 마을에 있는 한 가족도 따라했고 그들은 모든 것을 태우고 나서 제임스에게 자기 집 안팎을 보여 주며 이제는 다 괜찮은지 검사를 해달라고 했다. 그들은 서로 다른 영이 안과 밖을 다스리고 있었다고 믿었기 때문에 이제는 모두 깨끗이 소제하고 싶어 했던 것이다.

심각한 갈등

그럼에도 불구하고 내면이 곤고한 때가 있었다. 그곳에는 그의 믿음을 단단히 해줄 교제도 없었고 함께 기도할 동료도 없었다. 제임스는 고독한 가운데서 만일 지금 그가 영적으로 함몰된다면 사역을 위한 미래가 없음을 알게 되었다.

"내가 정말로 나 자신을 주님께 구별하여 드리느냐 아니면 타협하느냐가 이제 문제로 남아 있다." 그가 그 해의 3월에 쓴 글이다. "어젯밤 타협한 것이 오늘 아침까지 계속되었고 그것은 결과적으로 언짢은 소동이 되었다. 정오까지 평온한 태도를 가질 수 없었음. 그 결과 아침 시간을 낭비함. 아, 요즈음은 나 자신을 위해 기도가 더욱 더 많이 필요하다!"

이틀 후 자기를 걱정하게 하는 한 사람에 대해 이렇게 기록했다.

> 오로시가 저녁에 여기 있었음. 그가 떠난 뒤 그를 위해 힘써 기도할 수 있었고 그 결과 지금 나는 그가 다시 기독교인이 되기로 결심했다는 소식을 듣는다. 그러나 그는 믿음을 계속 사수해야 한다. 펜 루이스의 '이 산에게 말하라'에서 지적하는 요점으로부터 많은 도움을 받다. 오늘 밤은 말을 할 수가 있었다. 영적으로 강건해져서 잠자리에 들다.

누군가 그에게 아직도 「정복자」라는 잡지의 사본을 보내고 있었다. 그는 그 기사 중 특히 제씨 펜 루이스가 쓴 것을 읽으며 강건해지곤 했다. 몇년 후 한 친구가 제임스가 그 글에서 은혜를 받았다니 신기하다고 말했다. "나는 제씨의 글들이 그에게 무슨 도움이 되는지 알 수가 없어요. 그녀는 귀신을 지나치게 의식하고 있는 것 같은데요." 제임스는 그녀에게 "필요가 있어야 도움을 받게 되는 겁니다."라고 대답했다.

대적과 정면으로 맞서 보지 않은 사람은 영적 순례의 길을 그가 간만큼 멀리까지 가지 못한다. 그리고 대적은 전략적 목표를 알고 있다. 이 갈등의 기간 동안에 제임스의 가장 뛰어난 글들이 나오게 된다. 영적 전쟁의 성격에 대한 새로운 깨달음이 그에게 있었다. 강한 자가 힘으로 천국을 차지한다는 것이다. (마 11:12)

3월 20일 당신에게 다가오는 시험과 단련 때문에 당신의 영이 연약해지고 낮은 곳을 헤맬 때마다 어두움의 권세에 대한 지배권을 잃게 된다. 다시 말하면 하나님 안에서 그들 보다 위에 거하는 대신 그들보다 아래로 내려간다는 것이다. 당신이 세상적인 관점을 취할 때 - 사람들이 생각하는 대로 생각하고 사람들이 말하는 대로 말하며 사람들이 보는 대로 본다면 - 당신은 어두움의 권세 아래에 자리를 하고 있는 것이다. 그들을 정복하는 것은 그들보다 위에 있는 장소에 당신의 영이 거하는가에 달려 있다. 그리고 그들보다 위에 있는 장소에 있다는 것은 하나님 안에 계신 그리스도와 함께 동거하므로 하나님의 사고방식, 견해, 생각, 하나님의 계획, 하나님의 방법을 알고 있음을 의미한다.

땅의 일에 깊이 빠져 있어서 영이 지배권을 상실하는 것은 가능한 일이다. "악마는 이것을 알고 있다. 그래서 당신이 계속해서 낮은 곳에 있어서 전쟁이 왔을 때 위에 서지 못하도록 땅의 것들로 당신 위에 쏟아 붓는다."
이 시기에 몇 가지 성경 말씀이 그에게 새로운 의미로 다가왔다. 로마서 8:11절에서 그는 현재의 싸움을 견디려면 몸의 '구속'이라는 (죽을 몸이 살아야 한다는) 하나님의 일하심이 필요함을 보았다. 영적 싸움에서 한 가지 유혹은 몸이 쇠약해지기 시작할 때 포기하는 것이다. 포기 하는 대신에 그는 자신을 하나님께 던져 그분이 '죽을 몸을 살려서 모든 일 가운데 모든 일을 통해서 견디고 승리할 수 있도록' 맡기는 것이 필요했다."
도움이 되었던 다른 말씀은 엡 6:10절로 우리에게 주 안에서 강건해지라는 명령이었다. "오, 우리에게 그 강건함이 얼마나 필요한지요. 왜냐하면 우리가 우리의 근본을 붙잡고 있지 못할 때가 많이 있기 때문입니다."라고 편지한 적이 있다.

각 전쟁마다 치명적으로 중요한 지점들이 있습니다. 거룩하신 대장께서 돌이켜 그곳을 지적해주실 때까지 그분께 가까이 가서 그곳에 머무십시오. 그리고 그 지점, 지점마다 맞서서 싸우십시오. 비록 그 싸움이 치열하고, 패배가 확실해 보이고 그 전쟁이 몇 시간, 몇 날, 몇 달, 아니 심지어 몇 년이 걸린다고 해도 계속 싸우십시오. 계속 말입니다. 왜냐하면 그런 사람에게 예레미야 1:19절의 말씀이 있기 때문입니다. '그들이 너를 치나 이기지 못하리니 이는 내가 너와 함께 하여 너를 구원할 것임이니라.'

그는 사탄이 공격하는 목표를 깨닫게 되었다. 하나님과의 친교를 끊어놓으려는 것이었다. "이 목표를 달성하기 위해 사탄은 패배감으로 영혼을 속입니다. 어두움이라는 두터운 구름으로 그를 가리고, 그 영혼을 누르고 낙심시키고, 그렇게 하여 기도를 방해하거나 불신앙으로 이끌기를 반복합니다." 이렇게 실패감에 빠져 낮은 곳으로 내려가는 대신 신자는 보이지 않는 것들의 증거(히11:1)인 믿음을 가지고 일어서야 한다.

그러나 만일 하나님의 도우심으로 전정한 자신의 위치를 차지했는데 일시적으로 뒤로 물러서게 되면, 그 자리는 믿음으로 즉시 돌이킬 수 있게 된다.

원수가 사용하는 다른 전술은 하나님의 백성으로 하여금 피상적이고 표면적인 관심거리에 완전히 사로잡히게 하는 것이다. 책을 팔거나 언어 공부하는 일, 또는 다른 하찮은 일에 몰두하게 한다. 원수는 싸움의 진정한 대상에 대항하여 공격하는 대신 이차적이고 덜 중요한 관심사에 우리를 쉴 새 없이 빠져 있게 하면서 즐거워한다.

이 부분을 일지의 마지막에 쓰면서 그는 '이 말들을 **깊이 숙고하라**' 라는 말로 끝맺었다.

제임스는 영적으로 강해서 싸움에서 자기의 자리를 지킬 수 있을 때도 있었는가 하면 또 다른 경우는 늘어지고 약해서 마치 그의 발이 미끄러지고 있는 것같이 느낄 때도 있었다.

하루는 기도가 잘 안 되고 생각의 갈피를 잡지 못한 채로 지냈다. 말하자면 패색이 짙은 날이었는데 그에게 가장 진지하게 질문하며 희망을 보이던 세 사람이 저녁 성경 공부를 하려고 찾아왔다. 후에 제임스의 기록에보면 자기가 매우 연약해 있었을 때 영적으로 공격을 당해 심한 패배감을느꼈던 날이 있었다. 쿠, 바와 O. S.와 함께 지낸 저녁에 무슨 일이 있었는지는 이렇게 기록하고 있다.

O. S.는 웃는 귀신에 사로잡혀 있는 것처럼 보였다. 평소의 행동과 전혀 다른 행동을 보이는데 공부하는 동안 미친듯이 낄낄거린다든지 내가 기도를 시작하자마자 즉시로 발작적으로 웃음을 터뜨리는 것이었다. (여기서 기독교인이 된 사람과 처음으로 기도할 때면 언제나 당하는 일이었다.) 바도 정도의차이는 있지만 그를 따라했다.

나는 기도를 멈추고 그에게 육신인 화를 터뜨렸다. 나는 그것을 다룰 능력이 없었다. 그 상황을 통제할 수 없었으며 나 자신 뿐 아니라 다른 사람을다스릴 수가 없었다.

약하고 게으르고 반수동적이 되어 벌어지는 상황에 대해 주도권을 가지지못하는 것이었다. O. S.의 평소와 다른 경박한 행동은 나 자신의 상태를 반영하는 것처럼 보였다. 나의 연약함과 패배와 무력함으로 인해서 악마가 그를통하여 나를 향해 웃고 있는 것처럼 느꼈다.

그러나 그는 절망하는 쪽을 택하지 않았다. 대신에 그는 즉시로 무릎을 꿇고 '하나님과 바른 관계'로 들어갔다.

　나는 전에 그렇게 실패한 적이 많았습니다. 그때는 일의 원인을 평온한 마음으로 심사숙고해보는 대신 절망에 빠져버리는 실수를 저질렀습니다. 그러나 이번에는 도적이 피하지 못하도록 할 것입니다.

　전에는 그런 패배에서 회복되는데 며칠씩 걸렸습니다. 그런데 내가 좀 더 이해할 수 있게 되고부터는 몇 시간이면 해결되었습니다. 이제 저는 그 시간조차 너무 길다는 것을 압니다. 그래서 완전히 회복되는데 몇 분으로 족하도록 합니다. 빠르면 빠를수록 더욱 좋은 겁니다. 그리고 거기에는 시간 제한이 없습니다. (요일 1:9)

건전한 정신

그의 일기에는 건강한 균형 감각이 엿보인다. 어두운 방 안에 오랜 시간 앉아 있는 것은 좋지 않다. '일어나서 나가라.' 그는 자신에게 말했다. 산보를 하라. 햇빛 비치는 곳에 책을 들고 나가 언어 공부를 하라.

　'어떤 때는 나를 사로잡고 있는 패배감과 연약함의 상태가 그저 바른 일을 하고 있는 것만으로 마술처럼 해결된다.'고 그는 기록했다.

　어둡고 좁은 오두막에 너무 갇혀 있어 답답하면 그것이 일어나 나갈 시간이 되었다는 사인이었다. 밖에 나가 하늘의 군대가 이긴 승리로 인해서 하나님을 찬양하는 노래를 불렀다.

　그랬다. 부동 상태, 더 나쁘게 말하면 게으름이 내 패배의 원인 중 반을 차지하고 있다. 나는 결코 패배할 필요가 없다. 그것을 나는 너무도 잘 알고 있다. 나머지 날은 승리로 이어졌다. 내가 배운 것을 실천한 것이다. 만일 약하고 죄의 권세에서 자유할 수가 없다고 느껴지면 - 그저 일어나서 노래를 부르든지 아니면 큰 소리로 대적을 무시하는 선언을 하라. 그리고 팔을 걷어붙이고 무언가 선한 일을 하라. 리수말 공부 같은 것을 하라.

그는 이런 정신이 부족할 때 패배한다는 것을 배우고 있었다. 그에게 있어서 윤리란 '기도와 일 사이에 하나님의 균형을 발견하려고 애쓰는 것'이었다.

'그래, 그렇다! 우리 그리스도인들은 결코 패배할 필요가 없다!'고 그는 계속했다. 다른 것으로는 다 실패해도 최소한 한 가지 무기로 언제나 이길 수 있었다. '우리가 패배하는 데는 원인이 있다'는 것을 그는 깨닫고 있었다.

우리는 이해할 수 없는 일이라고 그것을 간과해서는 안 된다. 성령의 도우심으로 원인을 찾기 위해 궁리해야 한다. 그리고 그것을 간직하고 궁극적으로는 그것을 피해야 한다.

아침 시간을 기도로 보냈다. 특히 오로시를 위해 끈질기게 기도하며 어둠의 권세에 대항해서 기도하면서 매우 평안했다. 계속 능력으로 이 기도를 했는데 마침내 바르게 싸웠다는 느낌이 확실히 들었다. 나머지 시간은 리수어 공부를 했다. 완벽하게 건강한 하루. 금요일에 배운 것이 아직도 내 안에서 더욱 타고 있다. 그래, 하나님께서 모든 것을 바르게 가르쳐 주신다.

그는 오로시를 위해서 끈질기게 기도했고 그 안에서 능력이 임하고 충분하다고 느껴질 때까지 그를 위해 기도로 싸웠다. 2, 3주가 지나지 않아 그가 한 기록이다.

오늘 나는 내가 탄짜에 발을 디딘 이래로 가장 큰 승리를 보았다. 오로시의 귀신 숭배가 무너졌다. 쿠 에스가 매우 도움이 되었다. 오! 모든 일에 하나님과 협력하는 것을 더 배워야만 한다! 전에는 결코 알지 못했던 것이 이제는 나에게 친숙하게 다가오고 있다.

일지에는 이와 같이 격려가 되는 일도 기록되어 있고 편지에서도 그가 삶을 즐기는 능력이 아직도 많이 있음을 알 수 있다. 그의 기운찬 정신과 빈틈없는 관찰 덕분에 레치워스에 있는 친구들은 그의 편지를 생동감 있게 읽을 수 있었다.

하나의 결정

그러나 리수족 가운데 그리스도께 돌아오는 숫자는 그렇게 많지 않았다. 탄짜에서 5달이나 되었는데 거의 열매를 볼 수 없었다. 하나님의 때가 아직 되지 않았다. 제임스는 호스트씨에게 편지를 써서 한시적으로 다른 일을 하면 어떨까 하는 생각을 전했다. 그러고 나서 몇 달 후나 몇 년 후에 리수족에게로 돌아오면 될 것이었다.

그것은 그가 한 결정 중에서 가장 어려운 결심이었다. 탄짜를 떠나던 마지막 날 가방을 싸고 샌들 끈을 묶으면서 그는 무감각했다. 그는 남쪽에 있는 타푸품산을 다녀와야 할 일이 있었다. 텅웨에 돌아오기 전에 호스트씨에게 편지를 썼다. 그 산에 다녀오는 동안 생각할 시간이 많이 있었다.

가난한 이 카친 오두막은 산에서도 가장 험한 곳에 있었다. 제임스는 여행으로 지쳐 있어서 그곳의 붉은 쌀뿐인 식사가 위에서 잘 소화가 되지 않았다. 고기도 없고 야채도 없어서 그것이 아래로 내려가도록 도와주는 것이 아무 것도 없었다.

열병

그 후 며칠 동안 위장을 쉬게 하는 것이 좋겠다는 생각이 들어 반쯤 굶어 보았다. 그러나 그렇게 하면 너무 힘이 없어서 노래도 부를 수 없었고 설교도 할 수 없었다. 마침내 열병에 걸리게 되어 제임스는 느린 걸음으로 텅웨로 떠났다.

엠버리 가족은 제임스가 쇠약해져서 걸어들어 오는 것을 보고 놀랐다. 면도를 하지 않은 창백한 얼굴로 그는 거실의 바구니 의자에 앉아 열때문에 떨고 있었다.

엠버리 부부는 열대성 질병이 급속하고 치명적일 수 있음을 알았기 때문에 가지고 있던 약을 그에게 맞게 얼른 조제해서 먹게 했고 시장에서 먹을 만한 음식을 아낌없이 샀다. 말라리아로 인한 열일 수도 있었는데 영양부족과 전체적으로 신체가 약해서 생긴 병 같았다.

그러나 그는 젊고 건장했다. 며칠 지나지 않아 그는 엠버리씨네 거실에 있는 오르간을 치고 있었다. 그에게 약이나 음식, 휴식만 필요한 것이 아니었다. 함께 기도할 친구가 필요했고 그의 마음에 있는 무거운 짐을 나눌 수 있는 동역자가 필요했던 것이다. 리수족이 하나님께로 돌아오기를 기다리며 제임스가 그들 사이에 계속 머무는 것이 옳았는가?

빠오산에 있는 갓 태어난 건강한 교회를 방문한 것이 그의 믿음을 다시 굳게 해 주었다. 여기에 그가 6년 전 설교했던 중국인들 안에서 하나님께서 일하신 분명한 증거가 있다. 가장 격려가 되었던 점은 그 교회를 젊은 중국인 목사가 담임하고 있다는 것이었는데 그는 제임스의 표현에 의하면 '목자의 심정을 가진 사람'이었다.

모와의 우정

제임스는 빠오산에서 텅웨로 돌아오는 길에 좀 돌아서 샹따의 제빵 요리사인 모를 찾아갔다. 그 사람은 제임스가 순전하게 우정을 나눌 수 있는 사람이었다.

"모는 대단히 진지한 그리스도인입니다." 그는 당시의 방문 사건을 편지에 썼다. "그와 함께 머물면서 그가 아래층 가게에서 그리스도를 증거하는 방식을 보는 것은 대단히 멋진 일이었습니다." 모는 적극적으로 접근하는 종류의 사람이었는데 그러면서도 밝고 행복한 표정으로 현명하게 때를 맞추어 시기적절한 방식으로 설복시킬 수 있었다.

바로 지금 저는 위층 커다란 방에 있는 테이블에서 이 편지를 쓰고 있습니다. 이 방은 온갖 잡동사니로 어질러져 있는데 정돈하고 깨끗이 하는 것은 그의 은사가 아니어서 그렇습니다. 침대 세 개가 흔한 널판에 짚으로 덮여 있었는데 각기 모양이 달랐습니다. 바닥에는 허리 높이의 커다란 토기 항아리, 땔나무 장작더미, 미얀마에서 온 면화 꾸러미, 과일 저장고, 그리고 온갖 잡동사니가 있습니다. 모는 내가 편지 쓰는 것을 보면서 어머니에 대해서 계속 묻고 있습니다.

"어머니도 그리스도인이세요? 연세가 어떻게 되세요? 엠버리 부인처럼 읽으실 수 있어요?" 등등.

모의 어머니는 아편 중독이셨고 그의 믿음에 대해 적대적이었다. 그것은 그에게 가슴 아픈 시련이었다. 그녀는 자기 아들이 그리스도를 믿어 수치스럽다고 종종 물에 빠져 죽겠다고 위협했다. 그녀가 자살하면 가족에게 평생 부끄러운 일이 될 것이었다.

그래서 모는 제임스에게 일주일 동안 머무르며 자기를 상담해 달라고 간청했다. 그들은 오후에 언덕을 거닐며 하나님께 자기들 둘 다에게 지혜를 주시고 인도해 달라고 기도했으며 밤에는 가게 뒤의 작은 방에서 함께 성경을 읽고 기도했다.

이 기간 동안 제임스는 그의 열매 없는 사역지를 이제 마지막으로 조사해야 한다는 확신을 분명히 하게 되었다. 그는 이제 하나님의 때가 아직 오지 않았다면 2,3년은 기꺼이 다른 곳에서 일을 해야겠다고 생각했다.

마지막 여행

그가 다시 산으로 떠날 때 탄짜에서 온 리수족 둘이 그와 함께 있었다. 그에게는 가늠할 수 없는 마음의 평화가 있었다. 그에게는 설득할 일도 호소할 일도 없었다. 그는 리수족 중 대단히 많은 사람들이 언젠가는 하나님께로 돌아올 것이라고 믿었다. 그래서 지금 그에게는 농부의 인내가 필요했다. 밭을 갈고 씨를 뿌리고 물을 주었으니 그는 이제 추수를 기다려야 했다.

서쪽으로 여행을 떠난 둘째 날 제임스와 그의 리수 동료는 전에 자주 가던 마을에 머물렀다. 그 위 경사진 곳에서부터 타푸품 정상이 날카롭게 하늘을 향해 솟아 있었다.

마을 사람들은 늘 하던 대로 주위로 몰려들어 웃고 노래하고 그가 전에 가르쳐준 대로 노래에 맞춰 손뼉을 쳤다. 밤이 되었을 때 그들은 불을 밝히며 자기들 집으로 돌아가고 제임스가 머물던 집의 주인은 땅바닥에 그가 잠잘 자리를 마련해 주었다.

그는 새벽에 일어났다. 서쪽 산맥 방향을 바라보며 일찍 떠날 준비를 마쳤다. 그가 아침밥이 다 되기를 기다리고 있는데 뛰어오는 발자국 소리가 들렸다.

"여기 하루 더 있어야겠어요." 그의 리수 동료가 뛰어 들어오며 그에게 말했다. "기독교인이 되고 싶어 하는 가족이 하나 있어요."

그는 가방을 바닥에 놓고 따라갔다. 그는 그 가족에게 그들이 따르려고 하는 걸음이 얼마나 대단한 것인지 인내심을 가지고 설명을 했다. 그리고 그들이 어떻게 하는가 보기 위해 기다렸다. 그들은 몇 번의 방문에서 그가 설명하는 메시지를 들은 적이 있었다. 그는 이제는 아무 행동을 취할 필요가 없고 다만 하나님께서 어떻게 역사하시는지만 보려고 기다렸다.

그 가족은 준비되어 있었다. 그들은 즉시로 일어나 귀신을 섬기던 모든 증거물들을 끌어내리고 신주단을 부쉈다. 그리고 그들은 제임스에게 그들과 함께 기도해 달라고 부탁했다. 그들은 참되신 하나님이 그들을 받아주시기를 원했다. 그들이 정말로 그분의 아들과 딸들이 될 수 있었는가?

그는 2,3일 더 머무르며 믿음 안에서 신생아인 그들을 가르치고 그들에게 조언해 주었다. 그들을 돕고 있는데 다른 사람이 또 오라고 하였다. 다른 가족도 그리스도를 따르기를 원했다. 그리고 또 그 인근 지역에서 다른 가족이 왔다. 결국 7가정 이상이 그들의 신주단을 없애고 하나님의 백성으로 받아들여 달라고 기도했다.

아주 고무적인 변화였다. 제임스의 노력이 필요하지 않았다. 그저 그 모든 과정 속에서 하나님 안에서 안식하며 교제를 하고 있을 뿐이었다. 그는 산파와 간호사와 같이 행동했다. 그의 편에서 어떤 수고도 하지 않았는데 아이들이 태어난 것이었다. 그는 곁에 서서 주님의 구원을 보았다.

도가니

여행자들은 미얀마 국경을 향해 갈 때 사나운 카친족이 사는 지역을 지나야했다. 그 움막들은 원시적이었고 지저분했다. 도가니 마을에서 제임스는 평소와 같지 않은 따뜻한 환영을 받았다. 그는 저녁 모임에서 사람들에게 말을 할 시간이 별로 없었는데 그들은 자기들이 예수 그리스도를 믿을 수 있도록 그가 도와줄 수 있느냐고 하였다. 10가정 이상이 자기들의 신주단을 부쉈다. 마침내 마을 산당도 허물어뜨렸다. 마을 사람들 대다수가 살아계신 하나님을 섬기기 원했다.

이 기간 동안 제임스는 집에 편지를 보냈다. "다시 편지 쓰게 되었습니다." 하고 시작하며 그는 자기가 겪고 있는 일들을 묘사했다.

그들은 절대로 의자에 앉지 않습니다. 그런 사치를 부리지 않습니다. 그리고 이 가족에게는 탁자도 없습니다. 땅 위에 아무 것도 놓여 있지 않고 불을 지펴 음식을 만들기 위한 '화덕'이 하나 있을 뿐입니다. 나는 땅바닥 위로 2, 3인치되는 곳에서 잡니다. 내 주위에는, 아니 긴 화덕 주위라고 하는 편이 맞겠는데 리수, 리수, 리수 사람뿐입니다. 친절한 그 집 안주인은 내 옆에 앉아 있는데 구슬과 장식으로 가득한 옷을 입고 있습니다. 어머니가 그 옷을 입으시면 목이 아플 정도의 무게입니다. 근처에 있는 소녀 둘이 내가 편지 쓰고 있는 것을 보고 있고 대 여섯의 소년들이 불 주위에 있는 깔개 위에서 리수말로 된 교리를 배우고 있습니다. 그들은 모두 내가 글씨를 쓰고 있는 것이 신기한가 봅니다. 그렇지만 저는 그들에게 자기들이 읽어야 하는 책을 계속 읽으라고 말했습니다.

그는 산들과 숲 속 위 높은 곳에 있는 이 리수 가정의 '안락하다든지 불편하다든지'에 대해서 자세히 말하지 않았다. 그가 알려 주고 싶은 가장 중요한 것은 그 집 주인 부부가 바로 그날 아침 그리스도인이 되었다는 것이었다. 이전에 귀신 숭배에 사용하던 모든 종류의 물건들을 없앴다. 막대기, 종이 조각, 그 외 소소한 것들을 전부 방 한가운데 있는 불에 태워버렸다.

그들은 그리스도께 전적으로 돌아선 것이었다. 그들은 제임스에게 자기들에게 아이를 달라고 오랫동안 영들에게 기도하고 있었는데 소용이 없었다고 말했다. 혹시 이제 참되신 하나님께 아들을 하나 주시라고 기도해도 되느냐고 물었다.

제임스는 사라, 리브가, 한나, 엘리사벳의 경험을 기억해 내고는 해도 된다고 하였다. 그들은 제임스가 그들을 위해서 기도해 주면 좋겠다고 주장했다. 그들은 그의 기도가 자기들 기도보다 더 효과 있을 것이라고 생각했다.

같은 시기에 그 마을에서 다른 두 가정이 또 돌아왔다. 이제까지 두 주가 되지 않은 그의 여행 중에 4마을에서 15가정이 그들의 모든 우상을 불태우고 하나님께로 돌아왔다.

저는 이제 리수 사람에게 그리스도인이 되라고 설득하려고 하지 않습니다. 그들이 온 마음을 다해 돌아오지 않고는 변하기 쉬우며 만족스럽지 않음을 알기 때문입니다. 만일 그들이 진정으로 돌아왔다는 모습을 보이면 그 집에 들어가서 그 가족과 오랫동안 시간을 보내며 어떻게 다음 단계로 나가야 할지를 설명해 줍니다.

그러면 그들은 모두 일어서서 기도한 후에 모든 것을 잘게 부수고 찢어서 불에 넣는 것입니다. 그렇게 모든 것을 깨끗하게 쓸어버리는 것을 그들이 좋아하는 것 같습니다. 소년들은 물건들을 내동댕이치는 것을 더 좋아하고 (소년다운 성질 알지요?) 의심스러운 물건을 찾는 것을 돕습니다. 그들이 그 장소를 깨끗이 쓸고 나면 — 검댕이, 거미줄까지 — 그들은 그들의 표현에 의하면 '하나님의 길을 걸으려고' 하는 사람이 있는 옆 집으로 나를 데리고 갑니다.'

사이프러스 언덕

도가니 마을에서 며칠 지내고 나서 제임스와 그의 동료들은 집중 호우 속을 뚫고 사이프러스 언덕 마을로 갔다. 그곳에 한 주 있는 동안 15가정이 그리스도인이 되어 예전에 종노릇하던 모든 우상의 자취를 부숴버렸다.

제임스는 그것이 그가 중국에 온 지 8년 째 되는 날이었다고 기록했다. 주위에 50명 이상의 젊은 개종자들이 새로 태어난 신자의 모든 굶주림을 가지고 하나님에 대해서 더 알려고 그를 둘러싸고 있는 그 모습은 그 날을 축하하기에 합당한 장면이었다.

거북이 마을

그는 다음으로 거북이 마을로 향했다. 그곳에 도착했을 때 24가정이 신자가 되고 싶어 기다리고 있었다. 이들 중 13명이 하루에 그리스도께 돌아왔다.

그들은 거듭남의 의미를 잘 이해하고 있는 것 같았다. 그는 2주간을 꼬박 머물며 개종자들을 가르치고 필요한 것을 충고해 주었다. 그는 이 커다란 그룹을 떠나기 싫었지만 더 남쪽에 있는 마을에서 급하게 오라는 연락이 있었다.

반점 언덕

이라와디 강으로 흘러가는 물이 불어 있었는데 제임스가 그 강을 건너 반점 언덕의 푸르게 우거진 지역에 도착했을 때 49가정이 하나님께로 돌아오려고 하고 있었다. 그들은 집단적인 행동을 하고 있는 것이 아니었다. 하나님을 진지하게 알고 싶어 했고 그분의 가족 밖에 남겨질 것을 두려워하고 있었으며 수년 간 악령 숭배를 하며 가졌던 혼란에서 벗어나 마음의 평안을 갈망하는 굶주림을 볼 수 있었다.

반대가 없는 것이 아니었다. 한 마을에서는 남자 한 명이 공포에 가득 차서 달려 왔다. 그의 가정과 이웃에 사는 네 가정이 영들을 섬기던 제단과 그에 관련된 것들을 부수고 예수 그리스도께 돌아왔는데 이번에는 그 영들이 돌아와 그 남자의 아들을 강하게 사로잡고 있다는 것이었다.

그것은 누가복음 9장에 나오는 이야기와 놀랄 정도로 비슷한 장면이었다. 그 소년은 비명을 지르고 입에 거품을 품고 땅에 쓰러져 몸을 뒤틀며 고통하고 있었다. 곁에 있던 사람들이 불 속에 들어가려는 그를 붙잡고 막으려고 했지만 그의 힘은 초인적이었다.

약령에 사로잡힌 것을 보는 것은 제임스에게 처음 있는 일이 아니었다. 몇 년 전에 본 일이 있었다. 그는 둘러선 사람들의 놀란 얼굴들을 바라보았다. 이 사람들은 맨발에 누더기를 걸치고 있고 읽거나 쓰지 못한다. 그들은 그리스도 안에서 태어난 지 몇 시간 밖에 되지 않은 어린 아기들이었다. 그러나 그들은 믿고 있었다!

제임스는 큰 소리로 예수의 이름이 승리하도록 기도했다. 그러자 그들도 제임스를 따라서 기도했다. 소년은 그들의 눈앞에서 괜찮아졌고 그들의 믿음은 크게 고양되었다. 그것은 하나님께서 말씀하신 것이 사실임을 분명히 보여주는 것이었다. 그들은 어떤 악한 것도 두려워할 필요가 없었다. 하나님께서 그들을 위해서 싸워주실 것이었다.

그물이 찢어지다

제임스는 신중하고 빈틈없는 수학자여서 아주 정확한 기록을 하고 있었다. 그는 이제 129가정이 귀신 숭배의 어두움에서 그리스도를 믿는 자리로 돌아왔다고 하였다. 이 숫자는 약 600여명이 된다는 의미였다. 그것은 백여 킬로 정도 되는 거북이 언덕에서부터 탄짜에 이르는 지역 가파른 산골에 흩어진 커다란 양떼였다. 그는 이제 새롭고도 시급한 문제에 직면했다: 누가 이 모든 사람들의 목자가 되어 돌봐주겠는가?

그는 염려하지 않으면서 이것에 대해 기도했다. 감동하신 분은 분명히 하나님이셨다. 하나님은 당신이 시작하신 일을 계속하실 것이었다. 다른 곳으로 가기 전에 하나님께서 일하시는 표적을 찾기 위해 한 이 마지막 여행은 그의 생애에 있어서 가장 놀라운 여행이었다. 하나님의 때가 온 것이었다. 그리고 언제나 그랬듯이 그것은 '그가 구하거나 생각한 것보다 넘치도록 풍성한' 것이었다. 그리고 그는 이것이 오직 시작에 불과함을 알았다.

그러나 그는 벌써 몇 달 동안 여행을 하고 있었기 때문에 잠도 제대로 자지 못했고 그 동안 내내 개인적인 시간을 갖지도 못했다. 분명히 이 모든 일을 그 혼자 감당한다는 것은 불가능했다.

그때 그는 길에서 천사를 만났다. 제임스는 밟아 다져진 길에서 몇 마일 떨어진 마을에 하룻밤을 지내기 위해 들렀다. 밤이 깊어 갈 때 그는 문 앞에서 리수 사람 몇 명과 잡담을 하고 있었다. 그런데 몇 명의 남자가 길을 지나가고 있는 것이었다. 그가 일어서서 어렴풋한 빛을 통해서 보니 그들 중 하나가 바타우가 아닌가. 제임스는 천사를 만난 것처럼 반가웠다.

이 넓은 세상에서 그가 바로 이 시점에서 만나고 싶은 사람이 있었다면 그 사람은 바로 바타우였다. 산 속 그렇게 외진 곳에서 그를 만났다는 것은 우연일 수가 없었다.

바타우는 그가 이미 알고 있던 몇 명의 리수 그리스도인을 방문하려고 온 것이었다. 그는 방금 도착했기 때문에 리수족 가운데 일어난 이야기를 모두 듣고는 눈이 둥그레졌다. 물론 그는 모든 마을을 알고 있었고 그 사람들을 이해했다. 그는 하나님께서 이 작은 교회를 위해 예비해 두신 천부적인 목자였다.

제임스는 나중에 그에 대해 이렇게 썼다.

여기 있는 사람들은 그렇게 그를 받아들이고 그도 그들을 받아들여 그곳에

서 그는 4달 이상을 있었습니다. 그렇게 하여 새로 신자가 된 사람들이 많은 도움을 받고 믿음이 강해졌을 뿐 아니라 다른 사람들도 믿게 되었습니다. 그 래서 이 지역에 49가정이 아니라 51가정이 그리스도를 주로 고백하고 신주 단에 대해 확고한 태도를 취하게 되었습니다. 그리고 내가 전에 가보지 않았 던 지역에서도 리수인 중 36가정이 또 주께 돌아왔습니다.

이 젊은 카렌인은 정말 특별한 사람이었습니다. 그는 리수족처럼 옷을 입 고 그들 중 한 사람이 되어 그들과 함께 살았습니다. 그리고 그는 가는 곳마 다 사람들에게 대단한 사랑을 받았습니다. 그는 나보다 리수말을 더 잘했고 새로 믿은 젊은이들을 나보다 더 잘 목양할 수 있었습니다. 그는 완전히 영적 이었기때문에 나는 부족민이나 중국인 그리스도인 가운데 그보다 더 좋은 친 구를 만날 수가 없었습니다.

바타우는 제임스와 함께 텅웨로 가서 성탄절을 지내며 쉬기도 하고 전 도의 다음 단계를 위한 계획도 세웠다.

호스트씨에게 보낼 편지는 없었다. 계획을 수정할 필요도 없었다. 단지 기도에 응답하시는 하나님에 대해 본국에 있는 기도 동역자들에게 보내는 편지에 쓸 내용이 많았을 뿐이었다. 어느 때보다도 그 새로운 신자들에게 는 기도로 보호하고 안전하게 진을 쳐 주는 것이 필요했다. 제임스는 기운 차게 편지를 썼다.

저는 지난 며칠 간 밀린 잠을 자려고 애를 썼습니다. 남부 후사에 있을 때 열흘 간이나 계속해서 새벽 2시 이전에 잠을 잔 적이 없는 것 같습니다. 이제 우리는 평상시의 겨울 날씨를 즐기고 있습니다. 맑은 하늘에 마른 땅이 있고 지천에 풀이 말라 있지요. 지금이 순회를 할 때입니다. 그래서 저는 다시 필 요한 쉼을 전선 뒤에 두고 길을 떠납니다. 새로 형성된 신자의 모임들마다 될 수 있는 한 지체하지 않고 다시 가봐야만 합니다.

탄짜는 어떻게 되었는가? 제임스는 성탄절이 지난 직후 그곳에 올라갔다. 남쪽 지역을 돌아보는 일은 바타우에게 맡겼다. 탄짜에 있는 많은 가정이, 특히 칼 사다리 축제가 열렸던 냉마촌이 마침내 이 추수의 계절에 그리스도께로 돌아왔다.

이 지역의 사람들은 특히 분명하고 결단력이 있었다. 복음에 대한 지평이 새롭게 열려서 가정들이 줄지어서 예수님의 방식대로 사는 것에 대해 물었고 무당과의 모든 연관을 끊었다.

하나님의 강

세계에서 가장 높은 고원에서부터 티벳 주위와 티벳을 가로질러 흐르는 큰 강이 다섯이 있다.

그들에게서 나오는 빠른 물살이 중국 중심부, 베트남, 미얀마, 그리고 인도까지 멀리 있는 평야에 생명수를 공급한다. 물살이 갑자기 세지고 힘이 있는 것과 바짝 마른 아래쪽 땅에 갑자기 많은 양의 물이 쏟아지는 것은 높은 위도에서 눈이 녹고 있음을 의미한다. 아니면 산 위에서 비가 내리고 있을 때이다.

제임스는 본국에 있는 사람들이 그를 위해서 기도하고 있음을 느꼈다. 수천 킬로 멀리 있지만 그들은 리수 부족 사이에 일하고 계시는 하나님의 일에 직접적으로 관여하고 있었다. 그들은 제임스 자신도 성령의 능력으로 충만하게 유지할 수 있기를 위해서도 기도하고 있었다. 그는 결론적으로 하나님의 백성들의 기도가 추수를 하게 함을 이제 알았다. 그는 또한 자신의 생명과 리수족의 구원을 위하여 부르짖은 자기의 기도가 하늘에 상달되었음을 알았다. 하나님께서 마침내 지금에야 들으신 것이 아니라 벌써 그때 듣고 계셨다.

'네가 깨달으려 하여 네 하나님 앞에 스스로 겸비케 하기로 결심하던 첫

날부터 네 말이 들으신바 되었다(단 10:12).'길고 어두웠던 시련의 날들
은 하나님의 실수가 아니었다. 그것은 하나님의 완전한 계획이었다.

샹하이

제임스는 탄짜에 다녀와서 맹장염 때문에 텅웨에 있어야 했다. 그래서 바
라던 대로 새 신자들이 모인 곳을 다 방문하지 못했다. 한 인도 의사가 될
수 있는 대로 빨리 수술을 받아야 한다고 그에게 말했다.

그러는 동안에 호스트씨는 해안에서 제임스에게 충고를 하는 편지를 썼
다. 제임스가 중국 남서부에 거의 10년 가까이 있었기 때문에 그가 샹하이
로 와서 사역에 대한 보고를 하는 것이 필요하다는 생각을 호스트씨는 강
하게 하고 있었다.

그런 일은 결코 제임스가 하고 싶은 일이 아니었다. 부족 안에서 일하는
것이 이전보다 더욱 필요한 일이라고 그는 생각했다. 그러나 그는 해안을
향해 남쪽으로 떠났다. 샹하이로 가는 배를 타기 위해서였다. 그는 통증
으로 괴롭기 전에는 텅웨로부터 멀리 여행한 적이 없었다. 그는 혼자였는
데 중국 여관에서 고통스러운 밤을 하루 지내고 나서는 더 이상 갈 수가
없었다. 마침내 통증이 조금 가라앉아서 샹하이로 가는 배에 탈 수가 있었
다. 수술이 필요한 것이 확실했다.

수술은 샹하이에서 했고 회복하는 동안은 선교 본부에서 지냈다. 그곳
은 온갖 일이 이루어지는 정거장이었다. 온 내륙 지방에 흩어진 사람들이
드나들었다. 그러나 제임스의 마음은 원난산에 있는 어린 양떼 생각으로
가득했다. 그는 하나님의 약속의 말씀을 굳게 믿고 있었다.

내가 사람들이 하는 식으로 생각했다면 그 리수의 어린 신자들이 다시 귀
신 숭배로 돌아가지 않았을까 하고 많이 근심했을 것입니다. 그러나 하나님
께서는 내 모든 걱정을 그분께 맡길 수 있도록 힘을 주셨습니다. 내 걱정을

내가 끌어안고 그분께 맡기지 않았다면 그 일을 그렇게 오랫동안 견디지 못했을 것입니다. 아마도 그 일을 결코 시작할 수도 없었을 것입니다. 그러나 그것이 그분이 시작하신 것이라면 그분이 계속하실 것입니다. 이 렁웨 리수족을 가슴에 품고 있는 우리 모두는 믿음으로 그들을 그분의 손 안에 조용히 맡겨드립시다. 그분은 우리와 관계된 일을 - 이 리수족 새 가족들도 - 완전케 하실 것입니다. 그러면 그 때 우리와 그들에게 베푸신 그분의 은혜에 감사하도록 합시다.

더 깊은 하나님의 교훈

하나님과의 친밀한 동행을 유지하는 데는 값비싼 대가가 필요하다.
그것은 날마다의 삶에 있는 깊고도 계속적인 희생이다.
십자가를 견디는 것과 그 위에서 죽는 것은 완전히 다른 일이다. 제임스는 한 알의 밀이
땅에 떨어져 죽어야 열매를 맺는다는 것을 새로운 차원에서 이해하게 된 것이었다.

상하이

유럽인들은 중국 내지에서 몇 년 살고 나면 얼마나 문화적인 것에 굶주려 하는지 모른다. 제임스도 상하이에 있을 때 저녁마다 있는 음악회에 자주 가곤 했다. 그는 회복 기간 동안에 피아노 리사이틀을 몇 번 했는데 그가 연 미니 음악회는 CIM 본부에 있는 굶주린 영혼들의 귀를 만족하게 해 주었다. 질서정연하고 조직적인 그의 성격대로 그는 중복을 피하기 위해 자기가 연주할 작품을 날짜 별로 손으로 써서 프로그램을 만들었다. 그 프로그램 중의 하나는 다음과 같다.

CIM 홀 연주회. 3월 28일 1시간 30분

모스코프스키 (발세비)
놀렛 F 장조
"달빛"
쇼팽: 4번 왈츠와 서곡
요정의 트럼펫
베버의 기상곡 E 장조
봄이 오는 소리
르 데시르

폰 디터스도르프

라흐마니노프

제임스는 연주하기 전에 피아노 뚜껑의 앞면을 전부 열었다. 그렇게 하면 소리가 더욱 정교하고 정확하다고 주장하였다. 어떻든지 이 연주회는 오래도록 기억에 남는 것이었다. 유럽의 많은 선교사나 사업가들은 나중에 "제임스 프레이저를 아느냐고요? 저는 그가 상하이에서 피아노 연주회를 할 때 그곳에 있었답니다."라고 말하곤 했다.

제임스의 습관 중 하나는 중국의 도시에 갔을 때 악기상이 있으면 피아노를 오후 한나절 '빌려서' 네다섯 시간씩 그 위대한 작품들을 다시 연주하는 것이었다. 이것은 연습을 위한 것이 아니라 그의 내부에 갇힌 음악에 필요한 옷을 입히는 것과도 같은 것이었다.

이 기간 동안 제임스는 총재인 D.E.호스트씨와 귀중한 친구가 되어 그 우정을 지속하게 되었다. 사람들은 대부분 호스트에게서 엄격함과 함께 약간의 거리감을 느꼈다. 그의 외모 자체가 군대식으로 보였는데 키가 크고 꼿꼿하고 빈틈이 없었다. 사람들은 그와 말을 할 때 두려움까지는 아니더라도 존경심을 가지고 대했다.

제임스는 여러 면에서 그와 반대였지만 그들에게는 서로 공통점도 많았다. 호스트씨는 이 젊은 사역자에게서 소수 부족에 관한 편지를 처음 받았을 때부터 그에게 관심을 가지고 있었다. 이제 정작 그를 만나보니 그가 영적인 이해와 능력이 탁월한 사람임을 알 수 있었다.

호스트의 일은 20세기 초 혼란한 외중에 중국에 있는 천 명에 가까운 선교사들의 일을 모두 감독하는 것이어서 힘이 들었다. 제임스는 호스트가 기도에 배정하는 시간이 긴 것에 감명을 받았다. 호스트는 일찍부터 자기의 시간과 에너지가 기도에 의해 절약됨을 알았다. 기도가 없으면 낭비가 많았다. 기도는 중국에서 하나님의 일을 전부 움직이게 하는 생명선이었다. 그 나이 많은 선교사는 제임스에게 많은 영향을 주었고 그도 날마다 호스트와 함께 – 어떤 때는 몇 시간씩 – 사역의 모든 국면을 위해 기도했다. 그들이 기도할 때 한 번 이상 제임스는 호스트가 방의 한 쪽 끝에서 크게 기도하며 자기가 마실 차를 따르는 것을 보았다.

부족에게 돌아가다

그러나 제임스는 빨리 돌아갈 날을 기다리고 있었다. 산에 돌아가서 그 어린 신자들이 어떻게 하고 있나 보고 싶은 것이었다. 보스턴에서 온 젊은 미국인이 그와 함께 가기로 되었다. 그의 이름은 플래그였다. 그는 27살이었고 하바드와 무디 성경 학교를 나왔다.

그들은 윈난을 향해서 같이 떠났다. 그것은 배로 한참 가서 다시 말을 타고 육로로 가는 긴 여행이었다. 플래그는 날마다 산길을 말 타고 가는 것이 익숙하지가 않아서 매우 지쳐했다. 그는 먼저 동쪽 원주민 교회를 보고 나서 제임스의 구역인 서쪽으로 향했다. 제임스가 그곳의 경치에 대하여 이렇게 썼다.

위로는 언덕이고 아래로는 골짜기인 아름다운 윈난 경치는 아무리 보아도 질리지 않습니다. 저는 이제 말만 타고 여행합니다. 그것에 익숙해 있어서 말을 타면 신경을 쓰지 않아도 됩니다. 말이 알아서 가니까요. 길을 가다보면 많은 곳이 계단처럼 가파르고 또 울퉁불퉁합니다.

플래그는 내가 보스턴에 있는 워싱턴 기념비 계단도 말을 타고 내려올 수 있을 것이라고 단언했습니다. 오늘 제 말이 공중제비를 넘었습니다. 그곳은 둑 사이에 있는 '길'이 한 발자국 정도 넓이여서 걸을 공간이 거의 없었기 때문이었습니다. 말은 사려 깊게도 자기 머리를 오른쪽으로 숙여 내게 미리 알려 주었는데, 저는 그 머리를 타고 땅으로 내려왔습니다. 그러고 나자 그는 뒷다리를 쳐들면서 발로 차더니 꼬리가 있던 곳에 머리를 대고 다리를 쳐들고 누웠습니다. 목은 이상하게 뒤틀려 있었는데 저는 다시 일어날 수나 있을까 하고 걱정하고 있었습니다. 그런데 몇 번 더 발로 차고 애를 쓰더니 다시 일어나서 마치 아무 일도 없었던 양 풀을 뜯어먹기 시작했습니다. (말이 얼마나 태연자약할 수 있는지 아실 기회가 있으셨는지요?) 말이나 저나 또 중국 안장이나 모두 아무렇지도 않아서 저는 벗겨졌던 오른쪽 샌들을 신고 말에 다시 앉아 전처럼 중국 신문을 읽으며 길을 갔습니다.

플래그가 보니 제임스는 가는 곳마다 설교를 했다. 다른 여행자를 만나 이야기를 나누는 때도 있었다. 어떤 때는 또 중국 여관에서 일행과 함께 식사를 하기도 했다. 도시 거리에서 그들이 전하고 싶은 말을 외치는 경우도 있었다. 기회가 널려 있었는데 제임스가 언제나 기회를 가지려고 결심하고 있었기 때문이었다.

제임스는 이즈음 집에 보낸 편지에서 그가 설교할 때 새로운 능력이 느껴진다고 했다. 그리고 그의 삶에서도 커다란 힘을 느끼고 있다고 했다. "제가 확신하고 있는 것은 여러분들의 기도가 제 삶과 사역을 전혀 다르게 만들고 있다는 것입니다."

제임스가 여러 군데를 방문하면서 설교를 할 때 그는 이전에 알지 못하던 능력과 축복을 경험했다. 비록 그의 주된 기도 제목은 언제나 리수족을 위한 것이었지만 자기 삶에도 큰 축복과 도움이 주어졌다. "제가 알고 있는 한," 그는 같은 편지에서 다음과 같이 말을 계속했다. "제가 리수인을 위해서 하는 일은 그분의 분부로 맡은 일이기 때문에 여러분께 이렇게 확신을 가지고 기도 부탁을 하고 있습니다."

그는 그의 모든 일이 다음과 같은 원칙을 가져야 함을 알게 되었다.

1) 영적 원리에 부합해야 한다.
2) 성령의 내적 증거와 일치해야 한다.

3) 하나님께서 환경 속에서 예비하시는 일과 조화를 이뤄야 한다.

그리고 함께 일하는 동료와 함께 하나님이 인도하신다는 확신이 있어야 한다.

억지로 문을 열지 않아도 그들 앞에 저절로 문이 열리는 것이 보일 것이다. 그가 편지에 쓴 대로 내적 외적 인도가 자물쇠와 열쇠처럼 잘 맞을 것이다. 그러면 그들은 단지 두 번째로 좋은 일인(가장 좋은 일이 아니고) 자신들의 힘으로 하나님을 위해 무엇인가 하려는 발버둥에서 구원 받을 수 있을 것이었다.

그가 윈난성의 서부로 다시 갔을 때 그곳의 어린 신자들이 바타우의 목회 아래에서 하나님을 아는 지식이 자라 있었고 성도의 수도 많아졌음을 확인할 수 있었다.

제임스는 플래그를 텅웨에 남겨놓고 브하모 강을 따라가서 국경 너머에 있는 카친과 리수족을 방문했다. 그는 모든 면에서 발전된 모습을 보고 힘을 얻었다.

반점 언덕 교회

반점 언덕에서는 기쁨 가운데 한 사업이 진행되고 있었다. 대나무로 된 높은 벽을 세우고 있었고 지붕을 만들기 위해서 튼튼한 짚이 준비되어 있었다. 바닥은 탄탄하게 골라져 골풀이 깔려 있었고 솔방울 램프가 넓고 평평한 돌 위에 준비되어 있었다. 그 건물은 서쪽 산에 처음으로 세워지는 교회였다.

제임스는 반점 언덕에 몇 주간 머물렀는데 교회를 짓기 시작한 것은 그가 도착하기 훨씬 전부터였다. 땅과 인력과 재료는 전부 헌물이었고 제임스가 보기에 그 교회 건물은 단순하기는 했지만 마을 안에 있는 어떤 건물보다 크기나 건축 양식에 있어서 우수한 것이었다.

입당식은 '정장을 차려 입은' 예식이었다. 안에는 100명 정도 밖에 앉을 수 없었기 때문에 이웃 마을에서 온 사람들을 포함한 수백 명의 사람들은 밖에서 서성거리며 벽과 문 틈 사이로 안을 들여다보았다.

예배는 비공식적인 일처럼 가볍게 드리는 경향이 있었다. 아직 리수 그리스도인들은 지식이 부족했다. 이 단계에서 사용되는 기도는 다음과 같은 내용을 한 목소리로 말하는 것이었다. "하나님 우리 아버지, 하늘과 땅을 만드신 창조주, 인류의 창조주시여, 우리는 당신의 자녀입니다. 우리는 예수님을 따릅니다. 오늘 우리를 지켜주소서. 악령이 우리를 괴롭히지 못하도록 도와주소서. 우리는 예수님을 믿고 있습니다. 아멘."

회중을 오랫동안 조용하게 있도록 붙잡아 두는 것은 사실상 불가능했다. 그러나 그들은 노래를 좋아하고 선천적으로 음악성이 있었기 때문에 제임스는 노래 공부를 통해서 교리를 전달하는 수고를 했다.

"만일 여러분이 밖에서 듣고 있다면 무슨 희극적인 연극이라도 하고 있나 하고 생각할 것입니다. 리수 사람들을 재미있게 해 주는 데는 그렇게 많은 노력이 필요하지 않습니다."

술과 아편

놀랄 일도 아니지만 제임스는 어린 교회들 안에서 기독교 윤리의 문제에 직면하게 되었다.

반점 언덕에서 새로 믿은 신자들은 자기들이 하는 아편 장사가 잘 된다고 기뻐하며 그에게 말하였다. 중국 정부는 그 지역에서 생산하는 아편 작물을 근절하려고 군대를 보내었다.

어린 신자들은 제임스에게 이렇게 말했다. "우리는 기도했어요. 하나님께서 우리의 아편을 보호해 달라고요. 우리는 군대가 쳐들어오면 칼과 독화살을 가지고 싸울 준비가 다 되어 있었어요. 그런데 그들이 오지 않았기 때문에 우리는 금년에 그 어느 해 보다 돈을 많이 벌 수 있었답니다. 하나님을 찬양해요!"

"그들은 내 위치를 알고 있었습니다." 제임스가 기도 그룹에 쓴 편지이다. "그래서 저는 그들에게 명백하게 누구든지 직접적으로 아편을 재배한다든지 사용한다든지 또는 파는 일에 관여하고 있으면 세례를 줄 수 없다고 말하려고 합니다. 그러면서도 우리는 소박한 양심과 결합된 순수한 믿음을 가려내기 위해 충분히 그들 입장을 이해해야 한다고 생각합니다. 존 뉴턴이 노예 무역을 하지 않아야 한다는 양심도 없이 노예를 사러 가면서도 '하나님과의 달콤한 교제를 즐긴' 일이 우리 가운데서도 있었음을 우리는 기억해야 할 것입니다."

"다른 사람들을 위하여 믿음을 행사하는 일과 같은 일도 있습니다." 제임스는 상하이에서 몇 달 전에 편지한 적이 있었다. "다른 사람이 약한데 그들과 함께 있지 못할 때 하나님은 우리를 부르셔서 그들을 위해서 영으로 함께 서 있도록 하실 수도 있습니다."

그는 하나님께서 그분을 향해서 가장 연약한 믿음을 가진 자에게도 생명을 주실 수 있으며 리수 사람들이 이해하고 있는 작디작은 진리라도 사용하셔서 그들을 축복하실 수 있다고 믿었다. 그는 전에 리수족 안에 이런 일이 일어나는 것을 보았다. 그들은 정말로 아무 것도 모르는 것처럼 보이는 때가 많았다. 그런데 하나님의 은혜가 그들 안에 있으면 - 그것이 아주 적은 분량이라도 - 그들은 자기가 아는 그 적은 것을 기억하고 있었고 그것이 그들을 지탱해 주는 것처럼 보였다.

그는 말했다. "우리 모두에게 바울 사도의 마음이 스며들도록 하십시다. 그는 로마에 있는 성도들을 한 번도 보지 못했으면서도 그들을 사모하면서 어떤 신령한 은사를 나누어주려고 했습니다. 그리고 책임을 느낄 아무 이유가 없는데도 자신을 헬라인에게나 야만인에게나 똑똑한 자에게나 어리석은 자에게 다 빚진 자로 느끼고 있었습니다."

쌀로 만든 술 문제가 또 있었다. 그것은 결혼식이나 그와 비슷한 축제날에 무진장 들이키는 술이었는데 그 결과는 언제나 술취함과 방탕이었다. 술은 리수인에게 정말로 독이었다. 중국 사람들은 언제나 "리수 사람이 술을 보는 것은 거머리가 피 냄새를 맡는 것과 같다."라고 말했다.

새로운 신자들은 술이 없어지는 것이 좋다는 것을 이미 인정하고 있었다. 그러나 결혼식 때가 되면 그 마음이 흔들리는 것이었다. 알코올의 결과가 언제나 재앙을 부른다고 인정을 하면서도 소중히 여기고 있는 전통을 깨는 것이 힘든 것 같았다. 제임스는 몇 번인가 사람들이 취해서 날뛰기 시작하고 순식간에 어찌할 도리가 없게 되자 그들을 설득해서 술을 돼지에게 붓도록 해 보았다. 그는 편지했다.

젊은 사람들은 대개 남자나 여자를 막론하고 내가 벌이는 금주 운동에 진심으로 동참합니다. 그들은 진보주의자이고 나이 든 사람들은 보수주의자들입니다. 이 경우에 나는 그들을 시켜서 단지 안의 내용물과 많은 양의 돼지 음식을 섞도록 하여 마실 수 없게 만듭니다.

그들은 다른 마을에서 결혼식이 있는 가정에 술 단지가 있다는 것을 나에게 가르쳐주었습니다. 그 가정에서는 내가 그 결혼식에 참석하기를 간절히 원했습니다. 그러나 나는 그 단지를 없앨 것이 아니면 당장에 가라고 위협했습니다. 마침내 주인이 그렇게 하기로 하고 나에게 그것을 주어 돼지 사료에 섞도록 하였습니다. 그들의 '술'은 액체가 아닙니다. 쌀을 발효하여 만든 덩어리에서 액체가 관으로 흘러나오게 합니다. 저는 현재 그것을 전부 없애지 않습니다. 돼지에게 먹이면 좋은 사료가 되는데 버리는 것이 아까우니까요. 그리고 그것을 땅에 쏟지도 않는데 돼지들은 리수 사람들 보다 더 주정뱅이여서 그대로 먹게 놔두면 죽을 지경이 될 때까지 마실 테니까요. 그것에 왕겨 같은 것을 섞으면 편리한 때 돼지를 먹일 수 있습니다. 금주 운동 치고는 고상한 형태가 아닙니까?

사람들로 가득찬 집

텅웨에서 원주민을 위한 첫 번째 기독교 축제가 1917년에 열렸다. 그들은 열두 명씩 짝을 지어 그 작은 선교관에 왔는데 제임스와 플래그는 용감하게도 방문객 외에도 50명을 집에 머물게 했다. 산에서 온 사람들은 대부분 텅웨 만한 크기의 도시를 본 적이 없었다.

"그들이 처음 도착했을 때의 모습을 보셨으면 재미있었을 겁니다." 하고 제임스는 기도 그룹에 편지했다. 그들은 이전에 도시를 본 적이 없는 사람들이었다. 그들이 집에 왔을 때 제임스와 플래그는 그들로 하여금 집 안을 전부 다니며 보게 했다. 여인들은 다른 사람들과 함께 방을 전부 둘러보면서 '무의식적으로 숭배와 경탄의 소리를 계속 냈다.' 그것은 그들에게는 천국과 같았다! 남자들은 사물을 더 평온하게 받아들였다.

남자들은 큰 칼을 옆에 차고 밝은 색 작은 가방을 걸치고 굴뚝 모양의 양말을 신고 있었는데 그 모습이 자랑스럽게 보였다. 여자들은 색깔 있는 터번을 머리에 두르고 술 달린 장식, 구슬, 목걸이, 반지, 팔찌, 그리고 다른 장신구들을 하고 있었다.

매일 아침 기도가 끝나면 제임스는 그들을 모두 예배당에 모아 놓고 읽기를 가르쳤다. 저녁에는 노래를 인도했다. 그들이 이미 알고 있는 '예수 사랑하심은'과 '양 떼를 떠나서' 외에 그는 '우리 다시 만날 때까지 하나님이 함께 계셔'와 그 외 다른 찬송가도 몇 곡 더 가르쳤다. "그들이 노래를 얼마나 잘 불렀는지 길 가던 중국 사람들이 들어와 앉아 듣곤 했습니다." 제임스는 계속 소식을 전했다.

어느 날 새로 온 영사가 전임 영사 이스테스씨와 함께 우리를 찾아왔습니다. 리수 사람들이 모두 거실 주위와 밖에 몰려와 앉아 별 말을 다 하였는데 심지어 어떤 이는 그들의 옷을 만져보기까지 하였습니다. 우리는 영사에게 우리 손님들이 예절 바른 것이 무엇인지 모르니까 신경쓰지 말아 주십사고 부탁을 드렸습니다.

이스테스씨는 그것을 모두 좋게 받아들이며 이렇게 대답했습니다. "지금 막 뒤에서 내 등을 한방 때리는 친구가 있다는 말도 하지 말아야겠지?"

오후의 운동 시간은 리수 사람들에게 더욱 진기했다. 그들은 제임스와 플래그가 달리기와 넓이 뛰기를 시도하는 것을 보고 제일 좋아했다. 이것은 그들에게는 결코 잊지 못할 일이었다.

성탄 축제의 마지막 식사에는 이 총각 집에 80명 이상이 모여 있었는데 그 잔칫상을 차려낸 것은 정말로 묘기라고 하지 않을 수 없었다. 그러나 그렇게 하여서라도 그가 산에서 받은 너그러운 친절에 조금이라도 보답하고 싶은 심정이었다. 이 축제에는 하나님의 가족이라는 일체감이 특별하게 그들 마음 가운데 자리했다. 그것을 시작으로 그 축제는 매년 계속되었고 오늘날까지 기독교 원주민들이 계속하고 있는 관습이 되었다.

인내

다음 몇 달 간 제임스는 이 마을에서 저 마을로 새 신자들을 찾아다니면서 그 일의 규모가 생각보다 큰 것을 알게 되었다. 어린 그리스도인들이 고산 지대나 깊은 산골 요새에 퍼져 있기만 한 것이 아니라, 그들의 신앙에 대한 지식도 최소한도에 지나지 않았다. 그가 보기에 어떤 이들은 이제 그들이 악령에서 해방되었고 그리스도 안에서 하나님과 화평하게 되었기 때문에 그것으로 충분하다고 생각했다. 왜 모임을 가지며 왜 안식일과 예배가 있는지 의문을 가졌고 그들은 읽지도 못하는데 왜 책에 의해 지배를 받아야 하는지 그들은 알지 못했다.

제임스는 본국에 있는 그의 동료들에게 하나님께서 리수족에게 '지혜와

계시의 정신을 주사 하나님을 아는 지식에서 자라가게 하시기를' 기도해달라고 부탁했다. (엡 1:17)

그는 어두운 그림을 그리려고 하지 않았다. "나는 단지 여러분에게 가능한 한 솔직하게 일들이 있는 바른 위치를 전하고 싶을 뿐"이라고 편지했다. "어떤 면에서 그들은 (리수 개종자들) 본국에서 교회만 다니는 사람들 보다는 앞서 있습니다. 그들은 언제나 사람들을 친절하게 맞이합니다. 제가 그들 마을에 가면 나를 보고 순전하게 기뻐합니다. 그들은 자신들이 아는 만큼은 진지합니다. 빵을 위해서라는 숨은 동기를 가진 기독교인을 그들 가운데서는 찾아보기 힘듭니다. 그들은 마을에서 마을로 갈 때 아무 대가를 바라지 않고 나의 짐을 대신 들어주고 재워줍니다."

그러나 아주 적은 수의 영민하고 진지한 젊은이들을 빼놓고는 진보를 위해서 애쓰는 사람도 많이 없고 영적으로 정말 살아있는 경우도 거의 없었다. 그의 판단에는 "그들은 대부분 저녁에 따뜻한 화롯가에서 떠나 함께 모여 더 배우기 위해 다른 곳으로 가는 것이 어려운 겁니다. (이 마을들은 겨울에 매우 춥습니다.) 제 집이 바로 옆에 있고 불도 있는데 말입니다."

그는 계속했다. "나는 과거에는 절망에 빠지기를 잘 했습니다. 그것은 그럴 때마다 늘 영적으로 마비가 되었다는 의미입니다. 그리고 심지어 이 마지막 여행에서도 사람들의 상태에 대해서 제가 많이 낙심했다는 것을 인정합니다." 전에 반점 언덕 근처 마을에서 한 달 이상 있으면서 그는 "이 모든 것에 대해 매우 마음이 불편했습니다." 그의 마음에 평화를 회복시켜 준 것은 사역이 늦기는 해도 아직 이루어지고 있음을 기억했기 때문이었다.

"제 잘못은 제가 서두를 때가 많다는 것입니다. 그러나 서두르는 것은 이 사람들 식도 아니고 또 하나님 식도 아닙니다. 서두르는 것은 염려하는 것이고 염려는 결국 마음으로부터 하나님의 평화를 몰아내는 결과를 낳습니다."

로마가 하루 아침에 이루어지지 않았듯이 텅웨 지역에 강하고 잘 훈련된 리수 그리스도인의 교회를 세우는 일도 하루 만에 이루어지는 일은 아닌 것이다. 때가 무르익으면 학교를 시작해야 할 것이었다. 많이 찾아 가고 권면하고 기도하는 일이 필요하리라. 그 모든 것이 단번에 되는 일이 아닌 것이다.

이것을 기억했을 때 나는 다시 하나님께로 갈 수 있었습니다. 나는 텅웨 리수족 사이에 은혜의 사역을 하겠다고 마음을 정했지만 하나님은 그분의 시간에 그분의 방식대로 하시겠다고 나에게 가르치시면서 내가 기꺼이 그것을 따르도록 하고 계십니다. 저는 심지어 (하나님의 뜻이라면) 제가 살아 있는 동안에 충만한 축복을 보지 못해도 좋다고까지 생각하고 있습니다.

제임스가 본국의 친구들로부터 영적 도움을 바란다면 모든 일에 대해 절대적으로 정직한 보고를 해야 했다. 그는 실패한 일들도 분명하고 정확하게 기록했다. 어떤 신자 그룹은 다시 예전의 귀신 숭배로 돌아갔다. 어떤 사람들은 제임스가 영국 정부를 위해 군인을 징집하려고 한다는 소문을 믿기도 했다.

동시에 그는 성장하는 부분의 숫자를 정확하게 기록으로 남겼다. 어떤 지역은 수용적이고 반응이 좋았으며 잘 기억했다. 이러한 지역은 기초가 좋아서 좋은 수확이 있었다. 이런 지역의 어린 신자들은 성숙하고 견고한 것 같았다. 그들은 빠르게 혼자 힘으로 설 수 있었다.

제임스 자신에게 그 일은 새로운 종류의 끈기를 요구하였다. 그것에 대해 거의 말은 하지 않았지만 육체적인 곤경도 상당했다. 산을 다닐 때면 대부분 걸어서 가야했다. 그는 편지에 여행할 때 이 느린 방법을 쓸 수밖에 없는 처지를 설명하려고 애썼다.

제임스는 이렇게 한 여행 중 한 경우에 대해 편지했다. "제가 집을 나온

지 두 주일이 막 지났습니다. 저는 지금 물대접 마을에 있는데 신자 가정이 열다섯 있습니다." 그는 다시 시내로 가기 전에 이 여행을 2달 더 하게 될 것이라고 설명했다. "리수 마을에 있으면 하루에 20킬로 이상 여행할 필요가 거의 없습니다. 마을들이 서로 몇 킬로 내에 있기 때문입니다."

산은 큽니다. 어떤 경우는 천 킬로 아래에 있는 평지로 내려오는 데만 하루가 걸립니다. 그리고는 또 반대편으로 그만큼 올라가야 합니다. 그런데 다른 마을로 건너가는 길이 어떤 때는 사다리와 같아서 개울물을 건널 때도 있고 바위에서 바위로 위험하게 뛰어 건너거나 엉성하게 놓인 다리를 용기를 내어 건너야 할 때도 있습니다. 어떤 때는 앞에 길을 찾을 수가 없어서 그저 믿음으로 갑니다. 이런 데를 갈 때는 말을 타지 않습니다. 산의 형세는 험해서 제 정신이 있는 사람이라면 아무도 말을 타고 오르려고 하지 않을 그런 곳이고 상식이 있는 사람이라면 아무도 그런 길을 말을 타고 내려오지 않을 것입니다.

그는 강이 불었을 때 건너는 일에 아주 익숙해했기 때문에 짐꾼이 건너기를 꺼려할 때라도 자기가 짐을 머리에 먼저 지고 건넌 다음 다시 와서 짐꾼이 건너는 것을 도와주곤 했다.

축축한 곳에 살거나 먹는 것이 부실한 것은 그에게 큰 문제가 되지 않았다. "저는 이런 일을 다른 사람처럼 힘들게 여기지 않는 것 같습니다."라고 말한 적이 있다. 그는 언제나 산에서 사는 것을 즐겼고 산에 올라갈 일이 있으면 그 날을 기다렸다.

그는 길을 걸으면서 하나님이 일을 하시는 원리에 대해 생각할 시간이 많았다. "준비, 늦어짐, 성장이 역사적으로나 본질적으로 하나님의 일의 특성입니다." 그는 이 진리를 그 주위에 있는 모든 자연의 성장 과정에서 보면서 야고보서 5:7의 말씀을 발견했다. '농부가 땅에서 나는 귀한 열매

를 바라고 길이 참나니'

그는 그것이 영적인 원리임을 깨달았다. "성숙한 그리스도인은 하루나 한 달, 또는 일 년 만에 나오는 산물이 아닙니다."라고 그는 말했다.

앤드류 머레이는 "그리스도 안에서 자라는 데는 시간이 걸린다."고 했습니다. 우리는 말씀의 토양 속에 깊이 뿌리를 박고 오래고 오랜 경험을 통해서 강해져야만 합니다. 그것은 느린 과정이고 또 그래야만 합니다. 하나님은 우리가 영적인 버섯이 되기를 원하지 않으십니다.

주님의 일이 서두른다고 되는 일이 아니어서가 아니었다. "왕의 사역이기 때문에 그런 것이다"고 그는 주장했다. 그러나 서둘러야 할 때도 있고 그렇지 않은 때도 있다고 그는 믿었다. 부지런하고 진지하게 해야 될 부분이 확실히 있었다.

제임스 길모어는 "그리스도께서 당신의 생명을 버리기까지 진지하셨던 일에 대해 우리가 아무리 진지해도 그 진지함이 도에 넘칠 수 없다고 생각한다"고 말했다. 엘레인이 '영혼에 대해 만족할 줄 모르고 욕심을 부리는 사람'이라는 평을 듣고 있는 것을 여러분 알고 있지요.

때가 낮일 동안 하나님의 백성들이 일어나서 하나님이 공급하시는 힘으로 열심을 다해야 한다고 제임스는 믿었다.

반면에 마음을 파고드는 걱정의 요소가 우리의 허락으로 인해서 그리스도인의 사역에 들어올 때가 자주 있는 것 같다. 이런 종류의 근심은 일을 방해하기만 할 뿐이다. 우리가 안달한다고 해서 영혼을 하늘 왕국에 들일 수 없다고 했다. 한번 구원받은 사람을 걱정을 해 준다고 해서 성숙하게 할 수도 없는 것이다.

하나님이 심으신 묘목은 우리의 열정적인 노력이 있는 비닐하우스 속에서 보다 그분의 열린 하늘아래서 더 잘 자란다. 선교사의 일은 부지런히 물을 주는 것이다. 아무리 열심히 노력해도 한 자도 더할 수 없는 것이다.

더구나 빠르게 성장하면 많은 경우 부자연스럽고 건강하지 못하다. 마태복음 13:5에서 빠른 성장은 짧은 수명의 조짐이었다.

우리 주님의 일생 중에서 가장 눈에 띄는 것은 조용하고 고른 균형이었다. 무슨 일이 있어도 당황하신 적이 없었고 아무리 사람들이나 악마가 공격을 해도 결코 자세를 흐트러뜨리신 적이 없었다. 변덕스러운 사람들, 적대적인 지배자들, 믿음 없는 제자들의 한 가운데서 주님은 언제나 고요하고 침착하셨다. 그리스도는 진정 열심 있는 일꾼이었지만 하나님이 정해주신 것 보다 더 많이 하지도 않고 덜 하지도 않았다. 들떠 있는 법 없이 서두르지도 않고 걱정하지도 않으셨다. 그렇게 어지러운 조건 아래서 그렇게 평화로운 삶을 산 사람이 세상에 또 있었는가?

예수님처럼 그 선교사도 영원을 위해서 일하고 있었다. 사실 영원은 그리스도인에게 벌써 시작된 것이었다. "그렇다면 우리는 영원의 분위기에서 일할 여유를 가질 수 있습니다."라고 제임스는 말했다. "육신적인 활동의 부산함과 서두름은 침착하지 못한 영과 함께 하고 성령은 깊은 고요함과 함께 하십니다. 이것이 하나님의 일이 지속적으로 자라기를 기대하는 우리에게 필요한 성향입니다."

그 방법은 우선 먼저 '하나님 안에서 시작되어 계속되고 있는' 일을 돌보는 것이었다. 그 다음으로 할 일은 염려, 두려움 그리고 성급함을 날려버리는 것이었다.

한편으로는 나태한 게으름을 다른 편으로는 소란피우는 열심을 떨어버림시다. 박넝쿨은 하룻밤 사이에 자랄 수 있지만 오크 나무는 그렇지 않습니다. 표면의 물결과 역류에도 불구하고 조류는 깊고 강하게 흐를 수 있습니다. 그리고 악의 밀물로 인해 일시적인 후퇴가 있다고 해도 우리는 예레미야가 극심한 절망적 상황 속에서 했던 말을 배워야 합니다. "사람이 희망을 가지고 조용히 주님의 구원을 기다리는 것이 좋으니라."

읽기 공부

최소한 200가정을 목회하면서 제임스는 리수 문자를 만들어 복음서와 교리문답을 그 말로 번역해야할 때가 되었음을 알았다.

농번기가 되어 가르치는 시간이 줄어들게 되자 그는 바타우와 그 일을 하려고 미얀마의 므이트키나로 갔다. 그 도시에 있는 미국 선교사가 그 언어의 글자 만드는 일을 완성할 수 있도록 도와주었다. 그래서 제임스는 여름의 강렬한 열기 속에서 마가복음과 교리 문답 그리고 소기도서를 리수 말로 다 번역하였다. 다 된 원고를 인쇄하도록 랑구운에 맡겨놓고 제임스는 다시 산으로 돌아왔다.

제임스와 그의 친구가 고안한 리수 문자는 -프레이저 문자라고 알려진 것이었는데 영어 대문자와 비슷했지만 글자들은 그 언어에 독특한 음가를 표현하기 위해 거꾸로 뒤집거나 위아래를 바꾸어서 사용하였다.

인쇄된 책을 사용하기 전에 사람들에게 글 읽기를 가르치는 것은 힘든 작업이었다. 리수 글자를 손으로 써서 한 동안은 여러 명이 함께 나누어 보면서 익혀야 했다.

제임스가 보니 한 그룹은 몇 시간 공부를 하고나더니 책상 앞에 앉을 때 늘 같은 자리에 앉으려고 하였다. 리수 강사는 자기가 초급을 배우고 나서 사람들을 가르쳤는데 한 복사본을 가지고 여럿이 둘러 앉아 배우다 보니 어떤 사람은 위에서 아래로 읽고 다른 사람은 옆에서 읽었기 때문이었다.

그래서 그들은 공부할 때마다 같은 각도에서 글자를 보고 있는지를 확인해야 했다.

거북이 마을

서쪽 지역에서 교회가 성장하는 것을 보고 그는 아주 기운이 솟아났다. 미얀마에서 돌아오면서 처음 닿는 곳은 거북이 마을이었다.

지난번 거북이 마을을 떠날 때 그곳에는 기독교 가정이 열넷이 있었다. 그런데 지금은 21가정이었다. 물대접 마을은 12가정이 열아홉이 되었다. 삼나무 박차 지역은 아홉에서 스무 가정으로 증가했다. 그리고 이것은 실제로 몇 달 동안 그 누구의 도움도 받지 못한 상태에서 이루어진 일이었다. 융해점과 사이프러스 언덕은 그가 떠날 때와 같았는데 융해점에서는 매주일 정규적으로 예배를 드리는 장소로서 교회를 지어 사용하고 있었다.

거북이 마을의 장로 중에 '선량한 노인'이 있었는데 몇 주간이나 심하게 아팠다. 그는 나머지 그리스도인들과 함께 믿음으로 의지하며 기도하여 병을 이겨냈다. "이 사람들은 하나님께서 고쳐주신다고 의심하지 않고 믿었으며 그러한 경험은 그들의 믿음을 상당히 강화시켰습니다. 이 모든 것을 보면서 저는 지난 번 이곳을 다녀간 뒤 수적으로도 내용적으로도 믿음이 성장했다는 생각이 들었습니다." 제임스의 설명이었다.

제임스가 타던 말이 그곳에서 지내던 주일날 병들었을 때 사람들은 그에게 하나님이 고쳐주시도록 기도하자고 말했다. 하나님의 능력에 대한 그들의 확고한 믿음이 하나님의 뜻에 대한 확신에 의해 조정되어야 하지 않을까? "고백하지만 저는 처음에는 망설였습니다." 제임스는 그 사건을 전하면서 자신이 그저 '그런 식으로 일하는 방식에' 익숙하지 않았다고 말했다. 그런데 사람들은 그가 망설이자 놀라는 것 같았다. "말을 위해서 기도하지 않을 거예요?" 하고 그들은 물었다. 그래서 그는 그들과 함께 갔다. 그들은 말 주위에 둘러서 있었고 제임스는 살든지 죽든지 하나님께서 맡아달라고 그 손에 맡겨 드렸다. "다음날 아침, 저는 말이 아직 살아 있는 것을 보고 전날 그렇게 하길 잘했다고 생각하며 기뻐했습니다."

그가 그 마을에 있을 때 25명이 세례를 받았다. 제임스는 그 새로운 신자들이 처음 믿게 되었을 때 그들에게 그리스도인으로서 어떻게 사는 것이 바른 길인지 그 행위에 대한 지침을 주는 것이 대단히 중요한 일이라고 생각했다. 그러나 어떤 사람은 그가 실수한 거라고 생각했다. 왜냐하면 그렇게 일일이 행동을 규제하면 율법주의로 빠질 경향이 있다고 생각했기 때문이었다. 그러나 리수 사람들이 나중에 규범을 적어 놓은 책을 만들고 싶다고 했을 때 제임스는 그것을 그들에게 맡겨 두었다.

그가 세례를 줄 때 약속하게 하는 내용을 설명한 것을 보면 그의 태도를 알 수 있다.

사람들은 각각 엄숙하게 약속했다. 주 예수님을 평생 동안 믿을 뿐만 아니라 이교의 예배와 관련된 것을 전부 끊을 것이고 술을 마시지 않을 것이며 부도덕한 것, 아편을 피우지도 재배하지도 않을 것이고 주님의 날을 준수할 것이다.

그는 세례식을 할 때마다 대단히 기뻤다. 이번 세례는 마을에 있는 강하류에서 한 여름날 아침에 있었다. 그들을 남자와 여자로 서로 다른 편에 분리해서 서게 하고 그분의 하늘 아래에서 하나님께 기도를 하도록 권했다. 그러면 제임스가 그들을 한 사람씩 물에 들어가게 하여 세례를 주는 것이었다. 그곳은 두꺼운 판자로 된 다리 밑이었는데 물살이 빨랐다. 그는 편지에 부탁했다. "그들이 약속을 잘 지킬 수 있도록 기도해 주시겠습니까?"

죽음 전초전

제임스는 입는 것, 먹는 것, 그리고 사는 것 등 인간적으로 가능한 것은 전부 그들과 같은 식으로 살았지만 실수할 가능성은 언제나 있었고 아직도 그들의 전통의 힘을 과소평가하고 있었다.

리수 마을에서 하루를 자고 아침 일찍 일어나 기도하러 나갔다. 그가 나무 아래 앉아 기대어 있는데 누군가 화난 소리로 외치는 것이었다. 마을 사람들은 나무를 가리키며 그의 주위에 몰려왔다. 그것은 악마의 나무였다. 영들이 몹시 화를 내고 마을에 재앙이 오게 할 것이라고 그들은 말했다. 그들을 달래기 위해 희생을 드려야 한다고 했다. 제임스는 잡혀서 나무에 묶여졌다. 팔다리를 묶어서 그를 움직이지 못하게 했다. 곧 죽게 될 것 같았다. 그는 고통과 두려움 속에서 희생 제사가 준비될 동안 기다렸다. 그의 마음속에는 셀 수 없이 많은 하나님의 약속이 떠올랐다. 마음을 단단히 먹고 정신을 차려 생명을 숨겨주시도록 기도했다. '살든지 죽든지 하나님이 영광 받으시도록' 하는 말씀을 그는 다시 기억했다.

몇 시간을 기다렸는데 마을 사람들은 계속 토의를 하는 것이었다. 아마도 그에게서 벌금을 받을 수 있을 것이라고 생각하는 모양이었다. 결국 그들은 제임스의 목숨을 가지고 흥정을 했다. 그가 소를 사야한다고 그들은 주장했다. 그러면 그 대신에 소로 희생제물을 삼을 것이었다. 그는 싫지만 억지로 동의했다. 그는 돈을 주고 풀려나고 그들은 대신에 소를 사서 제사를 지냈다.

제임스는 이 고통스런 경험에서 교훈을 얻었다. 사탄의 영토를 하찮게 생각해서는 안 되며 자신이 적진에 있다는 것을 늘 기억해야만 했다. 그는 이 일 후에 더욱 겸손히 행동했는데, 그래도 하나님께서 지켜보고 계시다가 이 극적인 순간에 자신을 죽음의 바로 문턱에서 구해주신 것에 대해서 기뻐했다.

하나님의 학교

이 기간 동안에 제임스가 배운 중요한 교훈이 몇 개 더 있었다. 가끔 그에게 극심한 고독감이 몰려왔는데 오두막에서 늘 많은 사람들과 같이 살고 있는데도 생기는 것이었다. 일이 잘 될 때 느끼는 고독감이 다르고 깊이 절망할 때 느끼는 고독감이 서로 달랐다.

그는 미얀마 국경 가까운 마을에 13가정을 달라는 소원을 아뢰며 대단한 정력을 들여 기도했다. 그는 이 마을에서 기도하기 위해 산에서 홀로 몇 시간씩 보냈다. 그가 가지고 온 예수님의 메시지에 대해서 토론하기 위해서 온 가장들을 만나고 나니 그 기대가 더욱 높아졌다.

그곳은 전략적인 마을이었다. 제임스는 만일 지도적인 이 마을이 복음을 받아들인다면 근처의 다른 부락들도 전체적으로 문이 열리겠다고 생각했다. 그런데 그들이 거절했기 때문에 실망감도 그만큼 쓰디썼다.

그는 습관대로 기도하기 위해서 아무도 없는 곳을 찾아 나섰다. 이웃 마을에 있는 한 작은 공간에서 주님은 그를 만나주셨다. 그는 역대기하 20장에서 야하시엘이 하는 말을 읽게 되었다. "이 전쟁이 너희에게 속한 것이 아니요 하나님께 속한 것이니라. 이 전쟁에는 너희가 싸울 것이 없나니 항오를 이루고 서서 너희와 함께 한 여호와가 구원하는 것을 보라. 너희는 두려워하며 놀라지 말고 내일 저희를 마주 나가라. 여호와가 너희와 함께 하리라."

그는 이 놀라운 말씀을 대하고는 깊이 감동이 되어 그 후 몇 시간을 '싸우는 기도'를 하면서 보냈다. 한밤중 무렵이 되었을 때 그는 승리했다는 느낌이 있었다. 그의 일지에 이렇게 기록되어 있다.

하나님은 뚜렷하게 나를 인도하여 중간 마을의 '정사와 권세'에 대항하여 싸우게 하셨다. 그곳에 개종이 일어날 것을 믿게 되다. 나를 위해서 하늘의 군대가 내려와 그 마을이 그리스도를 믿지 못하게 방해하는 두 노인을 잡고 있는 어둠의 권세와 싸우도록 나팔을 불어 소집하는 것과 같은 기도를 드렸다. 전투하는 기도를 하면서 좋은 시간을 보내다. 그리고 마음의 평화를 가지고 깊이 잠들다.

다음 날 아침 일찍 제임스는 다시 중간 마을로 돌아왔다. 그곳 사람들은 훨씬 더 좋은 반응을 보이는 것 같았다. 13가정 중 11가정이 주 예수님의 제자가 되고 싶어 했다.

"승리였다." 그는 이렇게 기록했다. '기대하던 것과 같았다. 해냈다!' 다음 날 12가정이 더 와서 그가 전한 메시지를 받아들이고 자기들도 하나님의 자녀가 될 수 있느냐고 물었다. 조류가 바뀐 것 같았다.

다음 날 밤 제임스는 아직도 복음에 적대감을 보이는 인근 부락을 위해서 대부분의 시간을 산에서 기도하며 지냈다. 하나님께서 이 지역의 모든 부락에서 몇 명씩을 세워 강력한 신자 모임을 만들려고 하시는 것이 틀림없었다.

그는 다음 날 아침 그 마을로 갔는데 가까운 중간 마을에서 새로 믿은 신자를 한 명 데리고 갔다. 그 사람들은 차갑고 적대적이었다. 그를 오지도 못하게 하고 그가 전하는 말도 믿지 않았다. 너무도 강력하게 그를 반대하는 것을 보고 그와 함께 갔던 사람도 자기가 가졌다고 했던 믿음도 부인하며 제임스를 사기꾼이라고까지 하며 비난했다.

제임스는 마음이 상하고 멍해져서 자기가 머물던 작은 빈 방으로 물러갔다. 완전히 패배한 것 같았고 완전히 사기가 꺾였다. 그러나 여기서 하나님은 당신의 인자하심을 보여주셨다. 제임스가 기도하며 자신을 낮추었을 때 대단한 평화가 임했다. 그는 자동적으로 승리할 것임을 확신하게 되었다. 만일 그가 전투적인 기도를 하면 마을들이 연이어서 그리스도께로 돌아올 것이었다. 그는 하나님의 일에는 오만함이 있을 수 없음을 다시 보게 되었다. 그것은 잘못된 자만심이었다.

이 마을들의 모든 문제를 그저 하나님의 손에 올려드렸을 때 깊은 평화가 임했습니다. 그러나 영혼의 거절감은 매우 심각했습니다. 나는 이 일 후에 주님 앞에서는 물론이고 사탄 앞에서도 더욱 겸손하게 걸어야겠다고 생각했습니다.

능력의 대가

어느 날 밤 제임스는 반점 언덕 솔방울 램프 불 아래서 일지를 썼다.

스튜어트 홀덴의 말을 많이 생각하다. "'죄에 대하여 피흘리기까지 싸워야 한다(히 12:4). 자신이 피를 흘리지 않으면 그 누구도 승리자가 될 수 없다고 나는 믿는다.'"

나는 오늘과 같이 내 피를 흘리기를 꺼려하면서 그리스도만을 믿는다고 할 때가 많았다. 그것은 말하자면 안락의자의 믿음이었고 실패할 수밖에 없는 것이었다.

그는 영적 나태의 상태로 미끄러지기가 쉽다는 것을 깨달았다. 산에 있는 마을로 가기 위해 오랜 시간 걸어 올라가서 그곳에 도착해 또 몇 시간을 설교하고 가르치고 나면 사람들로 붐비고 이가 들끓는 오두막에서 깊은 잠에 빠져 아침까지 늦잠을 자게 되었다. 안개와 비가 계속 와서 산에 붙잡혀 있을 때면 사람들 틈에서 책을 읽거나 기도할 장소도 시간도 없었다. 알지 못하는 사이에 영적으로 약해져서 서서히 아무 것도 하지 않게 되는 무기력증으로 기울어갔다.

그의 일지에 이것이 묘사되어 있다.

지난 이틀간 내가 패배했던 이유는 전적으로 나의 영이 연약했기 때문이었다. 이러한 환경에서는 사용하는 자료가 그 어떤 것이라도 효과를 보지 못한다. 특히 어두움의 권세에 대항해서는 영혼이 계속해서 강건해야 하는데 그것은 끊임없는 기도로서만 가능하다. 승리의 삶에 대해 내가 배운 그 어떤 것도 이것이 없으면 무용지물이 된다.

허드슨 테일러가 관찰한 바로는 편안하고 십자가 앞에서 움츠러드는 삶에는 능력이 나올 수가 없다. 이 기간 동안 제임스에게 이 진리가 얼마나 절실히 느껴졌는지 모른다. 하나님과의 친밀한 동행을 유지하는 데는 값비싼 대가가 필요하다. 그것은 날마다의 삶에 있는 깊고도 계속적인 희생이다.

십자가를 견디는 것과 그 위에서 죽는 것은 완전히 다른 일이다. 제임스는 한 알의 밀이 땅에 떨어져 죽어야 열매를 맺는다는 것을 새로운 차원에서 이해하게 된 것이었다.

이것을 알게 되자 이와 관련된 다른 진리도 깨닫게 되었다. 토저는 "사람은 자기가 거룩하게 되고 싶은 만큼 거룩해진다."라고 말했다.

이때 제임스는 일지에 거룩한 삶을 살고 싶다는 열망을 기록해 놓았다. 그는 1918년 여름 발이 심하게 감염이 되어 텅웨에서 몇 주를 지내야했다. 다음의 글을 보면 그의 영적 진통을 엿볼 수 있다.

8월 23일 영적으로 상당히 회복되었다. 실제적으로 십자가의 발을 꽉 끌어안을 수 있었다.

8월 26일 오늘 32살이 되었다. 어머니의 기도가 느껴졌다. 틀림없이 나를 위해서 기도하고 계시리라. 내 방에서 근사한 기도 시간을 갖다. 십자가에 가서 거기 머물 수 있었다. 마음의 평화와 안식이 있었다. 밤에 거리에서 설교하다.

8월 27일 십자가가 고통을 주려고 한다. 고통을 줄 테면 주라지! 나는 열심히 일하고 열심히 기도할 것이다. 하나님의 은혜를 힘입어.

8월 28일 토마스 쿡의 「신약의 거룩」을 다 읽었다.

9월 1일 어젯밤 골짜기에 나가서 기도하다.

일주일 후 그는 긴 여정을 떠나면서 편지를 했는데 자기가 요한일서 1:7의 예수 그리스도가 그의 모든 죄를 씻으신 분이라는 말씀에 의지하여 확고하고 굳은 결심을 가지고 간다고 했다.

그날 하루 종일 평화와 축복으로 충만했다고 했다. 그날 밤 호흐츠엔 리수 사람이 그리스도를 영접하고 싶다며 제임스를 찾아와 이야기하고 기도했다.

이틀 후 그는 요일 1:7 말씀을 증명하고 있다고 편지했다. 믿음이 숨 쉬는 것처럼 자연스럽다고 했다. 그는 자신이 처음 몇 년 동안 '악마를 대적' 해서 그가 도망가도록 하는데 지나치게 자기 힘을 의지했다고 했다. 이 말씀 (약 4:7)은 자신 안의 죄와 아무 관련이 없는 것처럼 보였지만 이 세상에서 사탄의 왕국에 대항하는 공격을 위해서는 처리해야 할 문제였다.

그렇게 시작된 일지는 다음과 같이 계속된다.

9월 12일 요즈음 죄와 사탄에 대한 - 아니 오히려 오직 죄에 대한 - 나의 무기는 하나님의 사랑이다. "그리스도의 사랑이 나를 강권 하시는도다."

9월 16일 조엣의 「영혼을 향한 열정」에서 발췌한 것.

'상한 심령의 복음은 피흘리는 가슴의 사역을 시작하게 한다.'

'우리가 피흘리기를 멈추면 그 즉시로 축복해 주기를 멈추게 된다.'

'우리가 보혈을 전하는 사람들이라면 우리도 피를 흘려야만 한다.'

'세인트 캐서린은 희생하며 피를 흘렸는데 그러자 못 박힌 손이 만져주시는 것을 느꼈다.'

9월 20일 우리는 '악한 날'이 오기 전에 갑옷으로 전부 무장해야 한다. 그래야 실제로 그날이 왔을 때 설 수가 있는 것이다. 우리는 전쟁 중에 잠시 있는 소강상태에서 방어하는 힘을 굳세게 길러야 할 필요가 있다.

좌절

제임스는 여러 번 반복해서 인간의 노력이 그 자체로 얼마나 무익한가를 깨닫게 되었다. 그 자신은 그 땅을 위해 일할 수 있었지만 사람들에게 영향을 주지 못하고 있었다.

그는 반점 언덕에서의 큰 좌절 후에 이런 내용으로 레치워스에 있는 친구들에게 편지를 했다. 믿던 사람 중 몇이 믿음을 부인하고 다시 정령 숭배로 돌아갔다.

반점 언덕에 있는 작은 교회는 지성과 영성을 겸비한 젊은이가 인도하고 있었다. 제임스는 그가 또 하나의 바타우가 될 수 있을 거라고 크게 기대하고 있었다. 그러나 제임스가 첫 복음서를 리수말로 번역하기 위해 미안마에 가 있을 때 심각한 전염병이 반점 언덕에 돌아서 그 젊은이가 죽고 말았다. 이것은 그곳 신자들의 믿음을 크게 흔들어 놓았다.

귀신을 섬기는 무당이 이때다 하고 손을 쓰기 시작했다.

"그는 자기가 그 젊은이의 영혼을 직접 보았다고 말을 퍼뜨렸습니다." 이것은 제임스의 편지 글이다. 그 말의 의미는 그 젊은이의 영혼이 천국에도 가지 못하고 그들의 조상이 갔던 곳에도 가지 못했다는 말이었다. 그는 제임스가 자기에게 준 찬송가를 들고 흐느꼈다. 그 행동이 함축하는 바는 그리스도인이 되어도 천국에 못 간다는 것이었다. 물론 그것은 모두 날조된 것이었다.

그 사람이 죽고 얼마 안 되어 아버지 잃은 그의 아이가 병이 들었다. "아버지의 영이 자기 아이를 잡아먹으려고 돌아왔다"고 그들은 말했다.

개종자들이 그런 말에 우리가 하듯이 말도 안 되는 소리라고 큰 소리로 웃어넘길 거라고 상상하지 마십시오. 아닙니다. 그들은 그것을 매우 심각하게 받아들입니다.

제게는 남아 있는 사람들도 시인은 하지 않지만 그 문제에 대하여 더욱 불안해하고 있는 것처럼 보입니다.

인간적인 관점으로 볼 때 그것은 모두 이해할 수 있는 일이었다. 그런데 반점 언덕만 그런 좌절을 경험한 것이 아니었다.

초창기에 그는 개심이 오직 하나님만의 사역이라는 점을 강조했다. 이것은 새로운 상황에서 사실임이 증명되었다. 자기 편에서 도전하지도, 꾸짖지도 않고 설득이나 위로를 하지 않는대도 아무런 차이가 없었다. 처음에는 그렇게 하는 것이 사람에게 영향을 주는 것처럼 보이기도 했다. 그러나 오직 하나님의 직접적인 사역만이 지속되는 열매를 맺는 것이었다.

그가 기도 모임에 보낸 편지이다. "크게 보면 하나님께서는 악한 자의 손을 제어하신 것처럼 보였습니다. 제 동료인 플래그씨는 단지 2, 3일 가르쳤을 뿐인데도 많은 개종자들이 자기들이 맞서야 하는 모든 시험에서 견고하게 서 있는 것을 보며 기적이라고 생각하고 있습니다."

그러나 제임스는 하나님의 은혜가 아니면 이 사람들 사이에서 자기가 할 일이 아무 것도 없음을 알았다. 그가 중국에 온 지 십년이 지났고 중국인과 리수인에 관련해서 상당한 경험이 있었지만 하나님께서 앞서 가시고 그들 가운데서 일하지 않으셨다면 자기 힘으로는 거의 아무 것도 할 수 없었음을 깨달았다.

이것이 없다면 저는 자기 배를 얕은 물에 박아버린 사람과 같았을 것입니다. 그런 상태에서는 당기거나 밀 수 있지만 몇 인치 정도 밖에 움직이지 못합니다. 그러나 물살이 밀려들어 배를 바닥에서 띄워 놓기만 하면 그는 자기

가 원하는 만큼 쉽게, 그리고 흔들림 없이 움직일 수 있는 겁니다

그가 리수 마을을 다니며 설교도 하고 가르치고 권면하고 꾸짖기도 하지만 그들 가운데 나타나는 사역의 진전은 거의 전적으로 '그 마을의 영적인 조류가 어떤 상태에 있는가'에 달려 있었다. 기도 후원자들이 그들의 무릎으로 그 상태를 잘 조절할 수 있다고 그는 믿었다.

"어떤 때 저는 마을 하나가 땅에 박혀 있는 것 같이 느낍니다. 뿌리가 깊어서 땅에 박힌 것이 아니라 얕은 물에 배가 박혀 있는 것 같습니다." 그럴 때면 그는 사람들을 모을 수도 없었고 그들을 붙잡아 함께 힘을 북돋울 수도 없었다. 마치 마른 모래로 공을 만들어 굴리려는 것과도 같았다.

그들은 냉정하고 반응을 보이지 않습니다. 몇 주간 아니 몇 달 간 가르친 것이 그들에게 별로 도움이 되지 않습니다. 그들의 '기도'는 성령의 능력이 그들과 함께 했을 때와는 달리 응답되지 않습니다. 반복하지만 그런 경우에는 그들을 도와줄 힘이 전혀 없다고 느껴지기 때문에 가능한 일을 모두 하고는 그들을 하나님께 맡기는 수 밖에 없습니다.

그 상태를 묘사하기 위해 그가 사용한 다른 비유는 예방 접종을 하는 것이었다.

사람들은 혈청주사를 제때에 놓습니다. 그러나 결과는 사람에 따라서 또 마을에 따라서 다릅니다. 어떤 예방 주사는 성공적이어서 사람들의 수가 늘고 믿음도 자랍니다. 다른 경우는 주사를 놓아도 듣지 않습니다. 그래서 사람들이 다시 이방 종교로 돌아가거나 무관심하게 외면합니다.

같은 비유를 모든 그리스도인에게 적용할 수는 없을까? 우리는 '영혼의

죽음과 같은 천연두인 죄'를 예방하기 위해 부활하신 그리스도를 통하여 하나님의 부족함 없는 충만한 은혜라는 주사를 맞았다. (롬 6:1-14) "여러분의 삶에 그 주사를 맞은 적이 있습니까? 나의 삶에는?"

성숙을 향하여

제임스가 처음 산에서 사역할 때 황무한 그 세월 동안 원주민들 사이에 하나님께로 돌아오는 역사가 있도록 대단한 정열을 기울여 기도했다. 눈에 보이는 결과 없이 세월이 흘렀다. 그런데 하나님의 인자하심으로 인해 가정마다 마을마다 주께 구원해달라는 외침이 있게 되었다.

이제 새로운 종류의 참을성이 필요했다.

"이것이 끝이 아니다." 이것은 처칠이 전쟁의 흐름이 반전되었을 때 한 말이다. "이것의 끝의 시작도 되지 않는다. 이것은 시작의 끝일 뿐인 것이다."

바울은 오랫동안 에베소 교인들이 성숙하여 그리스도의 장성한 분량에까지 자라는 것을 보고 싶어 했다(엡 4:13). 제임스는 지금 원주민 교회가 흔들리지 않고 현명하며 성숙하기를 간절히 바라고 있었다. 앞으로 몇 년간 수고할 일이 남아 있었다.

그러나 좌절도 있었지만 힘을 얻는 경우도 있었다. "제가 리수족 가운데 일을 하면서 실망만 했다고 생각하지 말아 주십시오. 전혀 그렇지 않습니다. 그저 사실을 알린 것 뿐입니다. 그게 전부입니다."

그가 자신의 후원자에게 말한 것이 다른 선교지에서도 동일하게 적용될 수 있는 것임을 그는 알았다. 낙천적인 장밋빛 사역처럼 말하는 다른 사역지에서도 비슷한 어려움이 있을 것이었다. 그것도 잘못된 것은 아니었다. 자기가 하는 일을 포함한 선교의 일에는 언제나 격려 받는 면도 있는 법이었다. "저는 희망으로 가득 차 있고 그것에 대해 정말 낙관하고 있습니다.

저에게는 정직하고 신실한 리수 사람이 대단히 많이 있고 그중에서도 특히 마음이 따뜻하고 진지한 사람들도 몇이 있습니다. 그들은 손대접을 잘하며 너그럽고 비교적 순진합니다."

그는 선교사들이 때로 실수를 하고 있음을 알고 그것을 편하게 인정했다. "우리가 언제나 현명하게 말하고 행동하는 것은 아닙니다."라고 그는 고백했다. "그리고 모든 기독교 사역에는 어려움이 있습니다. 본국에서도 마찬가지라고 생각합니다. 제 생각에 데일씨가 한 말로 기억하는데 기독교 사역에 있는 어려움을 바꿀 수는 있겠지만 그것을 결코 피할 수는 없습니다. 저도 그렇게 생각합니다. 제가 지금 있는 장소, 하고 있는 일에 대해 하나님께 전심으로 감사하고 있습니다."

리수 개종자 중에 젊은이들 몇은 아주 뛰어났다. 그들은 하나 둘 씩 흩어져 있었는데 제임스의 사역에 커다란 즐거움을 주곤 했다. 한 소년은 18세로 작년 겨울 한 달 이상 함께 지냈는데 바로 이런 축에 속했다. 그는 언제나 명랑하고 도움이 되었으며 저녁마다 자기 전에 큰 소리로 기도를 하곤 했다. 그는 찬송가를 매우 좋아했는데 지나가던 선교사 하나는 그 때 그를 가리켜 '노래하는 소년'이라고 불렀다.

그는 열심히 일했고 글을 읽고 쓰는 것을 훌륭하게 해냈습니다. 이 마을에서 온 다른 젊은이가 둘이 더 있었는데 얼마 전에 2주간을 나와 함께 있으면서 내 짐을 들어주고 모든 면에서 나를 도와주었습니다. 그들이 집에 돌아갈 때 그들이 일한 데 대한 돈을 조금 주려고 하자 한푼도 받으려고 하지 않았습니다.

남부에서 온 한 남자도 마을 사람들이 전부 돌아섰는데도 혼자 견고하게 서 있었다. 그가 처음에 그 마을에 간 것은 그의 초대가 하도 강경했기 때문이었다. "그곳 사람들은 모두 그가 철저한 금주가이고 자기 가족도 술을 마시지 못하게 한다고 증언했습니다. 그가 자기 가족도 자기와 같은 정신으로 살도록 인도하고 있다는 것보다 더 좋은 증거는 없었습니다."

그 사람의 큰 딸은 명랑하고 따뜻한 마음을 가진 소녀여서 잘 사는 가족으로 시집보낼 수도 있었다. 그러나 불신자에게 딸을 보내는 대신에 그는 훨씬 가난하지만 믿는 신랑을 택해서 결혼을 시켰다.

"그 가족을 만나면 즐겁습니다. 그들은 모두 성심성의와 절대적인 진실함에서 나오는 아름다움을 지니고 있습니다."

중국의 무디

팅 리 메이는 중국의 무디로 알려져 있었다. 그는 겸손하고 사랑스런 설교자로 그를 통해 많은 중국인이 예수 그리스도의 제자가 되었다.

팅이 서쪽에 있는 새로운 원주민 교회를 보고 싶다고 했을 때 제임스는 대단히 기뻤다. 우선은 팅이 귀중한 충고를 할 것이었고 또 다른 이유로는 몇 달 간 제임스에게 함께 여행하는 동료가 있게 될 것이기 때문이었다. 그 무엇보다도 팅의 설교가 꼭 필요한 것이었다.

팅은 그 원주민 마을이 불결한 것을 보고 대단히 큰 쇼크를 받았다. 제임스는 그것을 기억해 내고는 재미있어 했다. 그는 이미 그것에 완전히 익숙해져 있었다. 거북이 마을에서 팅은 제임스에게 그가 개인적인 위생에 대해서 언급을 하면 그들이 상처를 받겠는가 하고 물었다.

"하세요." 제임스는 열정적으로 대답했다.

대단한 기술과 예절을 지닌 채 팅은 그들이 이제 그리스도인이 되었으니 아주 가끔씩 물로 씻으면 어떻겠냐고 제안했다. 그리고 침을 예배당 안에서 뱉지 말고 밖에서 뱉으면 좋겠다고 말을 했다.

회중의 얼굴에 경악하는 표정이 떠올랐다. 그들 중에는 사는 동안 한 번도 세수를 한 적이 없는 사람도 있었고 그들 대부분은 몇 분마다 침을 뱉는 습관이 있었다. 청결함이 경건 생활을 시작하면 자동적으로 따라오는 것이 아니었다.

팅은 산 속에 있는 어린 교회를 보고 흥분했다.

어느 날 밤 그들은 어두운 가운데 숲이 빽빽하게 우거진 언덕을 돌고 있었다. 그들은 제임스의 표현에 의하면 '어둡고 귀신이 나올듯한 오솔길'을 긴 여행에 지친 발걸음으로 터벅터벅 걷고 있었다.

갑자기 어둠 속에서 노래 소리가 들렸다. 그들은 어디서 나는 소리인지 들으려고 걸음을 멈추었다. 서서히 그들이 알게 된 사실은 숲 속 어디선가 리수 기독교인들이 찬송가를 부르고 있는 것이었다.

그들은 그 소리를 따라서 물대접에 있는 새로 지은 교회당에 도착하게 되었다. 제임스는 전에 그것을 본 적이 없었다. 그 모임은 완전한 어둠 속에서 진행되었는데 신자들이 그들의 작은 등불에 기름을 넣을 여유가 없었기 때문이었다.

팅은 이와 같은 작은 모임을 너무 좋아했다. 오랫동안 그렇게 외롭게 있던 제임스에게는 그와 같은 동료가 있는 것이 잔치와도 같았다. 한두 번 그는 팅을 데리고 가서 자기가 특히 좋아하던 경치를 보여 주었다. 거북이 마을 근처에도 그런 곳이 있었다.

미얀마의 국경은 바로 몇 킬로만 가면 되는 곳이었습니다. 그곳에서 우리는 이라와디 계곡과 므이트키나 평야를 바로 내려다 볼 수 있었습니다. 팅은 자기 고향에서 멀리 떨어진 곳은 여행해 본 적이 없었습니다. 그러나 그는 어디서나 재미있는 것을 찾았고 어느 것이나 기뻐할 줄 아는 사람으로 나는 그런 면이 좋았습니다. 경치가 아니라면 사람들의 복장이었고 그것도 아니라면 전에 한 번도 보지 못했던 식물이나 나무나 동물, 아니면 재미있는 그 지방의 관습이나 전설이 모두 그의 기쁨이었습니다.

이 산맥의 꼭대기에서 그는 아주 독특한 나무를 발견했습니다. 그도 나도

한 번도 보지 못한 특별한 나무였습니다. 잎에 여섯 가지 다른 모양이 있었습니다. 하나나 둘은 기생하며 자랐는데 우리가 보는 한에 다른 잎들은 그렇지 않았습니다. 그는 어린 아이 같이 기뻐하며 각 종류의 잎을 모아서 이미 주워 두었던 열매들이 들어 있는 주머니에 넣었는데 그것은 보는 것조차 즐거운 일이었습니다. 새로운 것이나 경치를 보면서 그는 매우 기뻐하며 우리에게 그 모든 것을 주신 하나님께 감사하는 기도를 하자고 제안했습니다. 그래서 그때 바로 그곳에서 우리 셋은 작은 기도 모임을 가졌습니다. 미얀마가 바라다보이는 웅장하고 높고 차가운 산에서 그 위에 있는 커다란 바위에 앉아 기도를 드렸습니다.

제임스는 또 팅의 조수인 피흐에게 감명을 받았다. "피흐는 한 마디로 대단합니다. 설교자이기 보다는 적당하게 교육을 받은 조용하고 나서지 않는 겸손한 사람으로 무엇이나 할 자세가 되어 있습니다. 피흐는 고된 일이나 달려들어 해야 되는 힘든 일이 있는 곳에는 언제나 그곳에 있습니다." 그는 무슨 어려움이든지 해결할 방법을 찾을 수 있는 것 같았고 그의 주위에 있는 사람들이 일을 훨씬 수월하게 해낼 수 있도록 도움이 되는 사람이었다. "그는 그렇게 눈에 띄지 않습니다." 하고 제임스가 말했다. 그는 그가 전에 들었던 소금의 정의를 생각나게 하는 사람이었다. 소금은 '그것이 없으면 먹지 못할 맛없는 죽을 먹을 수 있는 맛으로 만드는 것' 이라고 하였다. 피흐는 우리 주위에 그가 없으면 일이 어려워지는 그런 사람이었다.

미국 동료

따리에서 팅과 헤어지고 나서 제임스는 젊은 미국인을 만났는데 그는 하나님이 원주민에게 보내신 사람 중에서 가장 사랑 받는 사람이 되었다. 그의 이름은 앨런 쿡이었다. 제임스는 즉시로 그를 붙들었는데 앨런은 그와 함께 텅웨로 가면서 제임스의 첫 인상을 다음과 같이 묘사하였다.

프레이저는 신체적으로 젊고 강하게 보였다. 그는 영국 사람치고는 매우 사교성이 뛰어났다. 그는 중국말을 중국 사람처럼 유창하게 했는데 필요할 때면 학자적인 언어도 사용하곤 했다. 그는 여행하는 동안 내내 평범한 옷을 입었기 때문에 어떤 때는 짐꾼이나 외국인 거지로 오해를 받기도 하였다. 그러나 그는 언제나 가르치는 사람의 옷도 가지고 다녔기 때문에 필요한 장소에서는 금방 '완전한 신사'로 탈바꿈하곤 하여 모르는 사람을 놀라게 하곤 하였다.

그리고 그는 함께 여행하기에 얼마나 좋은 동료였는지! 앨런의 글은 계속된다. "그가 얼마나 사려 깊고 자신을 생각지 않고 다른 사람을 배려했는지 나는 너무도 잘 기억하고 있다. 그는 서두르는 법이 없었고 길에서 사람을 만나면 멈춰 서서 이야기를 나누곤 하였다. 언제나 다른 일을 할 준비가 되어 있었다." 앨런이 알게 된 것은 제임스가 동물에게도 짐꾼에게도 여관 주인에게도 아주 친절하다는 것이었다.

그는 또한 실제적인 사람이었다. 짐 실은 안장이 너무 무거운 것을 보고 그는 가벼운 것을 만들었다. 그의 새 친구는 짐을 실은 말위에 타는 것이 익숙지가 않았다. 프레이저는 그에게 외국인 안장만을 쓰도록 강권하였다. "언제나 이와 같았다. 그는 그 지역의 환경에 익숙해 있기 때문에 괜찮다고 설명을 하곤 했다."

그들이 텅웨에 도착했을 때 앨런은 제임스의 영적인 생활에 대해서 더 알게 되었다. 그리고 그가 하나님의 말씀을 전할 때 매우 감명을 받았다. 그는 새 친구를 데리고 나가 도시 밖에 있는 기도처 몇 군데를 보여 주었다. 앨런은 그가 설교하기 전에 조용하게 자주 금식 하는 것을 알게 되었다. "그의 삶에서 받는 영향은 세월이 지날수록 깊어만 갔다. 정말 내가 선교사로서 무언가 가진 것이 있다면 그것은 모두 프레이저의 영향 때문이다." 이것이 앨린이 내린 결론이었다.

싸우는 카친족

제임스와 앨린이 텅웨에 도착했을 때 미얀마 가까이에 있는 카친 그룹으로부터 오라는 연락이 왔다. 족장들이 그리스도인들을 박해하기 시작해서 양쪽이 다 피를 흘렸다는 것이었다. 제임스가 와서 중재해 줄 수 없겠는가 하는 얘기였다.

이 카친족은 제임스와 아무 관련이 없었다. 그들은 미얀마에 있는 미국인 선교사와 접촉하고 있었는데 누군가 중국말을 할 줄 아는 선교사가 필요했기 때문에 그를 찾아서 그렇게 먼 길을 온 것이었다.

마침내 서로 합의하여 좀 불안정한 정전 상태가 이루어지고 상대적인 평온함이 회복되었다. 그래서 제임스의 기회가 된 것이었다. 텅웨 서쪽에 있는 카친족은 제임스의 구역이었는데 예수 그리스도의 복음을 증거한 적이 한 번도 없었다. 제임스가 그들의 말인 아찌 카친어를 하지 못했기 때문이었다. 그런데 이 사람들은 할 수 있었다. 그들을 도와달라고 이렇게 먼 길을 왔기 때문에 혹시 '동족'인 카친족에게 전달자를 보내줄 수 있겠는가 하고 부탁을 해 보았다. 그들은 생각해 보겠다고 약속하였다.

산 축제

현대 음악회 같은 데에는 거북이 마을의 기독교 축제 같은 흥분과 행복이 없다.

수백 명의 원주민들이 높은 산의 외진 마을이나 낮은 누강 계곡의 부락에서 몰려들었다. 그들은 자기들이 먹을 음식을 가지고 와서 아무데서나 잤다. 그들이 노래를 부르면 몇 마일 떨어진 협곡에까지 울려 퍼졌는데 산은 기막힌 음향을 내게 하는 좋은 지휘자였다.

그 모든 활동의 와중에서 제임스에게 특별히 격려가 되는 것이 있었다. 카친 족 20명이 자기 마을로부터 이곳까지 와서 수줍어하며 축제에 참여한 것이었다. 그들은 누더기에 헝클어진 머리 그리고 맨발이었다. 그들은 쓸 줄도 읽을 줄도 몰랐다. 그러나 그들은 희미하게나마 그들을 하나님의 백성으로 환영하고 있다는 것을 알고 있었다.

하나님께서 당신의 아들과 딸이 되게 하시려고 그들을 초대하신 것이었다.

그물이 찢어지다

"하나님의 교회가 오늘날 살아 있는 것이 보좌에 계신 주 예수 그리스도께서 대제사장으로서 중보하고 계시는 그 기도 때문만이라고 믿습니까?"라고 그가 질문했다. 그는 그렇게 생각하지 않았다. 그렇다면 벌써 교회들이 죽고 없어졌을 것이었다.

하나님께서 지상에서 하신 일을 기록해 놓은 성경을 살펴보면 그분의 백성에게 주는 분명하고도 귀를 울리는 메시지가 있는데 창세기부터 요한 계시록까지 계속 흐르는 내용으로 "네 몫의 일을 하라."는 것이었다.

리수 왕

난로의 불빛이 모씨 네 뒤쪽 방에 앉아 있는 리수 사람들의 갈색 형체 위에 흔들리고 있었다. 그들은 '냉촌'에서 왔는데 그들의 어두운 눈에는 의심의 그림자가 있었고 그들의 얼굴은 굳어 있었다.

모는 몸을 앞으로 기울였다. "당신들은 장래에 왕을 가질 것이라는 전설이 있다고 말하는 것이지요. 제 말을 들어보세요. 왕이 오셨어요! 그분의 이름은 예수입니다. 예수요. 그래서 당신 부족 이름이 리수인 거예요. 당신들은 예수의 백성입니다."

원주민들은 고개를 흔들었다. "아무도 볼 수 없는 왕이 다 무슨 소용이 있습니까?" 그들은 조롱하듯이 물었다. "우리 전설에는 그는 우리와 같은 사람이고 우리에게 책을 가지고 올 것이라고 했어요."

침묵이 흐르고 그들은 불을 바라보고 있었다.

갑자기 모에게 영감이 떠올랐다. 그는 문쪽 어두운 구석으로 가서 종이더미를 뒤적였다. 종이가 쌓여 있는 곳을 들추니 먼지 묻은 사진이 하나나왔다. 그는 그것을 소매로 닦았다. "여기 당신의 왕이 있어요." 그는 확고하게 선언했다.

원주민들은 그 사진을 들여다보았다. 그것은 제임스와 플래그가 리수옷을 입고 찍은 사진이었다. 이제 그들은 흥미를 보였다. 키가 크고 얼굴이 하얀 왕이 리수족에게 와서 책을 가져다 줄 것이라는 전설이 오래전부터 내려오고 있었다.

모는 제임스의 사진을 손가락으로 가리켰다. 그는 다소 의심스러운 그의 주장을 다시 강하게 펼쳤다. "여기를 봐요. 여기 당신 네 왕이 마침내 오셨어요. 그는 얼굴이 하얗고 책을 만들고 있어요."

"좋은 이유가 있으니까 괜찮아." 하고 그는 혼자 생각했다. "이제 그들은 제임스를 자기 마을로 초대할 거야."

생각한 그대로 몇 주 후에 그들은 모의 집에 다시 찾아왔다. 자기 마을 사람들이 그 왕의 이야기에 흥미를 보였다. 그들은 더 듣고 싶어 했다. 모는 달리기를 잘하는 사람을 시켜서 제임스에게 엽서를 보냈다.

냉촌의 기적 (현재의 서똥허. 石洞河; 역주)

그 엽서는 제임스가 축제하는 사람들에게 둘러싸여 있을 때 도착했다. 냉촌은 사흘 길을 가야 있는 곳이었는데 제임스는 축제가 끝나면 아찌 카친 사람들과 같이 가서 가르치기로 이미 약속을 하고 있었다.

그는 5년 전에 그 냉촌 사람들이 어떻게 그의 메시지를 거절했는지를 기억했다. 그런데 이제는 그들이 와서 자기를 오라고 요청하는 것이었다. 제임스는 어떻게 해야 할지 몰랐다.

마침내 그는 앨린 쿡을 돌아보았다. 그는 텅웨에서 공부를 하다가 축제에 참가하려고 와 있었다. 앨린은 중국말을 거의 하지 못했고 리수말은 전혀 몰랐다. 그가 가려고 할까? 제임스가 물었다. 앨린은 대단한 용기를 내어 가겠다고 했고 원주민 사역에 먼저 머리를 집어넣고 있는 자신을 보았다. 그는 언어를 몰랐다. 사람도 몰랐다. 그리고 아무도 그곳으로 가는 길을 모르는 것 같았다.

모조차도 냉촌으로 가는 길을 잘 몰랐기 때문에 알린과 그의 리수 일행 두 명은 모 집에 도착해서 장날까지 기다려야 했다. 냉촌으로 가는 안내자가 필요했기 때문이었는데 마침 그 장날이 되자 추장되는 큰 호랑이가 몇 명과 같이 술을 사러 내려왔다. 그들이 방문객들을 안내하기로 했다. 설날이 가까웠고 필요한 물품들이 있는 것은 알았지만 앨린은 그들이 술을 그렇게나 많이 사는 것을 보고 놀랐다.

손님들은 그들을 초대한 네 군데 마을에서 따뜻한 영접을 받았다. 그리고 축제 준비가 한창일 때 앨린은 자기가 아는 적은 중국말을 가지고 메시지를 설명할 수 있었다.

그 사람들이 초대한 것은 기꺼이 말하고 싶어서이지 그 외에 다른 것을 원한 것이 아니었다. 앨린은 사람들이 주께로 돌아오고 싶어할 때를 대비해서 중국말로 된 책을 몇 권 가지고 갔다. 그런데 그 책들은 일반적으로 그리스도를 믿겠다고 고백하고 나서 사용하는 것이었다.

큰 호랑이 마을의 장로들은 앨린이 도착하자 곧 회의를 열었다.

"우리는 지금 기독교인이 될 수 없습니다." 그들이 와서 그에게 말했다. "그것은 좋은 술을 낭비하는 것이 될 것입니다. 우리가 술을 다 마시고 나면 당신과 다시 그 이야기를 할 것입니다. 다 마실 때까지 기다리세요. 그러고 나서 사람들이 어떻게 느끼는지 봅시다."

그렇게 해서 술을 마시기 시작했다.

술 마시고 춤추고 하다가 술이 곤드레가 되어 지독하고도 방탕한 장면들이 연출되었다. 모든 악한 영향이 분위기를 사로잡는 것 같았다. 아주 불길한 분위기였다. 불빛에 비치는 사람들의 얼굴은 어둡고 유령 같았다. 그들의 행동도 퇴폐적이었고 상스러웠다.

앨린은 그 모든 과정을 보면서 안에서 감정이 북받쳐 올랐다. 그와 일행인 리수 사람 둘은 가만히 앉아 있었는데 하나님은 빛이시고 그에게는 어두움이 조금도 없으시다는 말을 그 사람들에게 할 수가 없었다.

마침내 그들이 축제 기간의 하이라이트로 여기는 날이 되었다. 앨린은 추장의 방에서 특별한 의자를 내주어 거기에 앉았다.

한 사람 한 사람 씩 원주민들이 잔뜩 술에 취해서 비틀거리며 들어왔다. 그들은 자기의 조상들에게 절을 했다. 그들은 사탄 숭배하는 명패 앞에서 여러 번 땅바닥에 머리를 박았다. 앨린은 어쩔 수 없이 그것을 다 보았다.

갑자기 그의 안에서 깊이 자리하고 있던 감정이 솟구쳐 올랐다. 그는 잠시 동안 그것을 조절하려고 애썼으나 마침내 눈물을 터뜨리며 의자에 앉은 채 흐느꼈다.

큰 호랑이는 놀랐다.

"무슨 일입니까? 무엇이 잘못되었습니까?" 그는 중국말로 물었다.

"내가 우는 것은 여러분이 모두 길을 잃었기 때문입니다. 여러분은 예수 그리스도 없이 영원한 어두움을 향해서 길을 가고 있습니다. 그런데 당신들을 구원하기 위해서 제가 아무 것도 할 수 없습니다."

앨린은 서투른 중국말로 대답했다.

하나님의 임재가 강력하게 그들 위에 임했다.

"그것을 그렇게 나쁘다고 생각하신다면 이제 우리는 하지 않겠습니다." 추장은 떨면서 말했다. "술을 버리겠습니다. 하나님에 대해서 우리에게 말해 주시고 그분께 우리를 구원해 달라고 기도해 주십시오."

앨린과 그의 일행은 추장과 그의 가족에게 하나님의 자녀가 되는 것이 어떤 의미인지 최선을 다해서 설명했다. 십자가의 의미와 죄로부터의 구원과 영원한 삶에 대해서 그들 모두가 알고 있는 짧은 중국어 실력으로 전부 전달한다는 것은 쉬운 일이 아니었다. 그런데 성령께서 이 사람과 가족의 마음을 열어주셨다.

바로 그때 그곳에서 큰 호랑이와 그의 가족은 집 안에 있는 우상과 관련된 것들을 전부 부쉈다. 그리고 큰 호랑이는 영의 나무로 그들을 데리고 갔다. 그것은 오래된 그루터기로 너무 커서 자를 수가 없었다. 향과 음식을 담은 그릇이 나무에 붙어 있는 선반에 올려져 있었다. 큰 호랑이는 그릇을 깨뜨리고 선반을 깨뜨렸으며 태울 수 있는 것은 전부 태웠다. 가까이에 영을 섬기는데 쓰는 향을 보관하는 작은 초막이 서 있었다. 그들은 그것을 부수어 불에 태웠다.

그것을 보고 들었던 마을 사람들도 같은 확신을 갖게 되었다. 술이란 술은 전부 돼지에게 부어 주었다. 집집마다 앨린을 불러서 신주단을 없애달라는 요청이 연이었고 구원 받는 길을 말해달라고 하는 가정들이 줄을 이었다.

후에 앨린은 다음과 같은 글을 남겼다.

> 밤이 되기 전에 마을 사람 전부가 믿겠다고 고백했다. 며칠이 안 되어 이웃에 있는 바위 동굴 강 부락의 사람들도 그 뒤를 이었고 다음으로는 큰 초석 강으로 이어졌는데 그곳은 진행 속도가 조금 늦었다.

앨린이 언어 공부를 계속하기 위해 텅웨로 돌아가야 했을 때 그와 함께 했던 리수 동료 둘이 남아서 사람들을 가르치며 그 일을 계속했다.(그 후로 큰 호랑이는 충실한 주일학교 교사가 되었으며 그 일을 계기로 마을 주민의 3/4이 신자가 되었다. 그 직계 후손이 지금 롱린 지역 교회들의 지도자이며 성경학교를 운영하고 있다.: 역주)

결말

몇 달 후 리수 동료가 텅웨에 나타나서 리수 책이 많이 필요하다고 주문을 하였다. 그는 냉촌에 있는 원주민들 중에서 얼마나 많은 사람들이 질문을 하는지 자기 둘만 가지고는 도저히 가르치는 것을 다 감당할 수가 없었다고 설명했다. 그런 움직임이 여세를 몰아서 개종한지 며칠 밖에 되지 않은 젊은 사람들이 다른 사람들을 돕고 있었다.

그 두 명의 리수 선생이 가는 곳마다 하나님께서 먼저 그곳에 다녀가신 것 같았다. 어떤 사람들은 리수 글 읽기를 벌써 배우고 있었고 그들은 돈을 모아서 책을 사러 6일을 걸어 와서 산 위로 가져가는 것이었다.

그것은 분명히 하나님의 일이지 사람의 일이 아니었다. 앨린 쿡은 그것이 시작되는 것을 보았을 뿐이고, 그러한 일이 일어나는 장소 중 제임스가 가보지도 않은 곳이 많이 있었다. 이제 책이 많이 필요하게 되어 제임스와 앨린은 인쇄를 재촉하러 랑구운에 가야만 했다. 여행은 16일이 걸렸는데 숨막히게 아름다운 경치와 더불어 그 사명의 즐거움 때문에 더욱 기쁜 여행이었다.

여행에서 돌아와서 그들은 헤어졌다. 앨린은 텅웨에서 계속 공부해야했고 제임스는 처음으로 냉촌 마을을 보러 갔다.

여러분과 함께였다면 얼마나 좋았을까요. 제가 이 마을에서 저 마을로 갈 때마다 왕과 같은 환영을 받았습니다. 여러분도 함께 그 자리에 있어야 할 분들이었지요. 백파이프를 불고 축포를 쏘고 마을 사람들이 전부 줄을 서서 남녀노소 할 것 없이 두 손으로 악수를 하는 겁니다. (존경의 표시로 두 손으로 악수합니다.) 정말 감동적이고 충만한 기쁨을 느낄 수 있었습니다.

제임스는 그 지역에 몇 주간 머물렀다. 얼마나 피곤한 날들이었는지. 사람들은 만족할 줄 모르고 더 배우고 싶어서 몸부림쳤다. 거의 모든 마을 사람들이 하루 종일 그와 함께 있으면서 불 주위에 몰려들어 방이 숨이 막힐 지경이었다.

비가 오는 계절이어서 제임스는 거의 언제나 젖어 있었다. 이 마을에서 저 마을로 갈 때마다 쏟아지는 빗속을 걸었다. 그는 그들이 주는 음식은 무엇이나 먹었고 사람들이 붐비는 바닥에서 대나무 깔개를 깔고 잠을 잤다. "이것이 기도의 응답이 아니고 그 무엇이겠습니까?"

이 지역에서 일어난 새로운 움직임은 그에게 특히 축복으로 생각되는

점이 있었다. 우선 그 일의 시작과 과정이 전적으로 리수인 자신에 의해 이루어졌다는 것이다. 그들은 믿은 지 얼마 되지도 않았고 훈련도 제대로 충분히 받지 못한 사람들이었다.

"그들은 자신들이 알고 있는 적은 것을 전달했을 뿐 아니라 다른 사람이 또 자기 스스로 다른 사람을 가르치도록 가르쳤습니다." 제임스의 설명이었다. 초보적인 방법으로 읽고 쓰는 것을 배우고 싶어 하는 젊은이와 아이들이 하도 많아서 그가 금방 읽을 시간이 없어서 쌓인 작은 노트들로 홍수를 이룰 정도였다.

또 다른 감사의 제목은 이방인에 비해서 그리스도인들의 숫자가 월등히 많다는 것이었다. 인근에는 믿지 않는 가정이 거의 없을 정도였다. 이것은 아주 유리한 점이었는데 유혹이나 곤란한 일이 생길 여지가 거의 없기 때문이었다.

마침내 실제적으로 모든 개종자는 아편을 재배하지 않기로 동의했다. 그것은 때가 되어 세례를 주고 교회를 설립할 때 길을 잘 닦아 놓는 일이 될 것이었다.

그들은 성탄절에 큰 집회로 모이기를 원했다. 제임스는 편지했다.

그 시간이 많은 축복이 임하는 시간이 되도록 기도해 주시지 않겠습니까? 거북이 마을에서도 성탄절을 다시 축하하려고 하고 있습니다.

현재까지 내가 이 새로운 지역만을 두고 조사해 보니 240가정이 그리스도인이 되겠다고 고백을 했습니다. 제가 지도를 보내드린 전에 일하던 지방에서 개종한 숫자는 리수족이 180가정 카친족이 20가정 이상이었습니다. 그러니까 이제 모두 합하여 450의 원주민 가정을 위해 우리가 가르치고 목회를 해야 할 책임이 있습니다. 이것은 2천여명 이상의 젊은이와 노인이 있다는 말이 됩니다. 여기는 한 가정 당 평균 식구가 다섯명 정도이기 때문입니다.

결국 제임스는 과로로 허약해져서 열병에 걸렸다. 그래서 텅웨로 돌아오지 않으면 안 되었다.

편지 작가

편지를 생생하게 쓸 수 있다는 것은 매우 유용한 일이었다. 레치워스에 있는 한 여인은 제임스에게 그가 보낸 편지 덕분에 자기가 리수에 대해서 이웃 사람 정도로 잘 알게 되었다고 말했다.

이것이 바로 그가 원하던 것이었다. 그는 기도 후원자들을 많이 의지했기 때문에 마을의 지도도 보내고 사람들에 대해서도 상세하게 써 보냈다. 그는 후원자들 한 사람 한 사람에게 각각 편지를 보냈고 그들이 알고 싶어하는 것에 대해 전부 답장했다.

제임스는 아찌 카친 사람들과 몇 주를 함께 지냈는데, 그가 도착하기도 전에 40가정이 그리스도인이 되고 싶어 했다. 그곳은 고지대여서 살을 에는 듯이 추웠고 음식도 그가 견디지 못할 정도였다. 잠시 휴식하기 위해 평지에 있는 중국 여관에 들었는데 그곳은 카친 오두막에 비하면 리비에라 호텔보다 좋은 것 같았다.

자는 데만 장작과 물을 포함해서 (그리고 이불도 - 만일 그것을 쓰려고 한다면) 매일 2펜스를 냅니다. 주전자와 프라이팬은 주인에게 빌리는데 2펜스를 주었습니다.

제임스와 함께 있는 리수 사람은 매일 아침 음식을 사러 나갔다. 그는 중국인들이 하는 대로 하는 것을 좋아했다.

어떤 때는 제가 갑니다. 제가 한 손에는 야채 바구니를 들고 다른 손에는 현금을 묶은 줄을 들고 초가지붕으로 이은 노점 사이에 거칠게 포장되어 있는 시장 거리를 지나가는 것을 여러분이 보신다면 웃으실 겁니다.

그들은 여관 통로 벽에 있는 화로에 밥을 먼저 끓입니다. (저는 이것을 배워야만 합니다) 밥이 다 되면 중국인들은 뚜껑을 덮고 야채를 요리하고 있는 불 옆에서 그것을 눌립니다. 야채는 그들이 가진 커다란 칼로 잘게 썰어서 볶습니다. 그러고 나서 그들은 물을 붓고 끓입니다.

이렇게 볶고 끓이고 하면 음식이 조리됨과 동시에 맛있어 집니다. 물을 부을 때면 지지지 하는 소리가 심하게 나기도 하고 어떤 때는 프라이팬에 불꽃이 오르기도 합니다.

재료가 전부 요리되면 대나무 식탁을 내려놓고 물동이와 그릇과 수저 그리고 솥을 그 위에 놓습니다. 아마도 주인이 우리가 솥을 그 위에 올려놓아서 자기 네 식탁을 전부 새까맣게 만든다고 불평하나 봅니다. 그래서 우리는 오래된 중국 신문지 한 장을 구해서 솥을 그 위에 올려놓았습니다. 저는 리수말로 감사 기도를 하고 먹기 시작합니다.

이와 같은 곳에서 구할 수 있는 '중국 음식'을 제가 먹고 산다고 가엾게 여기실 필요는 없습니다. 그것은 영양가가 있는 만큼 맛도 있습니다.

플래그가 브하모에서 텅웨로 가는 길에 방금 여기를 지나갔는데 제임스에게 얼굴이 좋아 보인다고 말을 했다. 그때는 그곳 음식만 먹은 지 석 달이 지났을 때였다.

그는 한 달 이상을 더 그곳 음식을 먹어야 했다. 그는 그 모든 날 동안 어떤 외국 음식도 맛본 적이 없었다. 그것이 그렇게 먹고 싶지도 않았다. 리수와 카친 마을에서 과일을 먹고 싶은 적은 있었지만 평지에서는 배, 감, 바나나, 파인애플 그리고 다른 과일을 구할 수 있었다.

저는 집에서 먹던 것과 같은 맛있는 바나나를 여기서 (1페니에 7개) 먹어 보았습니다.

오늘은 장날이어서 거리가 소란스러워지기 시작했습니다. 각기 다른 말을 쓰는 부족을 일곱 이상 볼 수 있습니다. - 중국어, 샨어, 팔라웅, 아창, 리수, 징파우, 카친, 야찌 카친 말이 들립니다. 제가 쓰는 영어까지 합하면 여덟이 되겠네요.

그는 카친 족 외에는 여인들의 복장만을 보고서도 쉽게 어느 부족인지 구별할 수 있었다. 이곳 시장은 여인들로 가득했다. 자기들이 만든 생산품들을 가지고 왔는데 어깨 위로 장대에 매달아 바구니 두 개를 운반하든지 아니면 바구니 하나를 등에 지는 식으로 짐을 날랐다. 그들은 길 가에 짐을 내려놓고 앉아서 손님을 기다렸다.

가비 주인들은 상점 밖에 가판대를 만들어 물건들을 진열해 놓았습니다. 외국 물건도 있었고 국내에서 만든 것들도 있었습니다. - 램프, 제등, 등유, 거울, 향수, 울 양말, 장화, 구두, 키니네, 독특한 약, 비누, 주머니 칼, 손수건, 연필, 그리고 다른 것들도 있었습니다. 싸구려 장신구들이 가득 쌓인 곳에는 각양 부족에서 온 아가씨들과 젊은 엄마들이 빙 둘러서서 마음을 온통 그것들에 빼앗겨서 눈을 휘둥그레 뜨며 '저걸 살 수 있는 돈이 있으면 좋겠는데' 하는 표정으로 있었습니다.

카친 소녀나 부인에 대해서 말하자면 당신이 이제껏 세상에서 만난 사람 중에서 가장 야생적인 사람들이라고 할 수 있습니다. 그들은 두렵게 보이기도 하는데 그들도 마찬가지로 외부인을 보면 두려워합니다.

카친족은 직선적이고 무뚝뚝한 성격이어서 중국인과는 다릅니다. 뒤틀리거나 여러 얼굴을 갖는 일이 없습니다. 그는 언제나 '저 외국인이 속으로 무슨 생각을 하는지 알고 싶다'는 듯이 보이지 않습니다.

카친 소녀는 가장 드러납니다. 남자들은 시장에 잘 나오지 않고 나이든 여인들도 어린 소녀들만큼 자주 나오지 않습니다. 그녀들과는 언제 어디서나 자유롭게 잡담을 나눌 수 있는데, 서툰 아찌 말로 의미 있는 말을 하려고 더 듬거리면 그녀는 눈을 똑바로 마주 떠서 흥미와 기쁨과 관심이 복합된 표정으로 당신의 얼굴을 바라봅니다. 그녀는 충동적이고 감정을 그대로 나타냅니다. 그녀의 얼굴을 보고 있으면 무슨 생각을 하고 있는지 그 과정을 그대로 알 수가 있습니다.

지난 번 시장이 열렸을 때 그는 길에서 누강 상류에서 온 리수족 몇 명을 만났다. 그들은 후추 열매를 굉장히 무겁게 들고 와서 팔려고 했다. "우리 마을로 와서 가르쳐 주세요." 하고 그 중 한 사람이 말했다.

그 사람 마을로 가려면 6일이 걸렸다. "원하는 대로 먹을 것 – 돼지고기와 밥 – 을 제공 하겠다"고 그는 제임스에게 약속했다. 그는 진심으로 한 말이었지만 너무 바빠서 초대만 했지 그 이상은 할 수가 없었다. 제임스는 그 초대를 받고 그 지역에 복음을 전하는 일이 필요함을 알았지만 같은 부족 중에서 먼저 갈 수 있는 적당한 사람을 찾고 싶었다.

동시에 제임스는 기도 후원자들이 그 일에 실제적으로 참여하는 일을 골똘히 생각하고 있었기 때문에 중국 여관에 있을 때 그것에 대해서 편지 했다.

"제가 알려 드리고 싶은 것이 많이 있습니다. 그들의 습관, 의상, 음식, 언어, 생각, 특이한 점, 그리고 어떤 사람들인지에 대해 될 수 있는 대로 많이 알려 드리고 싶습니다." 그는 또한 그들 가운데서 사역할 때 원조를 받지 않고 스스로 독립할 수 있게 하고 싶다고 후원자들에게 말했다.

그것은 그가 강하게 느끼고 있는 관심사였다. "그러나 저는 물질적인 자급과 영적인 자급을 구별하고 싶습니다. 전자는 두말할 것도 없이 바람직하고 현실적이지만 후자는 몇 세대가 지나도 거의 불가능한 것이라고 생각합니다." 그는 자신의 후원자들이 그가 섬기는 사람들을 위해서 더 이상 기도가 필요하지 않다고 생각하기를 원하지 않았다.

그들 리수와 카친 개종자들은 자신들을 도와주는 목사나 교사, 전도자가 그 넓은 산악 지역에서 잘 양성되도록 얼마든지 후원할 수 있을 것입니다. 그리고 산지 사람들이라도 자신들에게 복음을 전하는 아름다운 발을 가진 사람들의 필요를 공급할 수 있고 또 하는 것이 마땅합니다.

그러나 영적으로 어린 이 새 신자들은 아기가 어미에게 의존하듯이 제임스와 그의 동역자들에게 의지했다. 그들은 가르침과 지도가 필요했고 제임스와 사역자들에 의한 훈련이 필요했다. 더욱 깊은 의미에서 볼 때 그들의 영적인 생명과 능력은 영국과 미국의 모교회에 의존하고 있는 부분이 있었다.

"저는 정말로 선교지에 있는 신생 교회를 위해서 본국 교회가 하는 기도의 조각들이 모두 제거된다면 선교지 교회는 어둠의 권세라는 홍수에 삼켜져 버릴 것이라고 믿고 있습니다."라고 그는 편지했다. 이같은 일은 교회 역사에서 볼 수 있는 일이었다. 교회가 능력과 생명을 상실하고 이름뿐인 빈 장소가 되거나 아니면 깜빡거리다가 꺼져버린 경우가 있었다. 물이 부족할 때 식물이 죽는 것처럼 기도가 부족할 때 순전한 하나님의 사역도 죽어버린다.

혹자는 이교주의를 커다란 산이 신생 교회에 부딪치는 것에 비유한다. 아니면 커다란 수영장에 고여 있는 물이 원주민 교회 안에 있는 성령의 생명과 능력의 불꽃을 끄려는 것에 비유하기도 한다. 선교지의 신생 교회가 유지될 수 있는 유일한 방법은 하나님의 능력이라는 둑으로 막는 것뿐이다. 하나님은 이것을 하실 수 있고 그보다 더한 일도 하실 수 있다.

그러나 제임스는 모두가 팔짱을 끼고 안락한 자기 의자에 앉아 있기만 하면 하나님께서 그 일을 하지 않으실 거라고 믿었다. 그는 기도가 왜 그렇게 필수불가결한지 말로 할 수 없었지만 그 사실을 깨닫는 것이 중요하다는 것은 알고 있었다. "하나님의 교회가 오늘날 살아 있는 것이 보좌에 계신 주 예수 그리스도께서 대제사장으로서 중보하고 계시는 그 기도 때문만이라고 믿습니까?"라고 그가 질문했다. 그는 그렇게 믿지 않았다. 그렇다면 벌써 교회들이 죽고 없어졌을 것이었다.

하나님께서 지상에서 하신 일을 기록해 놓은 성경을 살펴보면 그분의 백성에게 주는 분명하고도 귀를 울리는 메시지가 있는데 창세기부터 요한계시록까지 계속 흐르는 내용으로 "네 몫의 일을 하라."는 것이었다.

"하나님께서 거의 18세기 동안 인류의 반 이상이 사는 곳 – 인도, 중국, 그리고 일본 – 에 복음의 문 여는 것을 지체하신 것을 이상하게 생각한 적이 없습니까?" 그는 교회가 그것에 대해 책임이 있다고 보면서도 하나님의 목적이 있었기 때문이라고 믿었다.

제가 믿기로는 그분은 전에도 여러 번 이교 지역에 복음을 전하려고 시도를 하셨습니다. 그러나 그분의 교회가 그 일에 신경을 쓰지 않았습니다. 교회에 오류와 부패가 난무하고 너무 힘이 없어서 낳은 아이를 양육할 수가 없었습니다.

그가 보기에 과거에 진지하게 우리가 오늘날 선교지라고 부르는 곳에 교회를 세우려는 산발적인 노력을 한 사람들이 있었지만 살아 있고 영구적인 결실을 맺은 적이 없었다. 종교 개혁 때가 되어서야 교회가 막 스스로의 힘으로 서기 시작했다. 18세기 복음적인 부흥이 있기 전까지 하나님은 교회가 세상의 거대한 이교적 조직 속에서 자녀를 낳아 양육하기에 충분히 적당하고 강건하다고 보지 않으셨던 것 같다.

캐리가 인도로 떠난 것을 근대 선교의 시작이라고들 하는데 제임스는 그때가 위대한 복음적 부흥의 중심인물이었던 요한 웨슬리가 죽은 지 2년밖에 지나지 않은 때인 것을 보고 놀랐다. 그가 보기에 이제야 개신교 교회가 동방의 어린 교회들을 먹일 수 있는 힘이 생긴 것이었다. 사람과 물질을 보낼 뿐 아니라 '끊임없고 능력 있는 중보의 기도'를 드릴 수 있게 된 것이다.

이것을 텅웨 원주민의 일에 적용해 볼 때 그는 하나님께서 그의 후원자들을 부르셔서 리수와 카친의 개종자들이 영적인 생명을 유지하고 그 수가 몇 배로 늘어나는데 기여할 수 있다는 것을 확신시켜주고 싶었다. 하나님께서는 모교회가 선교지에 크고 성장하는 가족을 가지기 전에 그 자녀 모두에게 양분을 공급할 수 있는 힘을 가질 때까지 기다리셨다. 같은 식으로 제임스는 하나님께서 그의 기도 후원자들을 어린 리수 개종자들의 보이지 않는 영적 부모 역할을 할 수 있도록 준비시키셨다.

여러분은 이렇게 말하실 수 있습니다. "개종하면 마땅히 기도를 하도록 가르치지 않습니까?"

이것은 매우 자연스런 질문이고 그에 대한 저의 최선의 대답은 그렇기도 하고 아니기도 하다는 것입니다. 나는 그들에게 기도의 습관을 갖게 하려고 애를 썼습니다. 그런데 그것은 단지 아기들이 말을 배울 때 하는 소리이지 어른들이 하는 강한 간구가 아니었습니다. 그들은 친구가 아프다든지 하면 어떻게 기도할지를 잘 알아서 그런 경우는 현저하게 효과적으로 기도하는 것 같습니다. 그러나 영혼 구원을 위해서는 어떻게 간구해야 하는지를 모릅니다.

불행하게도 이 시점에서 다른 사람들이 구원을 받아야 하는 것이 중요하다는 것을 아는 사람이 적었다. 그들의 기도는 아주 이기적이어서 아기들의 울음소리 같았다. 그것이 아기들이 아프다고 생각할 수 있는 이유는 되지 않았다.

문제는 개종했다고는해도 구원받았다는 것이 무슨 의미인지 아는 사람이 많지 않았다는 것이다. 시간이 주어지고 배우는 가운데 부흥이 일어나면 나중에는 알게 되기는 할 것이었다. 그러나 당시에는 그들의 지식이 초보에 머물러 있었다.

그들은 아직 영적으로 싸울 수 있는 군대에 갈 나이가 되지 않았습니다. 그들은 아직 하나님의 군대의 전사들이 아니라 하나님의 보육원의 아기들입니다. 그러나 여러분은 기독교 배경에서 몇 세기를 살았고 기독교 교육을 받았으며 기독교 영향을 받았고 성경을 가지고 있으며 헌신적인 도움들이 있고 영적으로 성숙하기 위해 필요한 많은 다른 것들을 가지고 있습니다. 그러니 여러분은 그리스도의 장성한 분량에 속하여 '대적의 권세에 대항하여 도울 수' 있는 것입니다. 여러분과 그들 사이에 커다란 차이점이 있다면 그들이 젖을 먹는 유아라면 여러분은 그리스도 안에서 '성인'이라는 것입니다. 사탄의 요새를 부수는 과업은 강한 어른이 하는 것이지 젖먹이가 할 수 있는 일이 아닙니다.

그는 후원자들에게 기도를 부수적인 일 이상으로 취급해달라고 거듭 부탁했다. "저는 이 기도하는 싸움이라는 주된 책임을 여러분에게 드리고 있는 겁니다. 여러분의 어깨에 이 사람들을 위한 부담을 져 주셨으면 하고 바랍니다. 저는 그들을 위해서 여러분이 하나님과 씨름해 주시기를 원합니다."

한편 제임스는 그들이 바른 지식을 갖도록 유지하는 커다란 책임이 자기에게 있음을 더더욱 느끼고 있었다. 주 예수님이 이 가난하고 낮은 자리에 있어서 사람들이 소홀히 하고 있는 원주민을 하늘에서 내려다보고 계신 것이다. '그 영의 수고하신 것'은 그들을 위한 것이기도 하였다. 그분은 오랫동안 기다리셨다. 그분이 '만족하실' 날을 오게 하기 위해 여러분의 몫을 하지 않겠는가?

그 어느 것도 이 기도라는 사역을 절대로 빠뜨려서도 지체하게 해서도 안 된다. 사람들은 종종 중보 사역이 생명선과 같다고 말을 하기는 했다. 그는 그렇게 믿는 것을 하나님이 인도하시는 대로 '가장 우선적으로 가장 좋은 힘을 그것에 쏟는 것'으로 증명하기를 원했다.

저는 한 가게에서 어떤 상품이 다른 것보다 더 잘 나가기 때문에 그것을 만드는 데 주로 투자를 하려고 하는 사업가와 같은 심정입니다. 무진장 만들어 놓기만 하면 사가는 사람이 얼마든지 있어서 이익이 나는 품목이기 때문에 다른 무엇보다도 그것에 집중하는 것과 같습니다.

사가려는 사람의 요구는 이 리수와 카친족 수만 명의 영혼이 구원받지 못했다는 것입니다. 그들은 무지와 미신과 죄악 속에서 몸과 마음과 영혼이 길을 잃고 있습니다. 그 요구를 채워줄 수 있는 공급선은 하나님의 은혜입니다. 그 하나님의 은혜가 수많은 하나님의 백성의 중단 없는 기도에 의해 그들에게 주어집니다. 제가 하고 싶은 것이라면 중간 상인이 되어 공급과 수요를 맞추는 것입니다.

리수 아내

제임스의 원주민 친구들은 그가 결혼할 때가 되었다고 생각했다. "우리가 산에서 찾을 수 있는 최고의 소녀를 찾아다 주겠다"고 그들은 열정적으로 말했다. 기독교인이 된 아버지들 가운데 결혼 적령기의 딸이 있는 집에서 제안들이 들어왔다. 고집이 센 카친족 추장 하나는 제임스와 자기 딸의 결혼식을 준비하기까지 했다. 그 곤경에서 벗어나는 길은 짐을 싸서 그 마을을 떠나는 길 뿐이었다.

산에 사는 사람들은 백인 여자를 본 적이 없었다. 제임스는 한 원주민 여인이 백인 여자에 대해 하는 얘기를 들었다. 여자가 이상한 옷을 입고 허리가 가늘며 백인 남자가 정중하게 대우하더라고 했다. 그것은 모두 매우 특별한 것이었다. 제임스가 아무도 데리고 오지 않자 그들은 백인 여자의 수가 모자라서 그런 것이라고 생각했다. 그러나 그들은 그의 외로움을 감지하고 있었고 그가 얼마나 사랑이 많고 아이들을 좋아하는지를 잘 알고 있었다. 그들이 당시에 알지 못했던 것은 제임스가 복음을 위해 그들에게 자신을 주는 희생을 했다는 것이었다. 그는 총각으로서 자유로웠지만 아마도 백부장이 바울에게 한 말을 하고 싶었을지도 모른다. "나는 값비싼 대가를 치르고 이 자유를 얻었다."

가정이 된 선교관

플래그 부인은 요리를 잘 했다. 그녀에게는 상상력이 있었다. 텅웨의 총각 집은 그녀가 와서 바뀌었다. 플래그는 그녀가 해안에서 6년 있는 동안 오래 참고 기다렸다. 그녀는 뛰어난 회계사였기 때문에 본부에서 놓아주지 않았다. 그러나 결혼해서 텅웨에 오자 그녀는 또 언어도 빨리 배우고 집안일도 능률적으로 처리했다.

"그녀가 만든 빵은 제가 중국에서 먹어 본 빵 중에서 가장 맛있습니다."라고 제임스는 본국에 편지했다.

플래그 부인은 이해심이 많아서 제임스와 앨린이 선교관에서 머무는 시간을 더 늘리고 산에 있는 시간을 줄여야 한다고 생각했다.

"이제 그녀는 어머니의 영원한 친구이지요, 그렇지 않아요?" 그는 어머니에게 편지했다. 플래그 부인은 또 언제 격려가 필요한지를 아는 사람이었다. 제임스와 앨린에게는 자기들이 한 일을 보고할 사람이 뒤에 있어서 좋았다. 제임스의 초창기에는 엠버리 부부가 그 역할을 해 주었다.

산 속 오두막

그러나 제임스는 요한복음을 번역하고 리수 글을 가르쳐야 한다고 산을 향해 떠났다. 대나무 껍질로 만든 그의 새 오두막은 해발 6,000피트 되는 거북이 마을에 있었다. 그 마을 자체는 거의 전부 기독교인이었다.

그 오두막의 벽은 대나무 대로 되어 있었고 지붕은 거친 짚으로 덮여 있었다. 땅 바닥은 한 가운데가 땔감으로 모닥불을 피울 수 있도록 파여 있었다. 그는 리수제 대나무 침대와 식탁과 의자를 가지고 있었다. 널판자를 빌려서 그 위에 책과 신문, 약품, 코코아 통, 그리고 연유와 바타우 부인이 보내 준 비스킷 통을 올려놓았다. (바타우가 와서 몇 주간 함께 있으면서 번역 일을 도와주었다.)

마을 사람들은 그의 집을 자기 집처럼 편히 생각했다. 그들은 그의 물건을 다 살펴보고 그가 일하고 있는 주위에 몰려와 앉았다. 특히 아이들은 가까이 와서 그와 잡담을 했다. 꼬마 아씨 쿵은 특별한 친구였다. 그녀는 10살이었다.

그녀의 눈은 커다란 갈색에 사슴처럼 동그랗습니다. 밝은 얼굴에 열심이 있고 아이다운 미소가 있습니다. 그 애가 혀짤배기 소리 하는 것을 여러분이 들을 수 있으면 좋겠네요. 그러면 두 가지를 아시게 될 겁니다. 하나는 아이들이 지능이 모자라지 않다는 것이며 다른 하나는 우리 영국 아이들과 똑 같이 피와 살을 가진 어린이들이라는 것입니다. 얼마나 재잘대는지. 이 아이들은 자연 속에서 삽니다. 그들은 언덕과 계곡을 전부 외고 있고 그곳에 있는 동물, 새, 곤충들의 이름과 습관을 알고 있습니다. 그들이 사는 산에 있는 나무나 관목 등에 대해서도 다 압니다.

어린이들은 앉아서 가축을 돌보면서 빨간 열매로 목걸이를 만들거나 풀

줄기를 꼬아서 팔찌를 만들곤 했다. 꼬마 아씨 쿵은 제임스에게 마을 일을 전부 말해 주었다. 어떻게 누구누구가 무엇을 잃었는지, 그래서 어떻게 엄마에게 꾸지람을 들었는지, 그러자 그가 부루퉁해서 어떻게 달아나서 메밀밭에 있는 움막에서 잤는지, 그러자 그의 누이가 보고 아저씨에게 말해서 아저씨가 무슨 말을 했는지 그리고 또 다른 사람이 뭐라고 했는지, 그리고 그들이 그것에 대해 어떻게 싸웠는지, 등등. 제임스는 아이가 말하는 상세한 내용보다 그것을 말하는 아이의 활달함에 마음이 끌리고 재미있었다.

그는 아이들에게 노래 가르쳐 주는 것을 좋아했다. 원주민들은 파트 별로 노래하는 것을 어려워하지 않았다. 그래서 제임스는 그들에게 자기가 만든 방법으로 간단한 악보 읽는 법을 가르쳐 주었다. 찬송가는 교리를 전달하는 수단으로도 이용되었다. 그들이 배운 찬송가 중에는 구약의 개요를 많은 절로 만들어 부르는 것도 있었다. 신약도 같은 식으로 노래했다. 아직 리수 글로 된 성경이 없었기 때문에 이것으로 최소한의 소개를 할 수 있었다.

자급

산 사람들은 아주 가난했다. 제임스는 자기가 그들과 같이 살아봤기 때문에 그들이 얼마나 가난한 지 잘 알았다. 그들에게 유럽 사람들은 다 부자로 보였다. 예를 들어 커튼 같은 것은 리수 사람에게는 쓸데없이 천을 낭비하는 것으로 보였다. (어쨌든 왜 외국인은 개인만의 공간이 꼭 필요하다고 생각하고 있나? 무엇을 숨기려고 하는가?)

리수의 음식은 생존에 필요한 정도로만 먹기 때문에 병에 대한 저항력이 매우 약했다. 전염병이 돌 때면 대규모의 죽음이 뒤따랐다. 그들의 주거 형태로는 높은 산의 매서운 겨울바람을 막을 수가 없었다.

그가 그것에 대해 생각하면 생각할수록 원주민 교회가 강해지려면 처음부터 재정적으로 독립하는 수밖에 없음이 분명했다. 스스로 전도하는 교회가 되기 위해서는 자기들의 비용은 자기가 충당할 수 있어야 했다.

그들에게 돈을 주는 것은 훨씬 쉬운 일이었다. 영국과 미국의 그리스도인들은 얼마든지 교회를 세우고 사역자를 돕기 위해 돈을 보낼 수 있었다. 그러나 제임스는 (다른 사람들도 같은 생각이었지만) 외국 돈으로 외국 사람이 외국 교회를 세우면 연약한 교회가 될 수밖에 없음을 알았다. 리수 사람들은 극도로 가난한 중에도 주께 드리는 것을 똑바로 배워야 했다. 그들이 스스로 희생하면서 자신들의 교회당을 세우고 전도자의 생활이 가능하도록 해야 할 것이었다.

제임스는 국경 근처의 산에 미전도 지역이 넓게 퍼져 있기 때문에 설교자들이 자원해서 돈을 받지 않고 그곳에 가 전도하도록 격려했다. 그들은 하나님의 성령이 이끄시는 대로 가야했고 자신들의 생활은 하나님이 책임져 주실 것으로 믿어야 했다. 만일 가족이 남아 있으면 그를 보낸 공동체가 그가 여행하는 동안 그들을 돌봐야 했다.

그는 자기를 돕는 사람들에게도 사례를 하지 않았다. 누군가 그의 짐이나 책을 마을까지 운반해 주었을 때 그들에게 돈을 주지 않았다. 주님을 섬기는 일로 돈을 벌어서는 안 되었다.

그들이 아주 가난하지만 제임스는 사람들로 하여금 자기들의 힘으로 복음서, 찬송가, 공책, 그리고 연필을 사도록 했다. 돈이 하나도 없으면 다 모을 때까지 기다려야 했다.

사람들이 모임 장소를 짓고 싶어 했을 때 그는 그들에게 그 일을 맡겨두었다. 건물 자체가 그렇게 중요한 것은 아니었지만 모임 장소가 있다는 것은 비를 피할 수 있는 곳이 있다는 것을 의미했다. 재료도 수고도 램프의 기름까지 그들 스스로의 손으로 조달했다. 기름도 살 수 없고 솔방울도 떨어지면 그들은 어둠 속에서 기도하고 찬송했다. 제임스는 아무 것도 도와주지 않았다.

오늘날 선교의 일은 그 선교지 사람들의 손으로 이뤄야 한다는 원칙이 광범위하게 받아들여지고 있지만 1920년대에는 그 생각이 비교적 새로운 것이었다. 제임스가 그것을 시작한 것은 아니었다. 그는 다른 사역자들과 함께 토의를 하던 중에 그 생각을 하게 되었다.

우리는 여기에 나와 있는 다른 유럽 사람들에 비해서 부자라고 생각하지 않습니다. 그러나 우리는 이 가난한 원주민에 비하면 대단히 가진 것이 많습니다. 그래서 어떤 면으로든지 그들에게 부담이 되었다 싶으면 자신을 치사하고 부끄럽게 느끼려는 유혹을 받습니다. 그러나 그렇게 해서는 안된다고 저는 확신합니다.

그래서 나는 그들에게 내 짐을 들고 이 마을에서 저 마을로 운반하게 합니다. 어떤 때는 20마일이나 먼 길이 되기도 하는데 절대로 보수를 주지 않습니다. 그들은 그것을 기대하지 않습니다. 내가 그들 가운데서 살 때 그들이 언제나 베푸는 친절이 어떤 대가를 바라지 않고 하는 것과 같습니다.

그들은 자기들과 같은 부족의 사역자에게 그런 일을 해주는 것을 당연하게 생각하는 것처럼 자기들을 가르치는 외국인 선생님에게 그렇게 해주어야 한다고 생각하는 겁니다. 그러니 제가 보수를 목적으로 일한다는 개념 자체가 없는 곳에서 그런 것을 시작하는 친절을 그들에게 베풀어야 하겠습니까?

그는 개종자들이 복음을 전할 때 사례를 해야 한다는 생각은 너무나 잘못되었을 뿐 아니라 악한 제도라고까지 했다. 그것은 처음에는 약간의 저항이 있는 정도이지만 결국은 멸망으로 인도하는 넓은 길과 같다. 일이 천천히 진행되도록 놓아두어 '자급'이라는 좁은 길로 가게 하는 것이 훨씬 좋은 일이다. 제임스는 그들이 그렇게 한 것에 대해 결코 후회하지 않을 거라고 믿었다.

제가 어느 곳에서나 보기 원하는 것은 당신의 피로 우리를 사신 주님을 위한 희생 정신입니다. 우리가 무엇을 얻을까 보다 무엇을 줄 수 있을까 하는 소원입니다. 이것을 쓰면서 제 마음이 불타오릅니다.

그러나 그가 절대적으로 엄격하지 못할 상황들이 있었다. 시 언덕이라고 불리는 마을에서 한 젊은이가 더 배우려고 제임스가 전도하러 가는 곳에 따라가고 싶어 했다. 제임스는 이것이 그가 나중에 다시 고향에 돌아와서 일을 할 때 유용하겠다고 생각했다.

그 마을의 신자들은 믿음이 그렇게 확고하지 않았다. 그들에게 제임스는 그 젊은이가 떠나 있는 8달 동안 그의 아내와 가족이 먹고 살 수 있도록 40루피를 마련해야 한다고 말했다. 그들은 모두 합쳐서 1루피를 주며 제임스가 나머지를 채워주기를 기대했다.

제임스에게는 그렇게 극도로 빈곤한 가운데 사는 사람들에게 그런 문제에 대해 강하게 나오는 것이 과연 맞는가 하며 확신을 갖지 못할 때가 있었다.

"그러나 이제 저는 리수 사람들에 대해 더 잘 알게 되었습니다. 그래서 그렇게 불성실하게 헌금하는 것에 대해 많이 꾸짖었습니다." 그들은 당연히 그가 그렇게 나오는 것에 대해 좋아하지 않았다. 그들 중에는 불평하며 그에게 대드는 사람도 있었다. 그러나 제임스는 확고했다.

그들이 보통 담배와 비텔 열매를 사기 위해 쓰는 돈의 60분지 일 밖에 되지 않는 금액을 그들에게 생명을 주신 주님을 위해 드리는 것과 같다고 지적했다. 그는 그들 중에 몇 명은 아직 아편을 끊지 못하고 있는데 한 번 피워버릴 아편을 위해서 쓰는 돈이면 8달 간 필요한 것을 전부 채울 수 있음을 그들에게 상기시켰다.

"그들은 결혼 한 번 하는데 각 가정이 드려야 한다고 말한 금액의 최소한 800배를 – 어떤 때는 1천이나 2천 배까지 – 쓰고 있다는 것을 부인할 수 없었습니다."

"예, 그렇지만 아내를 얻기 위해 결혼을 해야만 하잖아요. 그건 필요한 비용입니다." 그들은 주장했다.

"좋아요, 만일 복음 전하는 것을 그렇게 사소한 것으로 생각한다면 아마 저 젊은이는 갈 필요가 없겠습니다."라고 제임스가 대답했다.

그는 그들에게 다시 잘 생각해 보라고 하며 그 문제를 거기에서 멈추었다. 그 젊은이는 실망했고 '착하고 진실한' 그의 아내도 마찬가지였다. 그녀는 진심으로 자기 남편이 '가서 더 배우기를' 소원했다. 제일 실망했던 사람은 제임스였다. 그래서 '그들의 마음과 영혼이 더 나은 상태가 되게 해 달라'고 특별하게 기도를 드렸다.

그날 밤 그들은 이야기에 조금 진전이 있는 듯 보였습니다. 결국 그들은 합의점을 이끌어냈습니다. 관련된 여덟 가정 중에서 세 가정이 그 아내와 두 아이들을 한 달씩 집으로 데리고 가기로 했습니다. 다른 두 가정은 일루피씩 냈습니다. 이렇게 하니 모두 합하여 1루피 대신 17루피가 되었습니다.

그것이 그들이 최선을 다해서 할 수 있는 것은 아니었다. 그러나 더 이상 강요하는 것은 현명하지 않다고 판단이 되어 제임스는 나머지 23루피를 자기가 내었다. "그러나 저는 확실히 말했습니다. 불평하면서 내는 것은 절대로 원하지 않는다고 못 박았습니다.

"아닙니다, 선생님." 그들은 즉시로 대답했습니다. "우리가 줄 수 있어서 기쁩니다." 전날 밤과 얼마나 다른 태도였는지! 주님이 일하셨습니다.

정부의 안내서
미얀마에 있는 영국 정부는 제임스에게 리수 안내서를 만들어 달라고 요청했다. 이것이 선교 일에도 도움이 될 거라고 생각하여 제임스는 몇 달 동안 있던 거북이 마을을 떠나 텅웨로 가서 그 일을 했다. 그에게 언어학적 도움이 없었기 때문에 그는 그 일에 많은 문제가 있다는 것을 알게 되었다.

안내서의 첫 부분은 티벳 동쪽에 있는 리수족의 기원과 이민 역사 그리고 관습을 설명했다. 두 번째 부분에는 문법, 구문, 그리고 음의 도표를 실었고 마지막으로 리수말을 영어로 옮긴 사전을 넣었다.

이것을 하면서 제임스는 어머니에게 편지했다. "이것이 얼마나 어려웠는지요. 역사 속에서 한 번도 리수 종족에 대해 체계 있게 기록한 적이 없는 상황에서 그 체계를 어떻게 만들어야 할지 난감했습니다. 더구나 그 모든 것을 귀로 주워듣고 배웠으니 말입니다. 그것을 유럽식으로 짜 맞추라고 강요하는 것은 불가능한 일입니다."

예를 들어 리수 문법을 보면 영어나 희랍어 문법의 틀로 설명할 수가 없었다. 중국이나 카친 안내서가 좋은 참고가 되었지만 리수 언어에는 고유한 특징이 매우 많이 있었다. 그래서 제임스는 자기 생각대로 기본적인 체계를 만들어야만 했다.

그 안내서는 108쪽이 되는 작은 책자로 영국 정부가 랑구운에서 1922년에 출판했다.

리수인 삶의 새로운 형태

기독교를 믿게 되면서 원주민의 삶의 형태가 달라진 것을 제임스는 깨닫게 되었다. 땅을 이용하고, 교육이 시작되고, 음식이 달라지고, 정부에 대한 태도가 바뀌었으며, 약이 들어오게 되었다. 이 모든 것들은 생각할 필요가 있는 삶의 국면이었다. 확실히 변화는 서서히 왔고 그들에게는 실제적인 조언이 필요했다.

제임스는 토양과 농업에 대해서 알기 위해 애를 썼다. 리수인이 아편 재배를 하지 않을 때 그 땅에 무엇을 재배하면 좋겠는가? 농사 방법을 개선해서 더 이익을 나게 할 수는 없을까?

그는 어머니에게 편지를 썼다. "제가 포레스트에 대해 말한 적이 있는데 생각나세요? 윈난에서 몇 년간 살면서 난초나 진달래 같은 것들을 연구하고 있는 식물 전문가 말이에요. 그가 방금 여기를 다시 다녀갔는데 저는 그가 저에게 가르쳐줄 수 있는 농업 지식이 모두 나올 수 있도록 많은 질문을 했습니다."

포레스트는 식물학자이기도 하지만 스코틀랜드에서 농사를 지었었고 현재 일을 하기 전에는 호주에서 과일을 재배했었다. 제임스는 결론을 낼 수 있어서 기뻤다. 그 지방에 대하여 그가 책에서 읽고 사람들에게서 들은 이야기와 전혀 동떨어진 이야기가 아니었기 때문이었다.

포레스트는 평지와 그 지역에 있는 붉은 토양은 진흙이 아니라 영국 국토의 대부분을 차지하고 있는 것과 같은 옥토라고 그에게 말해주었다. 북서쪽에 있는 버려진 땅과 같은 넓은 평지에는 잘만 하면 밀이나 감자와 같은 작물을 심을 수 있겠다고 하였다. 이 토지는 화산 바위로 에워싸인 곳에 있었는데 장소에 따라서는 표면 가까이까지 올라온 곳도 있었다. 그는 사탕무가 그곳에서 잘 자랄 것이라고 생각했다. 이곳 원주민들은 아무도 사탕무에 대해 들어본 적이 없었다. 이곳의 설탕은 영국보다 더 비쌌다.

포레스트는 텅웨 집에 난초를 한 아름 들고 와서 제임스와 함께 처마 끝과 나무 밑 등에 색색으로 걸어 놓았다. 난초와 진달래는 야산에서 크게 무리지어 자라나서 텅웨 폭포 위에 있는 숲과 바위로 덮인 비탈에서 붉게 타올랐다.

생활비 벌기

텅웨에서 번역을 하고 성경을 가르치고 농업에 대해 전문가와 의논을 하기도 하는 동안 제임스는 논쟁의 여지가 있는 행동을 했다.

그는 앞으로 지낼 몇 달 간의 생활비를 벌기 위해 그 지방의 학교에서 하루에 두 시간씩 가르치고 싶어 했다. 이것은 틀림없이 뜨거운 감자였을 것이다.

그는 바울이 텐트를 만들며 했던 것처럼 자기 생활비를 벌고 싶었다. 그래서 이 길이 열렸을 때 호스트씨를 설득해서 승낙을 받을 수 있었다. 그래서 매일 아침 7시에서 9시까지 두 시간 동안 그는 학교에서 영어를 가르쳤다. 나머지 시간은 자유롭게 쓸 수 있었다.

그는 자기가 번 것이 매달 받던 것보다 많으면 그것을 전부 선교부로 보냈고 상하이로부터 영수증을 받아 잘 보관했다. 이렇게 하면 그가 가외로 자신을 위해서 돈을 벌고 있다고 혹시라도 비난할 수 있는 가능성을 피할 수 있었다. "그래도 제게는 스스로의 힘으로 자신이 필요한 것을 번다는 기쁨이 큽니다. 말하자면 선교사로서의 권리를 위해서 일하는 것입니다." 라고 그는 기도 후원자들에게 편지했다.

그는 남은 돈 중 일부는 리수 책을 인쇄하는 데 썼다. 그것은 매우 비용이 드는 것이었는데 리수 방문객에게 좋은 선물을 할 수 있었다. "그렇게 하면 7월에 하는 방학 이외의 시간은 제가 꼼짝없이 붙잡혀 있게 되는 거지만 현재로서는 제게 별로 상관이 없습니다." 그가 지금 하고자 하는 책을 쓰는 일과 훈련하는 일은 다른 곳보다 텅웨에서 가장 잘 할 수 있었다.

제임스는 가끔 기독교인이 세상 직업을 가진 사람들보다 이루어 놓은 일이 적을 수 있다는 위험에 대해 비판하곤 했다. 그는 이제 9시 전까지 자기 생활비를 벌 수 있었고 아침 시간은 요한복음을 번역했으며 오후에는 '가정 선교사'인 리수 학생들에게 정기적으로 성경 공부를 가르쳤고 밤에는 정부 안내서를 만들었다. 그러면서도 포레스트와 산보를 하면서 농사일과 흙을 살펴볼 수 있었다.

뒤집어진 시간표

제임스가 번역하고 성경 공부하고 관심 있는 작물을 기르는 일에 이제 편안히 정착했을 무렵 라오 루흐가 찾아 왔다. 리수 사람 둘이 앨린과 냉촌에 같이 갔었는데 라오 루흐는 그 중 하나였다. 그는 7일씩이나 산을 넘어 왔기 때문에 아주 지친 모습이었고 눈이 심하게 곪아 있었다. 그러나 그는 더욱 많은 사람들이 신주단을 부수고 있고 하나님께로 돌아오고 있다는 뉴스를 전해 주었다.

그의 눈을 치료하는 동안 라오 루흐는 한 리수 소년 이야기를 해 주었는데 그 소년은 누강을 건너 동쪽으로 와서 예수의 복음을 설명해 달라는 요청을 받았다. 소년은 그를 원하는 곳이면 어디든지 따라갔는데, 소년의 사역으로 인하여 적어도 100가정이 신주단을 태우고 기독교인이 되었다. 이제 그들은 선생님과 책이 급히 더 필요하게 되어 그를 보낸 것이었다.

제임스는 텅웨에서 할 일이 너무 많았다.

누군가 가야만 했다. 너무 급한 일이어서 그가 학교에서의 일을 그 학기 끝까지 한다든지 요한복음을 끝까지 번역하는 일이 불가능해 보였다. 플래그 부부는 본부에서 냉촌 마을이 있는 리수산으로 사역지를 옮겨야 한다고 생각했다. 텅웨에서 왔다 갔다 하는 것은 시간 낭비였다.

"저를 돕는 어린 리수인이 여기 온 것이 3일 전이었습니다." 제임스는 집에 편지로 보고했다. 그 리수인은 누강 바로 건너편에 새로운 지역이 있는데 '그리스도께로 돌아오는' 가정이 100가정 이상이 된다고 했으며 계속해서 그 움직임이 확산되어 가고 있다고 했다.

"라오 루흐는 각막에 종양이 생겨 고통이 심했기 때문에 온 것이었고 우리는 그를 치료하고 있습니다. 그는 다른 마을에서도 오라고 초대하는 곳이 많다고 말했습니다." 사실은 오라는 데가 너무 많아서 다 가지 못하고 있다고 했다.

상상해 보세요. 5~600이나 되는 가정들이 (삼천여 명이 되겠지요) 당신을 아버지요 어머니, 선생님, 목자, 조언자로 바라보고 있다면 어떻겠습니까? 그것은 커다란 책임입니다.

잘했든지 못했든지 간에 제가 원주민 사역을 시작한 것부터가 큰일이었고 저는 그것을 후회하지 않습니다. 우리가 하나님과 함께 무엇을 하면 대부분은 그것을 이루게 된다고 믿습니다. 단지 그것이 어떤 결과로 나타날지 잘못 생각할 때가 있기는 하지만 말입니다.

장티푸스

제임스가 바타우와 함께 냉촌에 있는 수백 명의 어린 신자들을 위해 무쳉포에서 말씀 사경회를 인도하려고 떠날 때 세 가지 이야기가 그의 기억에 떠올랐다.

하나는 망시 시장에서 어린 소년이 전도지를 훔쳐서 냉촌에 있는 제빵 요리사에게 가져왔다. 그 모의 집에서 복음 운동이 시작되어서 지금은 그곳 신자가 수천 명이 되었다.

다른 기억은 한 젊은 미국인이 말은 하지 못해도 영적인 현실이 너무도 분명히 보여서 울게 되었다. 앨린 쿡의 눈물이 하나님의 사역의 시초였고 그 일이 계기가 되어 이제 그물이 거의 찢어지려고 하고 있었다.

그는 또 누강의 둑에 있던 사건을 기억했다. 지난 해 배로 강을 건너고 있는데 제임스는 그가 떠난 쪽에서 두 사람이 부르는 소리를 들었다. 물살이 높아서 그들이 하는 소리를 들을 수 없었기 때문에 그는 그들이 배를 부르는 줄로 알고 그냥 가던 길을 갔다. 라오 루흐에게서 듣고 난 지금에야 그는 그들이 자기 마을에서 복음을 전해달라고 하는 것이었다는 것을 알았다. 이 사람들이 그 대신에 리수 소년을 초대한 것이었고 이것이 그가 보려고 하는 대추수였다.

이 모든 일 가운데 제임스가 능동적으로 한 역할은 거의 없었다. 그러나 그것을 위해 얼마나 강력하게 기도했던가?

말씀 사경회는 아침, 낮, 저녁 세 번씩 2주간 꼬박 계속되었다. 사람들은 집중적인 가르침에 목말라했다. 그리고 벌써 이 새로운 지역에서 일곱 명의 설교자가 자원해서 나왔다. 바타우와 모는 집회 후에 남쪽 산 평지를 두루 다닐 계획을 세웠지만 제임스는 텅웨로 돌아가야 할 것 같았다.

일주일이 안 되어 그는 죽음의 문턱에 있었다. 그는 갑자기 장티푸스로 인한 열과 말라리아 때문에 쓰러졌다. 몇 주간 동안 쑤시고 아프고 정신착란에 빠졌고 거의 죽음 가까이까지 갔다. 플래그씨 부부는 그를 위해서 기도하고 밤을 새우며 간호했는데 그날이 마지막일지 모른다고 생각할 정도였다.

그러나 반복해서 재발하던 병이 나아 마침내 그는 편지를 쓸 수 있게 되었다. "제가 얼마나 감사하고 있는지요. 우선은 제가 때맞춰 텅웨로 돌아왔다는 것입니다." 만일 그가 망시로 갔다면 텅웨에서 이틀거리 떨어진 곳에서 열이 나서 꼼짝 못할 뻔했다. 그곳은 머물 곳도 없었고 그를 돌봐 줄 사람도 없었으며 그런 심각한 병을 간호할만한 적당한 기구나 음식이 없었다.

"아시다시피 저는 종종 단순한 계획이라도 하나님께서 인도해 주시도록 확신이 없는 가운데 기다릴 때가 있는데 여태까지 실망한 적이 없습니다. 그렇게 결정한 것은 항상 가장 현명하고 가장 좋은 것으로 증명되었습니다."

플래그는 빠오산에서 내려와 제임스가 아플 때 돌보았다. 플래그 부인은 자기가 쓰던 방에서 나와 다른 방으로 옮겼는데 그 방이 그 집에서 가장 좋은 방이었기 때문에 제임스가 쓰도록 해 주었다. "그들은 모든 것을 쓰도록 해 주었고 그들이 가진 모든 것을 주었습니다. 나는 플래그씨의 가운을 입은 채 이 글을 쓰고 있습니다. 자연히 저는 그분들께 대단히 감사한 마음을 가지고 있고 여러분도 틀림없이 같은 마음이실 것입니다."

하나님의 일을 하는 동료 사이에 있는 특별한 우정의 단편을 볼 수가 있었다.

해발 7,000피트에 있는 본부

누강 골짜기 바로 위에 있는 냉촌 고지 비탈에 작은 선교관이 세워졌다. 그러나 제임스가 그곳에 갔을 때 그는 아직 병으로 너무 약해 있어서 매서운 바람을 견딜 수가 없었고 설상가상으로 늑막염에 걸려 내려왔다. 그의 다리는 너무 부어서 걸을 수가 없었다. 성탄절도 기독교 축제로 법석이는 곳에서 즐기는 대신 침대에 누워서 보내야 했지만 그는 자신이 이미 목격한 리수 그리스도인의 삶의 질로 인해서 고무되어 있었다.

이 냉촌 지역은 인구의 3/4이 그리스도인이었는데 가장 만족스러운 그룹으로 충성스럽고 따뜻하고 활동적이며 지성적이었습니다. 하나님께서 그들에게 보상해 주실 것입니다.

그는 가까운 마을에 있는 두세 사람의 지도자를 생각했다. 그들은 제임스와 그와 함께 하는 사역자를 위해서라면 그 어떤 보상도 바라지 않고 자기들이 할 수 있는 것은 무엇이나 하는 사람들이었다.

"선생님들, 우리는 지금까지 당연히 해야 할 일을 했을 뿐입니다. 선생님들께 음식과 의복도 드려야만 합니다."

그들은 제게 사도 바울이 아리스다고와 마가와 유스도를 (골 4:11) '나의 위로가 된' 사람들이라고 말한 것을 생각나게 했습니다.

북쪽으로 3주를 가면 류어라는 개척 선교사가 메콩강 상류의 사람들 속에서 일하고 있었는데 자기를 도와줄 리수 사역자 두 명을 보내달라고 요청하였다.

두 명의 자원자를 찾는 일은 어렵지 않았다. 자기 밭과 가족을 다른 성도들의 손에 맡기고 그들은 자기들이 한 번도 가보지 않은 지역으로 출발했다. 3주 동안 산을 넘어가는 길이었다. 그들은 얼마나 오랫동안 가 있어야 할지 몰랐다. 몇 달이 될 수도 있었고 또 아무런 사례의 약속도 없었다. 그들은 산에서 구할 수 있는 것과 무엇이든 도착해서 주어지는 대로 먹고 살 것이었다. 그것은 그들의 영적인 역량을 잘 보여주는 사건이었다.

여행하는 치안 판사

"그것은 꼭 필요한 여행이었습니다." 제임스는 그 후 몇 달 간 여행을 하고 나서 편지를 썼다.

그는 3달 반 동안 혼자 여행하면서 조언자, 판사, 그리고 교사역할을 했다. 어떤 곳은 어린 신자들을 심하게 박해했다. 개종자 중에는 제임스에게 유일한 해결책은 검을 들고 적들의 목을 베어 버리는 것이라고 하는 사람도 있었다. 마음을 달래주고 가르쳐야 할 것들이 많이 있었다.

그는 납치 사건에 대해 다루어 달라는 요청도 받았다. "제가 해결해야 할 사건이 하나 생겼습니다." 라고 편지를 했다. 그리스도를 믿는 한 소녀가 같은 지방에 있는 불신자에게 납치를 당했다. 그들은 그녀가 변절해서 그의 아내가 되겠다는 승낙을 받고자 했다. "그러나 그녀는 용감하게 자기 입장을 고수했습니다." 그 남자들은 선교사들과 심각한 싸움을 하게 될 것을 겁내어 그녀를 다시 돌려보냈다.

그렇지만 돌아온 것에 관계없이 우리의 소녀들이 납치를 당한 것에 대해 가만히 있을 수 없습니다. 그래서 그것을 문제 삼으려고 합니다. 그리스도인들은 그것에 대해 매우 분개하고 있습니다.

악수하는 것이 그리스도인이라는 표시가 되었다. 제임스가 초대를 받아 마을에 들어오면 온 마을 사람들이 길 양 옆에 나와 줄을 서서 악수를 했다. 보통 두 손을 다 내밀었다. 그들은 눈을 꼭 감고 이빨을 꼭 무는 것으로 자신의 진심을 나타냈다.

"산골은 가난하고 황무합니다. 산이 높고 바위가 많기 때문에 주민의 빈곤 상태는 처참합니다. 그들 중 대부분이 누더기나 넝마를 걸치고 있고 그들이 사는 헛간 같은 오두막의 더러움은 그들 가운데 머무는 것을 육신의 시험거리가 되게 만듭니다."

그러나 그는 밤이고 낮이고 그들의 집에서 살았다. 그리고 그 극한 가난 중에서도 그들은 이미 누강 넘어 새로운 지역에 작은 교회당을 여덟 개나 세웠다.

제임스는 200이 넘는 가정과 될 수 있는 대로 많이 접촉하려고 두 주간 동안의 '사경회'를 계획했다. 사람들은 축제와 같은 성질의 것을 대단히 좋아해서 무리지어 왔다. 주된 문제는 그들이 듣도록 하는 것이었다. 그들은 행복하게 서로 이야기를 나누었고 그가 가르치려고 할 때도 말을 걸었다. 돼지, 닭, 걸음마 하는 아기들이 혼란을 가중시켰다. 소 떼가 지나가기라도 하면 온 회중이 나가서 보는 것이었다.

그것을 참을 수 있냐고요? 글쎄요, 지금 여러분에게만 하는 말이지만, 아니요, 참을 수 없을 때가 있다고 고백합니다. 그러나 그럴 때면 이 사람들이 얼마나 알지 못하는 환경 속에서 자랐는지, 기독교적 토양이란 아무 것도 없었고 그 어떤 종류의 혜택도 받지 못하고 이제껏 살아 왔음을 기억합니다. 그 것을 기억하면 잠시라도 참지 못하고 화낸 것이 미안하게 느껴집니다. 그리고 그들은 잘 하려고 애를 씁니다.

그들이 - 남자, 여자, 소년, 소녀가 어렵고 가난하고 무지한 채로 거기에 앉아 있는 것을 보면 주님이 기억납니다. 죄인이나 버림받은 자라고 해서 절대로 거칠게 대하지 않으시고 언제나 오래 참아주신 그분을 생각하면 다시 그들을 보는 마음이 녹아내립니다. '무리를 보시고 그 목자 없는 양 같음을 불쌍히 여기셨다'는 의미가 무엇인지 새롭게 이해하게 됩니다.

그는 또한 그들이 부차적이고 표면적인 문제에 너무 관심을 기울이고 있다는 것을 알게 되었습니다. 콩을 술에 절여서 먹어도 되는가? 주일 날 옷을 빨아도 되는가? 하는 것들을 지나치게 생각하고 있었습니다. 제임스는 짧은 방문 기간 동안에 그들에게 그런 것들 보다 더욱 중요한 진리를 가르치려고 했습니다.

그러나 그는 리수 사역을 더 좋아했다. 읍내에서 하는 중국인 사역은 사는 환경은 더 편했지만 사역의 열매가 없었다. 그렇기 때문에 그는 하나님을 예배하기 위해 '바위와 안개와 숲'이 있는 산 위로 올라가 대나무와 초가지붕으로 지은 작은 리수 교회로 모든 단순한 믿음의 형제들과 함께 있는 것을 더 좋아했다.

제임스는 사건들이 일어나는 것을 보면서 하나님 자신이 전적으로 하시는 일에 자기는 단지 보조 역할을 하고 있다는 느낌을 강하게 받았다. 시시때때로 그는 교회가 있는 지도 몰랐던 지역에 초대받아 갈 때가 있었다. 자기 자신은 물론이고 그 어떤 외국인도 그곳에 가 본 적이 없었다.

그 사람들은 아마 누더기를 걸치고 떨고 있을 것입니다. 그들은 가난하고 더럽고 무지하고 미신적이지만 하나님께서 우리에게 주신 선물입니다. 하나님께 영적인 자녀를 달라고 기도하면 그분은 그들 중에서 뽑아서 당신에게 주십니다. 하나님께서 여러분을 위해서 찾아주신 형제, 자매, 어머니들과 악수하고 그들과 함께 앉아 있게 되는 것입니다.

그는 리수 어린이들에게 '예수 사랑하심은'을 찬양하도록 가르치는 것을 그리스도에게 전혀 관심이 없는 가장 뛰어난 지성인에게 복음의 진수를 논리적으로 가르치는 것보다 훨씬 더 좋아했다.

이 여행 후에 제임스가 쓴 편지이다. "제 맘 속에 두 가지가 분명하게 새겨졌는데 그 한 가지는 우리의 새 신자들이 얼마나 어리석고 약한가 하는 것이고, 다른 한 가지는 정말로 하나님께서 그들을 선택하셨다는 것입니다." 고전 1:27,28의 말씀이 그가 보고 있는 바로 앞에서 성취되고 있는 것이었다. 그러나 "하나님께서 세상의 미련한 것들을 택하사 지혜 있는 자를 부끄럽게 하시고 세상의 약한 것들을 택하사 강한 것들을 부끄럽게 하려 하셨습니다."

만일 여러분이 여기에 와서 설교나 설득이 이 사람들에게 얼마나 아무 소용없는지 볼 수 있다면 여러분은 그것을 더 잘 이해하게 될 것입니다. 그들의 무지와 필요 앞에 아무런 도움을 줄 수가 없이 느끼는 겁니다.

누강의 양 옆에 200여 리수 가정이 회심하는 역사가 일어난 것은 처음부터 자생적이었다.

그들은 한 번도 가보지도 않고 들은 적도 없는 곳으로 여러분을 데리고 갈 것입니다. 그런데 그곳에 믿는 가정이 몇 있어서 읽고 쓸 줄을 알고 있고 벌써 교회당이 있는 겁니다. 그들은 그저 서로 가르칩니다. 그 목적을 위해서 이웃 마을의 신자를 초대하기도 합니다.

사람들은 그들이 하는 이야기를 듣고는 그저 그리스도인이 되고 싶다고 했다. 그러면 선교사가 있든 없든 그냥 그리스도인이 되는 것이었다. "누가 그들로 하여금 '되고 싶다'는 마음을 집어넣었습니까? 그들이 하나님이 고르고 선택하신 사람들이 아니라면 그 누구이겠습니까?" 하고 그는 물었다.

복음 전할 시간이 없다?

몇 년 전 제임스가 약속된 곳을 향해 가고 있을 때 한 여인이 그를 불러 어디 가느냐고 물었다. 그냥 산 위로 올라간다고 대답하였다.

"왜요?"

"예수 그리스도에 대해 얘기해 주려고요. 저는 복음 전하는 사람이거든요."

"그렇다면, 여기 머물러서 우리에게 그분에 대해서 말해 주세요."

"시간이 없는데요."

"복음을 전하는 사람이라면서 복음을 전할 시간이 없다니요?"

제임스는 이것을 기억했다. 그 일이 일어났던 바로 그 장소를 기억했다. 놀랍게도 그 지역에 다시 가보니 그 여인이 서 있던 바로 그 자리에 선교 본부로 쓰는 리수 건물이 지어져 있었다. 플래그의 도움으로 새로운 본부를 그곳에 지으려고 계획하고 있었는데 전에 건물보다 더 아늑했다.

제임스가 보니 공사가 거의 끝나가고 있었다. 부엌, 염소 우리, 그리고 정원이 다 되어 있었다. 리수 사람들은 그것을 전부 자기들의 힘만으로 지었다. 여기 무쳉포는 산의 경관이 빼어나고 땅이 아주 비옥했기 때문에 자연스럽게 사역의 본부 지역이 된 것이었다.

여기 산등성이는 양 옆에 깊은 계곡의 비탈면으로 보호를 받으며 숲으로 둘러싸인 곳입니다. 식물이 풍부하고 구름이 산 위로 떠다니거나 중턱에 반쯤 걸쳐 있어 경치가 아주 훌륭합니다. 저는 여기가 좋습니다. 우리 모두 그렇습니다. 플래그 부부는 다음 건기 때 이곳에 영구적인 집을 지으려고 생각하고 있습니다. 방금 지나간 것과 같은 소나기 후에는 강물이 불어서 물살이 높아집니다. 이 편지를 쓰는 중에도 저 아래 계곡에서 세차게 흐르는 물소리가 크게 들립니다. 그러나 날씨는 곡식과 화초에 더할 나위 없이 좋습니다. 땅에서 싹이 솟아나는 것을 보면 마술 같습니다. 땅이 아주 비옥하기 때문이지요. 양치식물이나 풀도 무성하게 자라고 나무들도 키가 매우 큽니다. 우리의 실험 정원에서 대단한 일이 일어나기를 기대하고 있습니다. 인도, 미국, 그리고 레치워스에서 여러분이 보내주신 씨를 심었거든요.

어느 주일인가 제임스는 플래그가 예배당 아래에 있는 강에서 240명 이상 되는 신자에게 세례를 주는 것을 지켜보았다.

현상 파악

제임스가 중국에 온 지 14년이 지났다. 극도의 역경이 섞인 변화무쌍한 삶이었다. 그는 휴가를 가져야겠다는 생각을 별로 한 적이 없었다. 아무도 그렇게 생각하지 않았다. 그런데 지금 그는 첫 번째 휴가를 신청할 때가 되었다고 생각했다.

제임스는 떠나기 전에 약간의 현상 파악을 했다. 그는 일찍이 하나님 나라의 진전에서 집요한 기도가 하는 역할에 대해 고통 가운데서 배운 적이 있었다. 높은 산의 작은 기지에서 믿음의 기도에 대해 그가 숙고했던 것으로 인해서 그는 기도가 이루어내는 막강한 힘에 대한 귀중한 자료를 만들어 내었다.

그는 이제 신생 리수 교회의 상태를 재고해 보았다. 어떤 곳은 힘 있고 지각력이 있고 성장이 빨랐다. 다른 곳은 그가 그렇게 오래도록 가르쳤는데도 다시 영을 숭배하는 자리로 떨어졌다. 몇 달 동안 힘을 기울여 양육한 전도양양하던 젊은이 둘이 다시 예전으로 돌아갔다.

"저는 기도가 우선이고 가르치는 것이 두 번째라고 생각하곤 했습니다. 그런데 현재 저는 기도의 자리가 첫 번째, 두 번째, 세 번째에 있어야 하고 네 번째에 가르치는 것이 와야 한다고 느끼고 있습니다."

제임스와 그의 방법을 비판하는 소리가 여러 군데서 들려 왔다. 그것들은 이해할 만한 것이었다. 왜 도대체 그는 그렇게 많은 지역을 한꺼번에 감당하려는 것인가? 한번에 몇 마을만 세우는 방법이 더 낫지 않은가? 그 성의 멀리 북쪽에 있는 류어로부터 벌써 소식이 왔는데 바로 티벳 국경 근처 마을에서 100가정 이상이 하나님께로 돌아왔다고 하였다. 하나님의 사역은 계속해서 퍼지고 있는 것만 같았다.

"그들은 소위 집중적인 사역이 낫다고 생각하고 있습니다." 제임스가 그를 비판하는 사람들에 대해 쓴 편지였다. "그들은 마을에서 이틀이나 삼일 있다가 다른 마을로 가는 것으로 그들을 일 년이나 버려두는 것이 무슨 도움이 되느냐고 생각합니다." 그들이 어떻게 되리라고 기대하는가? 그들은 실제로 아무것도 모르지 않는가?

그렇습니다. 저는 제가 하는 방식이 이상적이지 않다는 것을 인정합니다. 저도 새 신자를 가르치고 훈련하는 것의 중요성을 그 누구보다도 잘 알고 있습니다. 그럼에도 불구하고 이삼일 동안 배운 지식만을 가지고 '그들 배후에 계시는 하나님의 은혜로 말미암아' 견고하게 서 있는 많고 많은 리수 신자들을 여러분에게 보여줄 수 있습니다.

그것이 모든 차이를 만들어 내는 것이었다. 그는 그들이 실수를 하면서도 애를 써서 주님의 날을 지키고 기도하고 찬양하려고 함을 보았다. 반면에 다른 지역에서는 몇 주고 몇 달이고 집중해서 가르친 사람들이 떨어져나갔다.

가르치며 지도하는 것은 특히 그것이 성경을 가지고 하는 것일 때 멋진 일입니다. 그것은 한 사람이 은혜 안에서 자라가기 위해 꼭 필요한 것이고 핵심적인 일입니다. 우리는 자기를 창조하신 자의 형상을 좇아 지식에 까지 새로워져야 합니다.

바울은 새 신자들이 지식으로 가득하기를 기도했다. 제임스는 지식이 온전하고 필요하고 좋은 것임을 알았다. 만일 누군가가 이미 그리스도인이라면 영적인 지식을 갖춰야 그가 견고히 서고 또 그가 전도하는 다른 사람들에게 영적 지식을 나누어 줄 수 있을 것이다.

그는 세상적인 지식에 대해서도 하찮은 것으로 여기지 않았다. 그는 그것이 영적 진리를 이해하는데 방해가 아니라 도움이 된다고 믿었다. "그러나 그것이 아무리 좋은 것이라고 하더라도 지나치게 강조될 가능성이 있습니다. 바울은 고린도 교인들에게 첫 편지를 보낼 때 지식을 강조하다 보면 하나님의 말씀을 넘어서게 될 가능성이 있다고 했습니다."

'지식이 힘' 이라는 말이 있다. 제임스는 그것이 검증되어야 할 필요가 있는 말이라고 생각했다. 영적인 영역에서는 지식이 한 사람을 믿음에서 떠나는 것으로부터 지켜주지 못하는 것을 그는 보았다.

사실상 많은 지식이 그 자체로 생명을 주는 힘을 가지고 있지 않습니다. 나는 죽은 설교를 할 가능성이 있음을 믿습니다. 모든 좋은 진리를 바르게 말하면서도 성령의 능력이 빠져있기 때문에 죽어 있는 것입니다. 나는 같은 이유로 죽은 성경을 읽는 것이 가능하다고 생각합니다. 하나님의 말씀이라고 해도 글자에 무슨 마술적인 매력이 있는 것이 아닙니다. 하나님의 영의 능력에서 떠나있다면 아무리 좋은 교훈을 가르친다고 해도 에스겔 37장의 마른 뼈와 같이 죽은 것입니다.

그러나 하나님의 생기를 그 안에 불어넣으면 그것은 극히 큰 군대처럼 강력해 질 수 있습니다. 마른 뼈가 그렇게 된 것처럼 말입니다.

여기 선교지에서 마른 뼈와 같은 상황에서 하는 모든 교육이나 가르침, 지도도 마찬가지입니다. 어떤 사람들은 선교지에서 만나는 문제가 기본적으로는 교육이 부족해서 그렇다고 하는데 지나치게 많은 사람들이 그것을 믿고 실천에 옮깁니다. 나에게는 그것이 비싼 대포를 설치해 놓고 커다란 조개를 쏘고 있는 것과 같이 보입니다. 그것은 적에게 아무런 해를 입히지 못합니다. 그러면 사탄이 뒤에서 득의의 미소를 짓고 있는 것을 나는 상상할 수 있습니다.

제임스가 자신의 전쟁터에 있는 동안 유럽에서는 1차 세계대전이 발발했다. 그는 그것에 대해 자주 언급하며 자신의 상황과 비교해서 편지에 썼다. "여기 있는 이 사람들은 무지할 뿐 아니라 미신을 믿습니다. 그들 주위에는 온통 이교적인 분위기뿐입니다. 그것을 현실적으로 느낄 수 있습니다." 그가 상대하고 있는 적은 머리만을 향해서 총을 쏘는 것이 아니었다. 즉 무지한 가운데 있게 하려고만 집중하는 적이 아니라는 것이다. 이 적은 가스로 공격한다. 사람들 주위를 죽음의 영향력으로 감싸고 있는데 그것은 만질 수도 없고 피할 수도 없다.

가스에다 대고 그것을 죽이거나 없애려고 총을 쏜다면 그 군인을 어리석다고 하지 않겠습니까? 리수 사람이 그 보이지 않는 세력에 붙잡혀 있을 때는 가르치거나 교훈하는 것이 효과적이지 못합니다. 독가스를 흩어지게 하려면 바람이 불어 와서 날려버리는 수밖에 없습니다. 사람은 그럴 힘이 없습니다.

하나님의 숨결은 마을의 분위기를 해치는 독가스를 날려 버리실 수가 있습니다. 여러분의 기도의 응답으로 말입니다. 우리는 혈과 육에 대항해서 싸우는 것이 아닙니다. 리수 사역을 위해서 여러분이 기도하시는 것은 근본적인 문제를 다루는 것으로 '정사와 권세와 어두움을 주관자들과 하늘에 있는 악의 영들에 대항하는' 일입니다. (엡 6:12)

제임스는 어떤 때는 하나님의 일이 진리에 대한 지식이 그들에게 전해지기도 전에 특정한 사람이나 가정, 마을이나 지역에서 시작되고 계속된다고 믿었다. 그것은 조용하고 예측하지 못하던 일로서 머리나 마음에서가 아니라 이것들 배후에 있는 보이지 않는 영역에서 일어난다. 그러고나서 복음의 빛이 오게 되면 어려움도 없고 갈등도 없다. 그러면 선교사는 그저 단순히 가만히 서서 하나님이 구원하시는 것을 볼 수 있는 것이다.

이렇기 때문에 복음의 빛에서 먼 사람들을 위해서 우리가 지식을 가지고 기도할 수 있다. 그 준비가 길면 길수록 사역이 깊다. 뿌리가 깊으면 깊을수록 한 번 땅에서 싹이 올라오면 그 식물이 더욱 튼튼하다. 하나님의 깊은 사역 가운데 오랜 준비 없이 뿌리내리는 법은 없는 것이라고 제임스는 믿고 있었다.

인간적인 관점에서 보면 선교지에서 복음을 전하는 일은 어둡고 습기찬 계곡에서 손에 성냥을 켜든 사람과 같아서 불이 붙는 거라면 무엇에든지 붙이려고 찾고 있는 것과도 같다.

그러나 전부가 다 축축하기 때문에 아무리 노력을 해도 타지 않는 것이다. 다른 경우에는 하나님의 바람과 햇볕이 먼저 준비되어 있다. 계곡의 한 부분이 말라 있어서 성냥불이 붙는다. 여기는 관목, 저기는 나무, 여기는 몇 개의 나무토막, 저기는 나뭇잎 더미에 불이 붙어 빛을 비추고 따뜻하게 하고 성냥이 불쏘시개가 되어 계속 전달되는 것이다.

"이것이 하나님이 보기를 원하시는 것입니다" 라고 그는 계속하였다. 하나님께서는 작은 불꽃으로 전 세계를 태울 수 있도록 기도하는 자기 백성을 찾고 계신다.

사랑 이야기

"주일날 밤 잠자리에 드는데 가까운 마을 누군가의 집에서 부르는 아름다운 찬송가 가락이 귀에 들려온다면(그것도 파트별로) 기분이 어떻겠습니까?
오, 그들이 '내 삶이 끝나고 넘치는 강물을 건널 때' 를 부르는 것을 얼마나 제가 좋아하는지요. 미얀마 중국 국경의 이 원주민들이 진심으로 부르는 찬양의 아름다운 선율을 들으면 제 마음이 감동과 찬양으로 가득 차오릅니다. ― 그것은 정말로 영감이 있어서 자주 제 눈에 눈물이 흐르게 합니다."

영국에서의 휴가

식구들의 은그릇이 눈처럼 새하얀 테이블보 위에서 빛나고 있었다. 불빛이 크리스탈에 백 개로 되살아났다. 저녁은 정식 모임이어서 프레이저 부인은 격식을 차려서 침착하게 식탁의 주인으로서 역할을 하였다. 하녀가 조용하게 잘 닦인 바닥 위로 손수레를 밀고 왔다. 요리사는 가족이 재결합하는 중요한 모임을 축하하기 위하여 자신의 걸작을 차리라는 주문을 받았다. 제임스가 집에 온 것이었다.

보통 프레이저 부인은 평범한 음식을 주문했다. 건강에 좋은 음식이 무엇인지에 대하여 꽤 고정된 생각을 가지고 있었다. 오븐에 익힌 저녁을 먹을 때마다 맨 빵 한 조각을 반드시 먹어야 했다. 어린아이는 배고픔을 면할 정도로만 먹어야 하고 식탁을 떠날 때는 언제나 다시 저녁을 먹기 시작해도 전부 먹을 수 있을 정도여야 한다. 어린 아이들은 부엌에서 하인들과 같이 먹다가 식당에서의 예절을 완전히 익힌 다음에야 어른과 식탁을 같이 할 수 있다고 생각했다.

그런 프레이저 부인이 죽이나, 무, 감자를 제임스의 입맛에 맞추느라고 신경을 썼다. "내가 먹고 싶은 만큼 아무 눈치 안보고 먹을 수 있는 유일한 장소는 어머니가 차려주신 식탁 앞에서 뿐이었습니다."

재회의 저녁 식사는 조금 어색하기도 했다. "제임스, 지금 그걸 후회하고 있지 않아요?" 어린 목소리였다. "변경의 미개척지에 삶을 송두리째 던져버리고 아무 것도 이룬 것이 없으니 말이에요."

심술궂은 목소리에 제임스는 대답하지 않았다. 그러나 그것은 그에게 상처가 되었다. 친 가족 중에 가끔 영혼을 싸늘하게 만드는 말을 하기도 했다. 그들은 다른 세계에서 살고 있었다.

어머니의 눈길은 많은 말을 해 주었다. 어머니와 다시 만나 함께 시간을 보낸 일이 기억에 남고 감동적인 것이었다. 바로 얼마 전에 기도 후원자들을 모두 불러 그와 만나 이야기를 나누게 했고 함께 기도하는 시간을 가졌다. 그의 휴가 중에서 가장 좋은 시간이었다. 그는 기도 후원자들에게 사진도 보여주고 원주민 의상과 리수 장식품들을 보여주었다. 그는 그들에게 자기의 계획과 희망을 이야기했다.

제임스는 언제나 근사한 생각으로 가득했다. 그는 손으로 감는 녹음기와 좋은 사진 장비를 갖고 싶어 했다. 그리고 친척에게 편지할 때 라디오 장비를 갖기를 원했는데 무청포에 송신국 본부를 세우고 모든 리수 마을에 수신 장비를 갖추고 싶어 했다.

그러면 우리는 설교와 가르침 등을 전 지역에 방송할 수 있을 것입니다. 이것은 제국주의적인 생각일지도 모르겠고, 또 아마도 그것을 운영하는 데 많은 돈이 필요할지도 모르겠습니다. 그렇지만 아주 멋진 생각 같지 않습니까?

그것은 1922년의 일이었다. 그는 자신의 시대보다 조금 앞서 가는 사람이었다. 기도 후원자들이나 공감하는 친구들과의 모임도 있었지만 그와는 대조적으로 실망스런 만남도 있었다.

그가 중국에 대해 이야기할 때 흥미를 느끼는 사람도 있었지만 자기들과는 상관없는 일이었다. 원주민 가운데 극적으로 하나님께로 돌아온 이야기를 하면 그렇게 중요하게 받아들이지 않는 것이 그들의 태도에서 느껴졌다. 아마도 제임스가 흥미 있게 이야기하는 사람이 아니었거나 아니면 이야기를 잘 전달하지 못했을 수도 있다. 그 어떤 경우든 영국에서 휴가를 보내면서 자기 일에 사람들이 흥미를 보이지 않자 그는 마음에 상처를 입었다. 그렇게 간절히 그 일에 대해 함께 나누기를 원했지만 그것을 들으려고 하는 사람은 많지 않았다.

반응을 보이는 사람들도 있었다. 그 지형과 그곳에 사는 사람들을 애써서 떠올리며 희미하게나마 상상을 했다. 그들은 하나님께서 이 원주민들 가운데 지금 역사하고 계시다는 사실을 즉시로 파악했으며 그와 함께 동역자가 되고 싶어 했다. 제임스의 이야기를 들은 사람들 중 많은 이들이 '기도 후원회'를 만들었다. 선교지의 각 사람당 열 명의 군인이 기도로 뒷받침하였다. 이것은 그 후로 해마다 늘어나 수천의 군대로 자라서 선교라는 전체적인 일에 친밀한 동역자가 되었다.

캐나다와 미국

제임스의 아버지는 스코틀랜드 출신 캐나다인이어서 프레이저 친척 중 많은 사람들이 온태리오주에 살았다. 제임스의 형 고든이 그곳에서 세탁기를 생산하는 사업을 하면서 정착해 있었기 때문에 제임스는 미국에 가서 몇 주를 지내며 친척들을 만나보기로 했다.

이 방문 중에 그는 휘스 집회에서 말씀을 전하게 되었는데 그때 이소벨 쿤이 처음으로 원주민에 대해 듣고 하나님께서 자기를 그 일에 부르심을 느끼게 되었다. 제임스는 미국 전역에서 열린 각종 집회와 회의에 참석하였는데 거의 어디서나 사람들은 그의 이야기에 열중했다.

제임스가 윈난에서 친했던 사람들은 모두 미국 사람이었다. 그 팀이 커지게 되어 미국 출신 동료가 많아졌다. 이런 이유도 있고 또 자신의 성품 때문이기도 해서 그런지 그는 언제나 미국과 미국 그리스도인에 대해 특별한 애정을 가지고 있었다. 그들은 따스하고 관대했으며 헌신적이었고 새로운 생각과 독창성에 열린 마음을 가지고 있었다. 그들은 전통과 다른 태도를 취하는 것을 두려워하지 않았다.

"내게 아이가 있다면 미국에서 자라게 하고 싶습니다."라고 말하면서도 금방 그렇게 말한 것을 후회하는 듯이 "그러나 교육은 영국에서 받게 하고 싶습니다."라고 덧붙였다. 그는 밴쿠버에서 동양으로 떠나기 전 커다란 글씨로 마지막 편지를 썼다.

저는 요코하마에 9월 8일, 상하이에 9월 12일 그리고 윈난에는 9월 말에 도착합니다. 저는 이제 문명에 작별 인사를 하고 있지만 그럼에도 불구하고 매우 행복합니다. 여기 있는 모든 군중이 저를 배웅하러 아침에 내려왔습니다. 저는 아직도 짐을 싸지 못했습니다.

충격

상하이에는 충격적인 사건이 기다리고 있었다. 선교부 지도자들은 그를 향후 몇 년 간 중국 북부로 보내려고 하였다. 칸수 지방에 문제가 생겨서 제임스가 그곳을 도와주기를 원했다.

그것은 그에게 대단히 실망스러운 일이었다. 그 결정이 자기와 의논도 없이 이루어진 일이어서가 아니었다. 그저 아무도 보낼 사람이 없었던 것이었다. 더구나 제임스에게 CIM의 행정적인 면을 맡는 것이 좋은 경험도 될 것이었다.

"제가 그렇게 할 준비가 되어 있다고 말할 수 없습니다. 그러나 주님, 제가 기꺼이 그럴 마음이 생기도록 해 주십시오." 이것은 F. B. 마이어의 기도이다. 제임스는 억지로 순종하는 것이 얼마나 사람을 황폐하게 하는 지를 알았다. 하나님의 뜻은 언제나 "완전하고 받음직한데 그것에는 대가가 따랐다. 그럼에도 불구하고 그는 경험상으로 그것이 언제나 열매가 있는 것임을 알았다. 그는 윈난 남서부에서 자기가 가졌던 계획이 실망으로 끝났던 적이 많았던 것을 기억했다.

제임스가 오랜 기다림 끝에 만난 동역자였던 앨린 쿡도 그와 함께 원주민 사역을 하려고 했지만 다른 중국 도시인 따리로 보내진 적이 있었다.

나도 역시 실망이 컸습니다. 몇 달 간 반항적인 마음으로 따리에 머물고 있었지만 하나님께 무릎 꿇고 나의 쓴 마음을 고백하였습니다. 그분께 내가 따리에서 그분을 위해 유용하게 쓰임 받게 해달라는 기도를 드렸습니다. 바로 그날 본부에서 편지가 와서 나를 원주민에게 갈 수 있도록 해 주었습니다.

그래서 제임스는 가슴 아팠지만 방향을 바꾸어 칸수 지방으로 향했다. 그곳은 넓은 평야와 높은 산이 가로막고 있는 곳이었다. 하나님의 축복을 기대하며 새 길을 가기로 작정한 그는 그 새로운 곳도 사랑하게 되었다. 그러나 그것은 그에게 있어서 말할 수 없는 희생이었다. "윈난은 내 첫 사랑, 내 라헬이었고 칸수는 내 레아가 되었습니다."

장엄함과 공포: 칸수

다음 몇 달의 이야기의 배경에 대해 이해하기 위해서는 지도를 볼 필요가 있다.

여행, 또 계속되는 여행 – 이것이 3년간의 패턴이었다. 선교 기지가 중국 북서쪽 광대한 지역 곳곳에 널려 있어서 그곳들을 방문해야 했기 때문이었다. 칸수 경계는 고비 사막에서 티벳산까지 뻗어있었다.

제임스의 여행담은 아주 흥미있는 읽을거리였다. 그는 말을 타고 아시아에서 가장 알려지지 않고 사람들이 가장 가지 않는 곳을 여행했다. 사막은 황폐했고 하늘을 찌를 듯이 높은 산은 강한 눈보라로 이가 시릴 정도였다. 모슬렘 전쟁으로 버려진 유령 마을에는 먼지를 일으키는 바람과 가끔 울부짖는 늑대 소리가 있을 뿐 그 외에는 조용히 서 있었다. 제임스와 중국인 짐꾼은 눈으로 볼 수 있는 곳을 향해서 몇 시간이고 인기척이라고는 없는 곳을 터덜터덜 말을 타고 갔다. 황폐한 사막은 무한대로 뻗어있는 것 같았는데 검은 하늘에 뾰쪽이 서 있는 티벳의 눈을 보면 가끔씩 마음이 놓였다.

추위는 대단했다. 그의 일기에 쓰인 글이다.

두터운 내복과 셔츠, 울 스웨터, 안의 코트, 털 달린 오버 코트, 솜 넣은 가운과 솜 넣은 상의를 입으면 따뜻하리라고 상상합니다. 간수의 겨울은 그 위력이 대단합니다. 밖에 나가는 것이 장난이 아닙니다. 지난 밤에 사나운 간수 개에게 물렸습니다. 티벳 개는 더 사납답니다. 몇 마일이고 끝까지 쫓아온다고 합니다. 말등에 뛰어올라 타서 살점을 베어문다고 알려져 있습니다.

여관이 없는 때도 있었다. 그러면 제임스와 그의 마부는 달빛이 낮처럼 환한 바깥에서 그냥 잤다. 그들은 집시 불 옆에서 밀반죽 빵을 먹었다. 한번은 해발 13,000피트 되는 얼음 덮인 산을 지나가다가 그곳에서 하룻밤을 지냈다. "이전에 그런 추위 속에서 잔 적이 있었는지 모르겠습니다."라고 그는 편지했다.

대상들이 인적 없는 그 꼭대기를 지나갔다. 티벳 사람들은 야크를 몰기도 하고 몽골 사람들은 노새를 타고 갔는데 터키 같이 먼데서부터 오는 사람들도 있었다.

하루가 끝날 때쯤이면 춥고 배고프고 지쳐 있습니다. 깨끗이 청소된 좋은 방에 따뜻한 목욕, 따뜻한 난로, 환영하는 미소 그리고 좋은 음식이 기다리고 있는 것이 아니었습니다. 아니 질척거리는 황량한 길을 따라서 이 여관에서 저 여관으로 가면 의심스런 눈으로 빤히 쳐다보는 겁니다. 결국 강제로라도 여관 문을 밀고 들어갑니다. 여관은 칠흑같이 어둡고 바닥은 지저분하며 가구나 불이나 온기는 없고 진흙으로 만들어진 집입니다. 일행은 들어가서 밥만 끓여서 아무 반찬도 없이 먹습니다.

그러나 다음 날 아침 밖에 나와 파란 하늘과 눈 덮인 산을 바라다보면 전날의 모든 어려움을 잊습니다.

은사를 가진 여인

본부에서는 제임스에게 칸수 지역의 사역을 조사하라는 요청과 함께 정치적으로 불안정한 상황에 대하여 보고를 하도록 하였다.

정착된 '본부'가 있는 많은 곳에서는 예전 식으로 신실하게 선교를 하고 있었다. 그 중 하나에 대해 그는 본국에 편지를 써 보냈다.

교회당 건물은 멋있었지만 유감스럽게도 전부 외국 돈으로 지은 것이었습니다. 제가 M씨와 함께 있던 일을 기억하시지요? 그 건물을 위해서 돈을 낸 것도 여기 있는 전도자들을 돕는 것도 전부 그가 한 일입니다. 그는 베풀기를 좋아하고 선량한 사람이지만 저는 선교지에 외국 돈을 쓰는 것은 잘못된 일이라고 더욱 확신하고 있습니다.

어떤 곳에서 하는 사역을 보고 마음이 상해 있던 제임스에게 밀드레드 케이블과 프란체스카와 에바 프렌치와의 만남은 다시 열정에 불을 붙여주었다. 그들이 사는 방식은 그를 매료시켰다.

카오 박사는 수초우 교회를 목회하고 있었는데 날조된 고소때문에 감옥에 들어갔다. 세 여인은 제임스에게 그를 구해 달라고 부탁했다. 카오 박사는 설교를 잘하는 분이었는데 "가르치는 은사는 가지고 있지 않았다."

고 제임스가 말했다. 세 여인이 이곳에 복음 전하러 와서 카오 박사의 필요를 보고는 '자물쇠에 열쇠'처럼 딱 알맞은 사역을 하게 되었다.

이 여인들은 일류 성경 교사들이었다. 제임스가 한 편지이다.

저는 CIM 전체에서 그 어떤 주제에 대해서도 미스 케이블처럼 잘 가르치는 교사가 있다는 생각이 들지 않습니다. 그는 최근에 샨팅 기독교 대학에서 자리를 주겠다는 제안을 받았습니다. 그녀가 카오 박사의 젊은이들에게 얼마나 성경을 완벽하게 가르치는지 거의 섬뜩할 정도입니다. 그녀는 성경 전체를 빼놓지 않고 훑어보게 합니다. 소선지서, 계시록 전부를 보게 합니다. 미스 케이블이 학생들에게 풀라고 주는 문제들과 노트의 방대한 양을 보면 놀랄 정도입니다. 우리 보통 선교사들은 대부분 우리 중국 성도들에게 그저 피상적인 지식만 가져도 다소 만족해 버리는 데 반해서, 여기 중국의 가장 변방 외딴 곳에서 일단의 젊은이들이 하나님의 말씀에 단단히 기초를 쌓고 있는 것입니다. 다른 어느 곳에서도 이렇게 훈련받는 사람은 적은데 말입니다.

저녁 식사 시간은 즐거웠다.

저는 어떤 선교사들의 모임에서도 그렇게 신선하고 지적인 대화를 들은 기억이 없습니다. 위대한 피라밋에서부터 아인슈타인의 상대성 원리에 이르기까지 대화를 나누는 것이었습니다. 미스 케이블이 여러분에게 요즘 무슨 책을 읽고 있냐고 물을 때 만일 아무 것도 읽고 있지 않다고 대답한다면 왜 책을 안 읽고 있는지 궁금해 할 것입니다.

카오 박사 자신은 교회 일이 어떻게 운영되어야 하는지에 대해 무모할 정도의 독창적인 생각을 가지고 있었다. 그는 의료 일을 하여 자신의 생활비를 벌었는데 누군가 주님을 위해서 하는 일로 돈을 받는다는 것을 믿지

않았다. 그들이 일을 도와주면 자기 집을 쓸 수 있게 해 주었지만 모두는
각자가 자기 생활을 책임져야 했다. 그 의사는 아주 영적으로 깊이가 있는
사람이었다. 제임스는 감옥에 있던 그와 많은 시간을 함께 지냈는데 당시
에는 그가 풀려나는 것을 보지 못했다. 그는 카오 박사의 사역이 이제껏
그 지역에서 본 것 중에서 가장 건강하다고 생각했다.

그 의사는 구제하는 일에 긍휼을 가지고 열심을 내었다. 집이 없거나 버
림받은 사람들은 그의 집이나 토지에서 피난처를 찾았다. 그는 자기 요리
사가 산 채로 땅에 묻혔을 때 그를 땅에서 파냈다.

제임스는 말 못하고 듣지 못하는 톱시라는 아이를 만났다. "그 불쌍한
아이는 개들에게 다리를 심하게 물려서 간신히 벽을 붙잡고 걸을 수 있을
정도였습니다." 거리에 버려진 조그만 아이를 미스 케이블이 데려와서 집
에서 살게 했고 나중에 양녀로 삼았다.

제임스가 처음에는 칸수에 나중에는 산시에 있던 세월이 1927년에 끝
났다. 공산주의 운동의 전초가 된 반 외국인 캠페인때문에 모든 외국인은
철수해야 했다. 유럽 사람들은 그 지역을 빨리 떠나 해안으로 가는 모험을
해야 했다. 제임스도 황하강을 타고 피난하는 무리에 섞여 급류를 타기도
하고 어떤 때는 그저 강도를 피하기도 하면서 가기도 했다.

상하이에는 영사의 조언을 듣고 중국 내지 각 곳에서 몰려든 유럽이나
미국 사람들이 많았다. 나중에는 외국인을 모두 추방한다는 소문까지 있
었다. 사역이 긴급하게 정리되어야 할 필요가 있었다.

상하이에 있는 동안

"우리에게 필요한 것은 해안에서 유람하는 배가 아니라 깊은 곳으로 향
해할 수 있는 전투함이에요." 호스트씨가 제임스에게 말했다.

호스트씨는 다른 사람보다 제임스를 상하이에 남겨 중앙팀을 강화할 계

획을 가지고 있었다. 리수 산지에서 필요한 것과 똑같이 행정에도 믿음과 인내의 원칙이 적용된다고 총재는 주장했다. 이제 제임스의 나이가 사십이 되었으니 그의 경험이 상하이에서 귀중하게 쓰일 것이었다.

제임스는 호스트씨가 아침 기도할 때 함께 하는 적이 많았다. 기도 제목이 어마어마했다. 사역자들 사이에 관계가 나빠서 문제가 되는 지역들이 있었다. 극단적인 가르침으로 인해서 계속 모임이 나뉘는 곳도 있었다. 아직도 수백만의 중국인들이 예수 그리스도의 이름을 들어보지 못했다. '한 달에 백만 명'이 구원의 길을 들어보지도 못하고 죽어가고 있었다. 이 인상적인 구호는 허드슨 테일러가 70년 전에 처음 한 말이었다.

제임스는 본부에서 몇 달을 지냈지만 하나님께서 자기를 그런 일에 합당하게 만들었다고 느낀 적이 없었다. 그의 마음은 아직도 윈난성 남서부 사람들에게 강하게 끌리고 있었고 자기의 은사와 부르심은 그들을 위해서 있다고 생각하고 있었다. 그러나 그는 본부의 필요를 알게 되었다. 날이면 날마다 사무실에 있는 대신 산으로 가고 싶지 않은 사람이 어디 있겠는가?

호스트씨는 제임스가 아내를 맞아야 할 때가 되었다고 생각했다. 그는 가끔 외모에 대해 너무 신경을 쓰지 않았다. 그래도 틀림없이 그에게 꼭 맞는 아가씨가 있을 것이었다. 호스트가 제임스에게 후보를 추천하는 과정에는 재미있는 사건들이 많이 있었다.

추레한 외모에 대해서 제임스의 원칙은 단순했다. "내가 아무도 모르는 곳에 있을 때는 나를 아무도 모르니 내가 어떤 모습으로 보이던 상관이 없습니다." 하고 제임스는 털어 놓았다. "저를 잘 아는 사람들 사이에 있으면 내가 어떻게 보이든 문제가 되지 않지요. 모두가 나를 잘 아니까요." 그에게는 아무 것도 문제되지 않았다.

기운을 불어넣기

제임스가 리수 사람들을 보지 못한 지 5년이 되었다. 그가 마침내 다시 산으로 갈 수 있었을 때는 그 지방의 감독자 자격으로였는데 장면이 달라진 것을 보았다. 대부분 미국인 젊은 부부들이 이제 원주민 마을에서 살고 있었다. - 쿤, 해리슨, 피츠윌리엄스, 캐스토스, 플래그, 고우만, 그리고 쿡 가족들이었다. 젊은이들이 더 많이 계속 올 것이었다.

홈그라운드에 다시 온 첫 해 그는 가장 행복했다. 기독교 사역이 진행되는 곳이면 그는 어디든지 방문했다. 이때 그는 원주민 교회가 빠르게 성장하고 있는 것을 볼 수 있었다. 그는 누강 상류에 그렇게 많은 그리스도인들이 있는 것을 보고 깜짝 놀랐다. 14년 전 바타우와 게이스 씨와 조사했던 지역이었다. 칼 고우만은 개종자들에게 즉시로 복음을 전하라고 가르쳤고 그래서 십자가의 복음은 더욱 깊은 산중으로 동시다발적으로 퍼져나갔다.

무쳉포에는 이미 '선교 모임'들이 있었는데 원주민 그리스도인들이 모여서 자기들이 보낸 대사들의 편지를 읽고 있었다. 그들은 스스로 선교사를 파송하고 후원하고 그들을 위해서 기도하고 있었다. 리수인 두 명이 텅웨에 와서 샹따에 있는 모의 집이 있는 산으로 그를 데리고 갔을 때 제임스는 생각지 않은 여행을 하게 되었다. 그곳에서 모두 함께 무쳉포로 향해 떠났는데 그곳에서 제임스는 이제껏 받아 본 적이 없는 가장 감동적인 환영을 받았다.

마침내 셋째 형이 돌아왔다. (제임스는 자기 집에서 셋째 아들(아이샤)이었다. 리수인들은 그를 친근하게 '아이샤'라고 불렀다.; 역주) 제임스는 그곳에서 3주를 머물렀다. 이번에는 가르치는 것이 아니라 듣는 입장이었다. 교회는 그가 알지 못하는 지역에서 자라고 있었다. 쿡, 고우만, 그리고 다른 사람들은 교회가 빠르게 확장되는 것을 보았고 그와 보조를 맞추어 그들에게 성경을 가르치느라고 숨이 가쁠 지경이었다.

새로운 사랑

록시 다이몬드의 이름이 처음으로 거론되었을 때 제임스의 심장이 뛰었다. 설명할 수 없는 일이었다.

그는 한 번도 그 이름을 들은 적이 없었지만 그 즉시 하나님께서 무엇인가를 그에게 말하려고 하심을 느꼈다. 그가 그 성의 수도인 쿤밍에서 친구와 대화를 나누고 있는데 우연히 그녀의 이름이 나왔다. 제임스에게 연합 감리 선교회의 프랭크 다이몬드의 딸이 쿤밍에 온다는데 알고 있었느냐고 그 친구가 물은 것이었다.

며칠 후 그녀를 보았을 때 그의 가슴은 다시 뛰었다. 그녀는 23살 밖에 되지 않았고 그는 42살이었다. 나이 차이가 장애가 될 수도 있었다. 그녀는 다른 선교회 소속이었다. CIM의 감독이 '다른 선교 기관'의 사람과 결혼해도 괜찮을까? 더구나 그녀는 보기 드물게 예뻤다. 겉으로 보기에 곱고 가늘어서 그가 사는 삶의 형태에 맞을 것 같지 않은 모습이었다.

어떻게 그가 만남을 주선할 수 있었는가?

"집에 피아노 있어요?" 며칠 후 제임스는 될 수 있는 대로 가장 자연스럽게 록시의 여동생에게 지나가는 말처럼 물었다.

"아니요, 죄송하지만 없는데요."

이렇게 해서 제임스의 질문은 소용이 없어져 버렸다. 그러나 그는 YMCA에서 모든 유럽 사람들을 위한 음악회를 열고 다이몬드 가족도 확실히 오도록 하였다.

이런 저런 사람들을 포함하여 많은 사람들에게 초대장을 보냈다. 영사, 사업가들, 선교사들이 왔고 마침내 록시도 늦게 도착하여 뒷줄에 끼어 앉았다. 마치고 나서 그녀는 감사하다는 표시로 고개를 끄덕이고는 떠났다.

그녀를 만나는 것조차 아주 어려운 일이었다. 그러나 그가 그 문제에 대해 하나님께 기도하면 할수록 록시가 그의 배우자로 예정된 사람임을 그는 알 수 있었다.

그는 곧 너무 튀지 않게 미래의 신부를 만날 약속을 할 수 있었다. 록시가 나중에 그 일을 이렇게 기억했다.

이제 기와 지붕 틈새로 물이 새는 것과 거미줄이 쳐 있는 것하며 딱딱한 중국 의자를 볼 수 있었습니다. 여기에서 그는 티벳을 여행한 이야기를 해 주며 코코노어의 사진을 보여 주었습니다. 그리고 자기 말을 공격한 사나운 티벳 개의 이야기도 해 주었습니다.

그는 칸수와 윤난에서의 여행 이야기도 해주었고 사랑하는 어머니 이야기와 그 외에 다른 이야기를 그녀에게 해주었다. 리수 사람들 속에서 사역하던 때의 일도 여러 번 이야기 하였다.

그의 대화는 무궁무진했다. 그는 삶을 사랑했고 세상이 흥밋거리로 가득함을 체험하고 있었다. 그는 독서의 폭이 넓었고 폭넓은 여행을 했으며 명민한 마음을 가지고 있었다. 그는 유모어 감각이 뛰어났고 그를 아는 사람들 중에서 그가 고개를 뒤로 젖히고 크게 웃는 모습을 잊을 수 있는 사람은 거의 없었다.

"록시," 그가 어느 날 말했다. "나는 당신이 내 아내가 되어 이 집에 함께 살았으면 좋겠어요." 그녀는 기와와 거미줄 사이로 나 있는 틈을 바라다보고 또 그를 바라보았다. 그는 대단히 예의 바른 신사였지만 안락이나 물질적인 것에는 전혀 무관심했다.

"내 꿈이 뭐였는지 알아요?" 그는 열정적으로 덧붙였다. "노새 하나에는 아내가 타고, 다른 노새에는 내가 타고 그리고 내가 세상에서 가진 모든 것을 세 번째 노새에 태우는 것이었어요."

록시는 그의 힘과 남자다움에 끌렸다. 그런데 나이 차이가 너무 많지 않은가? 그녀가 '감독'의 아내 역할을 할 수 있을까? 이 모든 여행을 그녀가 감당할 수 있을까?

제임스는 기도와 금식으로 다시 돌아갔다. "당신이 나를 받아주지 않는다면 나는 중국에서 가장 외로운 사람으로 되돌아 갈 겁니다."

록시의 아버지인 프랭크 다이몬드 자신도 할 이야기가 많았다. 그가 처음 감리교도들과 중국에 도착했을 때 그의 나이 19살이었다. 그의 빨간 머리와 빛나는 파란 눈 때문에 중국 사람들은 금방 그를 '외국 귀신'이라고 불렀다. 프랭크와 그의 친구 샘 폴라드는 무서운 적대감을 가지고 있던 중국 내지에 용감하게 들어갔다.

중국에서 태어나 영국에서 교육 받은 록시는 브리스톨 대학에서 역사학과를 나왔다. "나는 그녀를 데리고 나올 수 없었습니다. 그녀는 대학 내에서 가장 아름다운 학생이었기 때문에 남자들은 언제나 그녀를 댄스파티에 데리고 가고 싶어 했습니다. 그러나 그녀는 전혀 흥미를 보이지 않았습니다. 늘 선약이 있다고 하며 한 번도 가지 않았습니다." 그녀와 같이 학교 다니던 학생의 말이었다.

록시는 기독교 활동 외에는 관심을 가질 시간이 없었다고 인정했다. "나는 다른 세상을 본 것 같았습니다." 그녀는 후에 그렇게 설명했다. "그리고 다시는 갈을 수 없을 것입니다. 그 후에 저는 여기가 오직 나그네로 사는 곳에 지나지 않음을 느꼈습니다."

결혼 생활

중국 변방에서 결혼식을 계획하는 것은 대단한 예술이었다. 늘 하던 대로의 서양식대로 하기가 쉽지 않았다.

그들은 중국 제빵 기술자에게 결혼 케이크를 만들어달라고 했다. "우리는 웨딩 케이크를 만들지 못합니다." 라는 대답이었다. "잼을 넣은 파이는 만들 수 있어요?"

그들은 1929년 10월에 결혼했다. 햇빛이 화창하게 비치는 날이었고 많은 웃음이 있었다. 친구들이 전부 참석하기 위해서 식은 정원에서 이루어졌다. 제임스는 자기 생애 중 가장 행복한 날로 그날을 기억했다. 록시는 호스트씨로부터 건강을 비는 편지를 받았는데 그녀가 '그와 가까운 관계' ─ 그것은 그가 탐내고 있는 것인데 ─ 가 된 것을 즐기기 바란다고 하였다.

신부에게 집이 없었다. 결혼한 지 2, 3일도 안 지났는데 그들은 따리로 가는 2주간의 여행길에 올랐다. 그 후에는 몇 달 간을 산에서 지냈다. 록시는 결혼 초기의 경험을 이렇게 묘사한다.

> 결혼식이 끝나고 며칠이 안 되어 우리는 5달 반의 여행길에 올라 복음이 전해진 곳과 전해지지 않은 윈난 서쪽의 원주민 지역을 돌아보았습니다. 그 당시 윈난 서쪽 지역은 거의 알려지지 않았습니다. 왜냐하면 미얀마로 가는 길이 없었고 대상들이 가는 길은 가파르고 험하고 구불구불한 오솔길이었기 때문이었습니다.

처음에 그녀는 산에 갈 때를 위해 만든 의자로 여행했지만 곧 노새로 바꾸었다. 그들은 대부분의 여행을 커다란 노새 두 마리로 했는데 그것이 말보다 더 안전했다.

중국 지역에서 그들은 보통 말 여관의 짚이 깔린 다락에서 잤는데 그곳에는 쥐가 많기는 해도 보통 여관보다 훨씬 더 깨끗했다. 제임스는 대단히 건강해서 대부분 낮에는 록시가 탄 노새 곁에서 달리는 때가 많았다. 둥근 돌을 뛰어 넘고 바위 많은 곳을 올라가며 그 시간 동안 그녀와 얘기하고 추억담을 들려주었다.

그는 늘 야생 상태로 살았기 때문에 옷을 어떻게 입을지에 대해 무관심했다. (그런데 그가 생각해도 재미있는 것은 결혼 후에 조금 달라져야 했다.) 그럼에도 불구하고 그가 돼지우리 보다 아주 조금 나은 곳에 머물고 있을 때조차도 그는 언제나 신사였다.

그는 사람들이 모이기만 한다면 어디든지 밤에 램프를 들고 가서 그들에게 설교를 했다. 돌아와서는 언제나 많은 시간을 기도로 보냈다.

몇 주간 여행을 계속해서 그들은 서쪽 끝 제임스가 리수 사역할 때 쓰던 옛 오두막에 도착했다. 어떤 마을에서는 그들을 환영하는 의미로 총포를 쏘았다. "셋째 큰 형이 온다." 사람들은 외쳤다.

록시가 쓴 글이다.

한번은 가파른 산길을 하루 종일 오르락내리락 몇 시간을 하여 드디어 어둠이 깔릴 무렵 한 리수 마을에 도착했습니다. 수도 없는 악수와 인사 끝에 우리는 천연그대로의 식사를 하였습니다. 그리고 예배를 드리러 작은 예배당으로 갔는데 한밤중이 훨씬 지날 때까지 예배가 계속되었습니다.

록시는 너무 졸려서 교회 뒤에 베개를 대고 알지 못하는 사이에 어느새 잠이 들었다. 그녀가 깨었을 때 리수 사람들이 사랑스럽게도 돼지기름과 무를 그녀의 베개에 올려놓은 것이 보였다. 그들은 그녀가 눈을 떴을 때 기쁘게 해주고 싶었던 것이다.

리수 사람들은 노래 부르는 것을 매우 좋아했다. 그들은 음악성이 뛰어나서 금방 4부로 합창할 수 있었다. 그들은 생명력이 넘치고 유머가 있었으며 그들의 믿음에는 실제적인 따뜻함이 있었다. 그들은 과거의 큰 죄를 끊어버렸을 뿐 아니라 십자가를 지고 주님을 따를 준비가 되어 있었다. 제임스는 그들이 신앙생활을 시작할 때부터 끊임없이 "아무든지 나를 따라오려거든 자기 십자가를 지고 나를 좇을 것이니라."는 주님의 말씀을 강조했다. 이 가르침은 의심할 것 없이 그들에게 커다란 힘의 원천이 되었다.

많은 사람들이 가난한 중에도 많은 것을 드렸고 어떤 사람은 누강 상류에 복음을 전하려고 목숨까지 내놓았다.

오랫동안 그들은 리수 사람들과 새로운 지역을 다녔다. 보통 그들은 밤에 야영을 할 때 강가나 물이 가까이 있는 곳을 택해서 그냥 별을 보고 누웠다. 삶은 매우 단순했다. 리수인들은 쌀을 들고 다녔고 활과 화살을 가지고 새, 원숭이 아니면 다람쥐를 잡아서 고기로 먹었다.

미얀마 북쪽 샨주를 지나서 그들은 와일드 와라는 마을을 지나갔다. 중국 사람들은 이 사람들을 두려워했는데 그들이 사람 머리를 사냥하는 사람들이었기 때문이었다. 그러나 리수인들은 독화살을 가지고 다녔다. 그 화살을 맞으면 굉장한 고통을 동반하고 죽었기때문에 와족은 그들을 매우 두려워했다.

많은 사람들이 전에 외국인을 본 적이 없었습니다. 그들은 언덕에서 나에게 앉으라고 발판을 놓아주는데 그렇게 하면서 나에게 가까이 오면 난생 처음으로 백인 여자를 볼 수 있기 때문이었습니다. 그 성의 남쪽으로 난 길을 택해 돌아올 때 원주민 마을과 중국인 읍내를 지나오는데 18일이 걸렸습니다. 그곳에는 선교부가 하나도 없었고 그리스도를 전한 일도 없었습니다.

그들은 크리스마스를 무쳉포에서 보냈다. 수백 명의 리수인이 축제에 왔다. 그곳에는 외국인 도움이들이 많이 있어서 팀을 이루고 있으면서 집중적으로 가르치고 조언하고 위로하는 사역을 하였다. 사역의 확장은 거의 전적으로 리수인의 손에 달려 있었고 리수 교회에서도 막 지도자와 교사들이 나오고 있었다. 외국인의 도움은 최소화한다는 것이 거듭 강조되었다.

"어느 곳이든지 너무 오래 머물지 마십시오." 제임스는 외국인 사역자들에게 말했다. 현재 입장에서 과거를 돌아보면 모든 외국인들이 곧 떠나야했던 것을 생각할 때 하나님의 성령께서 처음부터 그 일을 지도하신 것이 분명하다.

앨린 쿡은 제임스로부터 루다에서 다른 곳으로 옮기라는 충고를 들었다. "이 산에 충분히 오래 있었어요.(신2:3)" 하고 제임스는 그에게 말했다. "사람들이 당신을 의지하기 시작하고 있습니다."

앨린은 그 사건을 1981년에 회상하며 이렇게 기록했다. "우리가 떠나자 루다 친구들은 자기들의 일을 스스로의 힘으로 해나가기 시작했고 주님을 더욱 온전히 믿기 시작했습니다. 그들은 마을에 외국인 선교사가 없으므로 해서 더욱 강건해졌습니다."

주님은 그들 가운데 지도자들을 일으켜서 구원받지 못한 영혼들에게 나가 전도하는 일을 시작하게 하셨다. 앨린은 계속했다. "프레이저씨는 확실히 하나님의 인도로 우리에게 그렇게 충고한 것이었습니다. 자급, 자전, 자치에 대한 그의 견해는 선교사가 그들 가운데 없어도 오늘날까지 존재하는 강력한 교회를 만드시기 위해서 하나님께서 사용하신 것이었습니다."

5달 간의 신혼여행 동안에 제임스와 록시는 쿡 부부가 뿌인산에 새로운 기지를 만들어 천여 명의 그리스도인들을 가르치는 성경학교를 운영하고 있는 것을 보았다. 2주 동안 그 두 부부는 산기슭에 높이 지은 집에서 함께 지냈는데 누강과 메콩강 사이에 있는 어두운 골짜기에 펼쳐지는 광경은 대단한 것이었다. 제임스는 앨린과 릴리아를 도와서 집중적으로 성경을 가르쳤고 록시는 중국말 밖에 몰랐기때문에 배울 수 있는 만큼 열심히 말을 배웠다.

그들이 붉은강을 향해 동쪽으로 35일 동안 여행을 하고 있는 중에 록시는 선교 지부가 이곳에 필요하다고 생각했다. 어떤 길은 아무도 없고 황량한 산허리의 광활한 공간을 지나고 있었지만 그 길은 사람들로 붐비는 도시들과 한번도 예수 그리스도의 복음이 전해지지 않은 수많은 마을로 연결되고 있었다. 사실 록시가 서부 윈난에서 받은 첫 인상은 복음을 듣지 않은 수십만의 사람들이 있는데 그에 비해서 붐비는 교회가 적다는 것이었다.

제임스와 록시는 언제든지 할 수 있을 때면 밤에 램프를 들고 나가 사람들에게 중국말로 복음을 전했다. 록시는 사람을 끄는 목소리를 가지고 있었고 설교에 은사가 있어서 쉽게 사람들을 모을 수 있었다. 제임스는 중국말로 하면 자기보다 록시가 더 설교를 잘한다고 생각했다.

윈난의 수도인 쿤밍으로 돌아온 제임스는 사역 조사를 통해서 무엇인가를 얻어낼 수 있었다. 그는 이제 남서쪽의 산지 지역에만 관여하는 것이 아니었다. 중국 도시들에 대해서도 그는 책임이 있었고 관심을 가지게 되었다. 그러나 그들은 아직까지 그리스도의 복음을 들을 준비가 되어 있지 않았다.

그러는 동안에도 원주민 사역은 계속 착실하게 성장했다고 그는 편지했다. "쿡씨는 이제 누강 상류에 있었는데 그 지역을 위해서 자원하는 전도자가 더 필요하다고 방금 구조 신호를 보내왔습니다." 누강 강류까지 가는 데는 14일이 걸렸다. 쿡은 언제나 귀신 숭배에서부터 돌아서는 가정들을 더욱 많이 보고 있었다.

이 사역의 역사상 맨 처음으로 우리는 가까운 마을을 가르치기 위해 세 명의 어린 소녀들을 보내려고 하고 있습니다. 어떠십니까? 흥미 있지 않으세요? 그들은 16살, 20살 그리고 21살입니다. 그 셋은 함께 자원했는데 아주 진지해 보여서 제임스와 피츠윌리엄과 현지 집사들이 그들을 시험해 보기로 결정했습니다. 그들을 그 셋을 정식 리수 전도자 부부 밑으로 보냈습니다.

그들이 내가 가르치는 곳에 부끄러운 듯이 소녀답게 들어오는 것을 여러분이 보셨어야 했습니다. 그 중 두 소녀는 가장 용감한 다른 소녀가 작은 소리로 설득해서 부추겨야 했습니다. 그들은 모두 한 동안 그의 반에서 배웠는데 무언가 말을 하려면 조심스러워하며 망설였다. 그러나 그들이 진지하다는 것은 명백합니다. 시간나시는대로 그들을 위해서 기도해 주십시오. 이름은 다비다, 사라 그리고 룻입니다.

이제 리수 일이 완전히 리수 사람들의 손으로 이루어지고 있다는 것을 이제 아시겠지요. 정식 전도자들이 받는 사례나 음식, 가족을 위한 음식도 전부 리수 사람들이 조달하는데, 추수 축제 때 드리는 것으로 전부 감당합니다.

자원하는 전도자들은 사례를 전혀 받지 않는다. 그들의 가족도 마찬가지이다. 그들이 머무는 마을 사람들이 그들을 부양한다.

사역도 대부분 스스로의 힘으로 움직인다. 지역 전체의 집사들이 매년 12월에 모여서 모든 중요한 문제를 결정한다. 각 지역의 집사들 모임도 매년 있는데 보통 안수를 받은 바울 목사의 사회로 진행된다.

이것은 입법부와 같은 성격을 지니고 있습니다. 그들이 규칙을 만들고 모임의 의사록도 만듭니다. 선교사가 그곳에 있든지 없든지 관계 없습니다.

리수 성도들이 찬양하는 것을 들으실 수 있으면 얼마나 좋을까요. 쿡씨 부부는 음악에 재능이 있어서 언제나 그들에게 4부 합창을 가르칩니다. 그들은 오르간도 없이 잘 합니다. 그것은 정말로 영감이 있어서 자주 제 눈에 눈물이 흐르게 합니다.

제임스는 영국이나 미국에 있을 때 회중이 부르는 찬양에 자기가 감동하는 경우가 드물었다. 그런데 리수 사람들이 찬양을 좋아하는 것은 확실했다.

주일날 밤 잠 자리에 드는데 가까이 있는 마을의 누군가의 집에서 부르는 아름다운 찬송가 가락이 귀에 들려온다면(그것도 파트별로) 기분이 어떻겠습니까?

오, 그들이 '내 삶이 끝나고 넘치는 강물을 건널 때'를 부르는 것을 얼마나 제가 좋아하는지요. 미얀마 중국 국경의 이 원주민들이 진심으로 부르는 찬양의 아름다운 선율을 들으면 제 마음이 감동과 찬양으로 가득 차오릅니다.

기름과 술

이것은 큰 규모의 부흥은 아니었다. 그러나 그것은 하나님의 능력의 징조였다. 이 집회들은 중국인이나 원주민들 사이에 그 영향이 지속되는 결과를 낳았다. 그러한 영적 경험으로 인해서 시련의 때가 왔을 때 많은 고난에도 불구하고 인내할 수 있었다. 12년 이내에 중국 남서부의 수백만 신자들은 감옥에 갇히기도 하고 믿음 때문에 죽기도 하였다. 그들은 '큰 환난에서 나온 자들이었는데 어린 양의 피에 그 옷을 씻어 희게 한' 사람들 중에 있게 될 것이었다. (계시록 7:14)

혼자 있는 밤

"이제 당신 혼자서 갈 수 있습니다. 우리는 이 아이들을 충분히 멀리까지 데리고 왔어요." 중국인 짐꾼은 아기를 풀밭에 내려놓고 자기 동료를 불렀다. "지금 돈을 주세요."

"산 위에까지 데려다 준다고 하지 않았어요?" 록시가 항의했다.

"마음이 바뀌었소. 지금 돈을 주시오."

록시는 돈을 세어 주었다. 그녀는 그 남자들이 오솔길을 따라 내려가는 것을 보았다. 그녀 앞에는 산이 하늘 아래 말없이 서 있었다. 사방을 둘러봐도 인가는 눈에 들어오지 않고 해는 빨리 지고 있었다.

황량한 경치가 록시의 눈에 잠시 들어왔다. 그녀는 서서 조용히 기도하고 기다렸다. 그녀는 어린 두 딸과 벌써 5일 째 여행 중이었다. 그래서 그 중국 짐꾼들이 믿음직하고 친절하다고 생각했다. 그런데 그들이 갑자기 그만둔다고 해서 정말로 놀랐다.

이 여행의 목적은 제임스를 찾는 것이었다. 그는 장티푸스 때문에 내려와서 중국 여관에 있다고 했다. 비록 동료 선교사가 그와 함께 있다고 했지만 록시는 몇 주를 기다리다가 찾아 나선 것이었다.

길에서 얼마 떨어지지 않은 곳에 록시는 작은 도랑을 발견했다. 가지가 매달려 있어서 이는 바람을 조금은 막아 줄 수 있을 것이었다. 그녀는 최소한 아이들이 밤을 지낼 보금자리는 되겠다고 생각했다. 그녀는 아기를 포대기로 말아서 바위 옆 코너에 놓았다. 그리고 침구와 짐을 가지러 다시 돌아왔다. 아이가 칭얼거리자 음식을 찾아서 뚜껑을 열고 먹을 것을 줄 수 있었다.

한 시간쯤 지나자 주위는 완전히 어두워졌다. 아이들은 감사하게도 잠이 들었다. 그들은 어디서나 자는 데에 익숙해 있었다.

갑자기 록시는 사람 소리를 들었고 길에 램프가 흔들리는 것을 보았다. 리수 사람들이 그녀를 찾아온 것이었다. 그들은 그녀가 제임스를 찾으러 오고 있다는 소식을 듣고 마중하러 나온 것이었다. 그들이 위험에 처해 있는 줄은 꿈에도 몰랐다.

나는 그들을 안아주기라도 할 정도로 그들이 반가웠습니다. 그들은 아이들과 짐을 자기 소유인 것처럼 들고 가 주었습니다.

그것은 하나님께서 그 작은 가족을 얼마나 세밀히 돌보고 계시며 그들의 안녕에 얼마나 관심을 기울이고 계시는가를 증명하는 많은 사건 가운데 하나였다.

조나단 고포스

제임스는 최소한 두 달은 병의 후유증을 떨어버리지 못했다. 그는 감독으로서의 모든 여행과 책임때문에 몸이 쇠약해진 것이었다. 중국에 9년을 더 있었으니 이제 영국과 미국에 휴가를 가도 좋은 때인 것처럼 보였다.

우선 그는 어머니께 아내와 딸들을 보여드리고 싶었다. 그는 편지에 아이들에 대해서 많이 썼다. 하나는 상하이에서 낳았고 다른 하나는 2년 터울로 미얀마에서 낳았다. 그는 언제나 딸을 원했는데 록시가 첫 아이가 아들이면 어떡하나 하고 걱정할 정도였다. 그는 리수 사람 사이에 아이들을 좋아하는 사람으로 소문이 나 있었다. "아이들은 언제나 그를 올라타고 있었다."고 앨린 쿡은 말했다. 그 자신의 아이들도 끊임없이 그를 기쁘고 재미있게 해주었다.

1934년 79세 생일이 되던 날 어머니는 처음으로 제임스의 가족을 만났다. 그녀가 보기에 제임스는 더 늙고 피곤해 보였다. 그것이 그녀가 그를 마지막으로 본 것이 되었다.

영국에서 몇 달을 지내며 전국적으로 다니며 선교 보고를 하고나서 제임스와 가족은 북미로 떠났다. 그곳에서 제임스와 록시는 기억에 남을 만한 경험을 하였다.

그들은 당연히 조나단 고포스에 대해서 들은 적이 있었다. 그는 캐나다에서 온 장로교인으로 중국의 북쪽에 있는 성들 - 호난, 만주, 그리고 바로 강을 건너 한국 - 에서 기이한 성령의 능력이 나타나는 것을 본 사람이었다. 1906년 초 중국인들이 고포스의 설교를 듣고 무리지어 십자가의 복음을 받아들이고 그리스도를 믿게 되었다. 그뿐 아니라 그가 가는 곳이면 어디든지 그리스도인들이 하나님에 대한 지식을 더 깊이 갖는 것이었다.

제임스와 록시는 1935년 캐나다에서 그가 설교하는 집회에 참석했다. 이때 고포스는 76세로 완전 장님이었다. 그가 단 위에 섰을 때 그곳에 평소와는 다른 하나님의 임재가 강하게 느껴져서 제임스와 록시는 떨었다.

"힘으로도 아니고 능으로도 아니고 다만 성령의 능력으로 라고 만군의 주님이 말하십니다." 이것이 고포스의 특별한 강조점이었다. 이 하나님의 사람이 가는 곳마다 죄를 회개하는 역사가 따르는 것 같았다. 그가 말하는 것은 모든 새로운 가능성을 열어 주었고 그리스도인들 가운데 반드시 필요한 것을 정확하게 집어내어 밝혀 주었다. 수천 명의 사람들이 그의 사역으로 인해서 새로운 영적 차원을 경험하게 되었다.

그 모임은 제임스와 록시에게 지울 수 없는 인상을 남겼다.

행정

"하나님의 일이라고 하면 어느 것에든지 불타는 수풀의 불꽃이 있습니다."라고 제임스는 말했다.

그는 특별한 의미에서 사무실 일을 생각하며 이 말을 했다. 그가 다시 본부로 돌아왔을 때 다시 그곳에 붙들렸다. 몇 달 동안 제임스는 상하이에서 편지를 보냈다.

그가 어떤 자리든지 영구히 머물지 않았던 것은 그것이 하나님의 그를 향한 뜻이라고 생각하지 않았기 때문이었다. 그가 옳았던 것 같다.

그는 선교에 대해서 꽤 독립적인 생각을 몇 가지를 가지고 있었다. 쿤이 너그럽게 언급한대로 그는 단지 50년 정도 시대를 앞서 가고 있었다. 그러나 모든 사람이 그렇게 생각한 것은 아니었다. 그는 전통적인 생각을 뒤엎는 경향이 있었다. 그는 어떤 지역으로부터는 심한 비판을 받았고 원난 지역의 한두 군데에서는 약간의 반항도 있었다.

제임스는 비판에 신경을 쓰지 않았다. "그들은 그들 자신의 의견을 가질 권리가 있고 나는 내 의견을 가질 권리가 있습니다."라고 말했다. 예를 들면 특히 그가 토착적인 방법을 채택해야 한다고 할 때 문제가 되었다. 이것은 때때로 강한 반발을 야기했다.

그의 견해 중에 여성의 힘에 대한 것도 문제가 되었다. 그는 여성 사역자들이 숫자적으로 남자들보다 많다는 것을 알게 되었다. 그런데 그들 중 대부분이 가정에서 가사나 이차적인 일을 하고 있었다. 키부츠 형태로 공동 식사를 하게하고 이 모든 여인들을 풀어서 설교와 가르치는 일을 하게 하면 좋지 않겠는가? 다른 단체 사람들이 CIM에는 유달리 다른 곳에 비해 은사를 가진 여인이 많다고들 불평하지 않던가? 그들이 정말로 하나님께서 예정하신 대로 쓰임 받고 있는가?

그 자신이 생각하는 결혼 생활은 평등하게 멍에를 지고 부부가 둘 다 함께 일하는 것이었다. 그는 록시가 그와 함께 다니며 그와 함께 설교하기를 원했다. 그는 자기가 강으로 내려가 옷을 빨거나 등에 아이를 업고 다니는 것을 행복하게 여길 것이었다. 그것은 그가 늘 바라고 있었던 동반자이자 동역자이지 집을 지키는 사람이 아니었다. 그러나 그는 이 견해가 모든 사람이 동의하는 것이 아니라는 것을 받아들여야 했다.

불행하게도 제임스는 이런 모든 것에 대해 토의하고 있는 동안에 어떤 사람들은 심하게 상처를 받아서 그 상처를 오래도록 가지고 있게 된다는 것을 알게 되었다. 그는 판단이 빠른 사람이어서 이것이 심각한 상황임을 알았다. 일체감은 사역에 생명과 같았다. 제임스는 며칠 동안 몇 번이고 여행을 했는데 설교나 가르치기 위해서가 아니라 의견을 달리하는 사람들과의 친교를 회복하기 위해서였다. 그것보다 더 중요한 원칙은 없다고 그는 생각했다. 사역자들 사이의 완전한 사랑은 복음전파보다 우선이었다. 만일 둘을 가를 수 있다고 가정한다면 말이다.

선교사의 영적인 상태에 따라서 사역의 독립성을 가지는 것은 그가 원난에서 처음 감독 역할을 할 때부터 중요한 부분이었다. 사람들이 많아짐에 따라 배경과 외모가 몇 배로 다양해졌다. 서로 다른 사람들이 가까이서 일을 할 때 부딪힐 수 있는 소지가 끝없이 많았다. 여기에서 승리하지 못하면 다른 그 어떤 곳에서도 승리하지 못할 것이었다.

제임스는 이에 대해 참으로 많이 생각했다. 하나님께서 당신의 백성들이 완전히 합당한 사람들이 되도록 하시는 것 이상으로 바라시는 것이 달리 있을까?

하나님께서 일하실 때

1930년 대 중국의 각지에서는, 특히 북쪽 성들에서는 개혁의 바람이 일었는데 영적으로도 그 지역에 부흥이 있었다. 베델 그룹 (앤드류 기와 존 승외 몇 사람)이 1931년 샨시를 다녀갔는데 상하이까지 소문이 나기를 모종의 극단적인 가르침이 돌고 있다고 했다. 제임스는 1935년 샨시의 유타오호 대회에 가서 그곳에 있을 수 있는 감상주의나 아니면 '이상한 불'의 분위기를 안정시켜달라는 요청을 받았다.

유타오호 여름 휴양지는 수차가 있는 아름다운 계곡에 있었다. 수차는 강둑을 따라서 나란히 서 있었는데 물이 돌 때마다 한 바퀴씩 돌았다. 그곳은 선교사들의 여름 피서지였다.

여기에서 제임스는 하나님의 모든 축복에 자신들의 마음을 열고 있는 일단의 그리스도인들을 만났다. 기도 모임들이 이른 새벽까지 계속되는 적이 많았다. 그곳에는 강력한 하나님의 임재 의식이 있었다. 제임스는 강사 중 한 사람이었는데 제목을 '성령의 충만'으로 정했다. 분명히 그는 이 사람들과 성령 안에서 하나인 것을 느꼈다. 그들이 하나님을 만난 것은 잘못된 것이 아니었다. 제임스는 여기서 지낸 일주일을 '내가 중국에서 지낸 날 중에 가장 행복했던 나날'이라고 묘사했다.

이 부흥 운동이 제임스 자신의 사역 – 특히 리수 사역 – 에 대한 생각과 기도에 영향을 주었기 때문에 그 성격을 언급하는 것이 필요하리라고 본다. 그것은 제임스가 샨시 집회 후에 쓴 편지에 잘 요약되어 있는데 그 편지는 제임스가 가지고 있었다. 그는 집회에 있던 많은 사람들이 수년 동안 선교사로 있었지만 하나님께서 능력으로 임하실 때 그들의 신앙 경험이 어떻게 달라졌나를 보여주고 싶어 했다. 그것은 일시적인 흥분이 아니었다. 그것은 영구적인 방향 전환이었다. 편지의 내용이다.

처음부터 주님은 우리에게 그분의 영을 부어주기 시작하셨습니다. 성령의 나타나심은 성경대로였습니다.

1) 죄에 대한 책망 (요 16:8)
보통 눈감아주던 것들이 거룩하신 성령이 우리의 마음을 비추실 때 극도로 그 죄됨이 드러났습니다. 그래서 죄를 고백하고 죄를 버리는 역사가 일어났습니다.

2) 예수가 계시됨 (요 16:14)

우리에게 주님의 은혜와 영광을 어렴풋이나마 보여주셨습니다. 그의 십자가가 더욱 소중히 여겨졌습니다. 그의 부활과 중재가 더 실재적이었고 그분이 다시 오시는 것이 생명과 같은 진리이고 더욱 정결케 하는 희망이 되었습니다.

3) 진리를 이해함 (롬 5:5)

여태까지 우리의 머리에만 있던 진리에 우리의 영이 사로잡혔습니다. ― 우리가 이론으로 가르치던 것이 사실로 경험되었습니다. 성령이 정확하고 직접적으로 가르치신다는 것을 나는 요즘처럼 실감했던 적이 없습니다.

4) 사랑이 부어짐 (롬 5:5)

우리는 서로 사랑한다고 생각하고 있었습니다. 그리고 어느 정도까지는 그것이 사실이었습니다. 그러나 하나님의 영이 그분의 기준 ― '그들도 우리가 하나인 것처럼 하나가 되게 하옵소서!' ― 을 계시하시자 우리는 부끄러워 고개를 숙였습니다. 그러자 통회하는 마음으로 죄를 고백하게 되고 동료 사이에 새로운 사랑이 생겼습니다.

5) 능력의 기름 부으심 (행 1:8)

그분의 자녀 중 몇에게 그분의 약속을 이루셨다는 것이 이제 희망 사항이 아니라 명백한 사실이 되었습니다.

제임스는 원난에 있는 그리스도인들에게도 하나님께서 이 일을 행하시기를 마음으로부터 간절히 소원했고 그 갈증은 커져만 갔다. 그 후 몇 년 동안 이 부담이 그를 결코 떠나지 않았다.

유타오호 대회가 있던 그 해 크리스마스에 제임스는 쿤밍에 있는 선교사들을 위해서 3일 간의 집회를 마련했다. 그 작은 집회의 주제는 '성령, 그분의 인격과 임재와 능력'이었다. 그 모임에는 새로운 깊이가 있었다. 성령을 갈구하는 새로운 진지함이 있었다.

"그는 성령 안에서의 삶이 우리가 주장해야 하는 권리요 축복이라고 말했습니다." 쿡 부인의 말이었다. "그는 구약에서 나오는 인물들의 삶에 어떻게 축복이 더해졌는지, 그래서 삶을 더욱 높은 곳으로 이끌어 주었는지를 보여주었습니다. 우리가 확실히 성령을 받으면 이전에 알지 못하던 새롭고 깊은 축복이 있는 것이었습니다. 그때부터 제게도 그런 일이 있었습니다. 이전에 알지 못하던 매일의 승리가 있었습니다."

다른 사람은 말했다. "그것은 프레이저의 전성기였다. 그는 성령으로 충만한 사람이었다."

제임스는 이미 사람의 일과 하나님의 일이 대비가 되는 것을 알고 있었다. 그의 생애의 이 마지막 기간 동안에 그에게는 새로운 압박감이 있었다. 시간은 없고 과업은 거대했다. 거기에는 오직 하나의 해결책이 있을 뿐이었다. 로이드 존스 박사가 『권위』라는 책에서 말한 것처럼 '사람들은 평생 동안 성경 공부하고 신학 서적을 읽는 것보다 부흥회에서 한 시간 동안 있는 것으로 하나님과 주 예수 그리스도에 대해서 더 많이 배울 수 있다는 것을 증명해왔다.'

산에 있는 오두막집

록시가 산에 있는 카친 족과 사는 피츠윌리엄 부인의 대나무 집에 도착했을 때 그녀는 아래층에 있는 공간을 바라다보고 서 있었다. 어둠 속을 자세히 보고 있는데 두 다리가 천정으로부터 내려와서 몸집이 큰 카친 여인이 바로 그녀 앞에 서는 것을 보고 록시는 깜짝 놀랐다.

피츠 부인은 전혀 놀라지 않았다. "마루의 그 부분을 밟지 말라고 계속 말해도 그녀는 자꾸 잊어버리고 언제나 그 사이로 와요."

감사하게도 그들이 함께 살기로 한 그 집은 단층이었다. 제임스는 친구에게 보내는 편지에서 이렇게 묘사했다.

아내와 아이들은 피츠 윌리엄 가족과 함께 있습니다. 그들이 대나무 마루에 초가로 지붕을 이은 단층집에서 모두 함께 사는 모습을 여러분이 보시면 아주 재미있으실 겁니다. 산에서 가장 아름다운 곳에 그들은 넓은 정원을 가지고 있고 주위는 모두 카친 마을 (리수족, 팔롱, 그리고 중국인도 있음)이고 6마일 쯤 아래에는 체팡 평야가 있습니다.

그들이 사는 롱치우 마을은 아찌 카친 족으로 미얀마 국경에서 10마일 쯤 되는 곳에 있었다. 추장과 그의 가족은 모두 그리스도인이었고 다른 그리스도인 가정들도 있어서 모두 합하면 열 가정 정도 되었다.

그것은 작은 시작이었습니다. 문이 아주 조금 열려 있을 뿐이었지만 우리가 들어갈 수 있을 만큼은 넉넉했습니다.

의심할 여지없이 주께서 우리의 길을 인도하신 것처럼 보였습니다. 어떻게 그랬는지에 대해서 자세하게 말하지는 않겠습니다. - 어떻게 우리가 원하던 것과 꼭 같은 크기의 골격 뿐인 집이 우리를 기다리고 있었는지, 어떻게 그것이 마을에서 가장 경치 좋은 곳인데도 아무도 그곳에 집을 짓지 않았는지, 그것은 추장의 소유였는데 우리가 부탁하니 그 즉시로 그 집에서 살 수 있도록 해 주었고, 우리가 지붕 만드는 짚을 구하기 위해 어떻게 기도했는지, (정상적인 방법으로 했으면 너무 늦어서 짚을 구하지 못했을 겁니다.) 어떻게 3마일 떨어져 있는 팔리엔 마을에 있는 리수 그리스도인들이 와서 돈을 하나도 받지 않고 지붕을 해 주었는지, 어떻게 목수를 구했는지, 또 비정상적으로 좋은 날씨가 계속되어 장마철이 오기 전에 필요한 일을 다 끝낼 수 있었는지 등등. 이것은 모두 아주 소소한 것들로 보이지만 그것을 겪는 우리 선교사들에게는 로맨스와 같은 것입니다.

방은 세 개가 있었다. 피츠 가족이 쓰는 방, 프레이저 가족이 쓰는 방 그리고 공동 방이었다. 제임스는 여기를 기지로 삼아 왔다갔다 했는데 그동안 록시는 이곳에서 카친 사역에 집중하고 있었다.

여기는 아이들에게 목가적인 곳이었다. 영원한 소풍을 나온 것 같았다. 염소 젖도 풍부하고 달걀도 많았으며 '마마잇표 고기 국물' - (영국에서 유행하는 것으로 야채로 만들었는데 고기맛을 내는 조미료의 상품 이름)과 함께 내놓는 쌀밥이 언제나 있었다. 그리고 어디를 둘러보아도 눈에 보이는 것은 산뿐이었다. 그들은 바람과 태양과 함께 살았다. 비가 와서 비탈길을 싹 쓸어내리면 그들은 안으로 들어가서 피터 팬이나 푸 인형 이야기를 읽었다. 그들에게 읽을 책이 다 없어져 가면 제임스는 폴리아나 펌킨이라는 어린 소녀 이야기를 시리즈로 만들어서 아이들에게 주었다.

그는 50살 생일을 그 집에서 맞았다. 그 후에는 그 성을 두루 다니며 여행을 하였다. 어떤 때 그가 돌아와 보면 피츠 가족은 어디론가 가고 록시가 아이들과 카친 족 사이에서 혼자 살고 있었다.

몬순

이 무렵 제임스는 몬순 비가 쏟아질 때 꼼짝없이 붙잡혀 거의 생명을 잃을 뻔했다. 그가 국경 근처 산을 넘고 있는데 그 앞에 비가 억수같이 쏟아졌다. 그는 전에 몬순일 때 밖에 나온 적이 많았지만 이 비는 얼마나 세찬지 사람을 말에서 떨어뜨릴 정도였다. 그래서 그는 뒤에서 리수 동료가 부르는 소리를 듣지 못했다.

갑자기 그는 자신이 가라앉고 있음을 느꼈다. 그는 강인가보다 생각하고 말에서 뛰어내렸는데 찬 것이 자기를 빨아들여 바닥으로 잡아끄는 것 같았다. 물의 표면 밑은 빠지면 죽는 늪이었다. 그는 자신이 그것에 빨려들어가 가라앉고 있고 자신이 그것을 헤치고 나올 힘이 없음을 발견했다. 진흙이 거의 그의 머리를 덮으려고 할 때 그는 자기를 잡는 손길을 느꼈다. 그의 리수 동료가 빨리 와서 그것이 물인 것처럼 수영을 해서 평형을 유지한 것이었다.

사력을 다해 그를 꺼냈는데 어려움 끝에 마침내 성공했지만 그의 말은 다시는 보지 못했다.

리수말로 된 신약 성경

앨린과 릴리아 쿡이 리수말로 신약 성경 번역을 끝냈다는 소식을 들은 날은 대단한 날이었다. 그것은 방대한 작업이었고 그들 자신에게 큰 희생이 있었다. 제임스는 루다에 와서 교정보는 것을 도와달라는 요청을 받았다. 그러고나면 쿡이 가르친 리수 소녀인 호메이가 타이프를 할 것이었고 미안마에서 인쇄에 들어갈 것이었다. 릴리아는 제임스에 대해 편지에 이렇게 썼다.

그는 루다에서 우리와 함께 몇 주를 지냈습니다. 우리는 그와 함께 날마다 모든 구절을 히브리어와 대조해 보았습니다. 그러나 우리가 그에게서 받은 도움은 번역만이 아니었습니다. 아침마다 하는 기도 시간에 전하는 말씀은 영감을 주는 것이었습니다. 일을 하는 그의 역량은 놀랄 정도였지만 그 모든 것에도 불구하고 그는 언제나 신선하고 생명력이 넘쳤고 언제나 평정을 유지했으며 다른 사람을 배려하였고 완전한 신사였습니다.

그가 와서 우리 가정생활이 얼마나 풍성했는지 모릅니다. 그는 독서량이 많았기 때문에 그와의 대화는 기름졌고 다양했습니다.

그는 일하는 사이사이에 앉아서 그곳에 있는 오르간을 치곤했다. 쇼팽의 폴로네이즈나 베토벤의 주옥같은 작품들이 영광스런 음악으로 탈바꿈하는 것이었다. 리수 사람들은 몰려들어 듣곤 하였다.

시간이 지날수록 릴리아에게 인상적이었던 것은 제임스가 삶의 모든 국면을 완벽하게 다스리고 있다는 것이었다. "그는 자신을 완전히 다스리고 있었습니다. 그는 그리스도를 위해서 고난을 견디는 자기 부인의 삶을 살고 싶어한 것 뿐이 아니고 실제로 그렇게 살았습니다. 그가 생각하는 최고의 삶을 살아내는 것이 그에게 아주 자연스러운 것 같았습니다. 그리고 그것을 아주 현실적으로 그렇게 했습니다."

한 가지 예를 들자면 그에게는 편지 쓰는 일이 무거운 부담이 될 정도로 많았다. 릴리아는 그가 매일 밤늦게까지 앉아 편지 답장을 하고 있는 것을 보았다. 그는 낮에 정규적으로 하는 교정 작업에 지장을 주기를 원하지 않았다. 편지가 오면 봉투를 만들어 보낸 사람의 주소를 써서 그 안에 넣어 눈에 잘 띄도록 테이블 위에 놓았다. 릴리아의 기록이다.

그는 매우 사교적이었다. 그가 편지를 쓰고 싶거나 공부를 하고 싶으면 자기 방에서 혼자 하지 않고 우리에게 내려와서 그것을 우리와 함께 하였다.

그는 아무리 바빠도 아침에 가족과 함께 드리는 예배를 빼먹는 적이 없었다. 그는 아홉시나 열시까지 우리와 함께 기도와 성경 공부를 하는 적이 많았다. 남편과 나만이 프레이저씨와 한동안 함께 있다가 피터슨과 갈슨이 우리에게 와서 지내게 되었는데 프레이저씨는 귀중한 메시지를 우리에게 전할 때 솔선해서 커다란 회중에게 전하는 것처럼 전해주었다. 그런 설교를 우리말로 들은 지가 얼마나 오래 되었는지. 우리는 그 설교들을 얼마나 좋아했는지 모른다.

언제나 이 예배 시간 중에는 찬송가를 부르는 시간이 있었다. 제임스는 언제나 아주 오래된 찬송가를 선택해서 작은 오르간을 치며 찬송을 인도했는데 그것을 듣는 사람들에게 '그 곡들이 그의 천성에 맞는 것 같다'는 인상을 주었다. 그가 즐겨하던 찬송가는 '주는 나의 목자시니 내가 부족함이 없으리로다.'이었는데 그는 "삼천년 전에 지어진 찬송가를 부릅시다."라는 말로 찬송을 시작하곤 하였다.

루다에는 이미 천여 명이 넘는 그리스도인이 있었다. 초창기에는 심한 박해를 받았지만 교회는 성장했고 성숙해졌다.

제임스는 번역 일을 좋아했다. "얼마나 매력적인 일인지요." 그는 어머니에게 편지했다. "저는 정말로 성경을 번역하고 성경을 가르치는 일이 좋습니다. 그 일은 둘 다 제 영혼에 물을 주는 것 같아요."

그와 함께 그 일을 하는 리수 사람 모세는 리수어의 성조나 관용구에 대해 거의 완벽하게 알고 있었다. 제임스의 희랍어 지식은 학자적이었다. 쿡은 노련한 번역가였고 피터슨과 칼슨이 오자 그들도 일에 대해 더욱 전문적인 도움을 주었다.

그들은 낮에 태양이 비치는 산야에 나와 앉아 6,000피트 아래 숨막힐 것 같은 장관을 가끔씩 내려다보았다. 저녁에 찬바람이 불면 그들은 안에 들어가 불가 작은 테이블 주위에 둘러앉곤 했다.

록시가 몇 주 후에 아이들을 데리고 왔다. 그래서 번역자들과 함께 쿤 가족이 살던 오크 플랫으로 옮겼다. 그들은 지금 휴가 중이었다.

릴리아 쿡은 제임스와 록시가 대나무 예배당에 가서 – 어떤 때는 몇 시간 씩 걸렸다 – 기도할 때 기꺼이 아이들을 돌봐주었다. 그것은 의무감에서 한 일이 아니라 그럴 필요가 있다고 생각해서 한 일이었다. 그들은 이 시간을 기도로 보내기를 원했다. 언제나 그랬던 것처럼 사방에 리수 그리

스도인들로 둘러싸여 − 그 자체가 강력한 기도의 응답이었다. − 그들은
그리스도인들 사이에 더욱 깊은 은혜의 사역이 필요함을 깨닫고 있었다.

"의롭게 된 자는 누구나 높은 길과 낮은 길 사이에서 선택해야 한다. 더
욱 높고 더욱 깊은 거룩을 열망하며 살든가 아니면 그리스도인이 지키는
낮은 규칙으로 후퇴하는 쪽을 택하든가." 라고 웨슬레는 말했다. 제임스
는 이 성도들을 위해서 "하나님의 모든 충만으로 충만케 되기를" 기도한
것이었다.

번역가들 사이에 '프레이저 역' 이라고 알려진 이 리수 신약 성서가 완성
된 것은 몇 명이 함께 몇 년 동안 애쓰고 수고한 열매였다. 제임스는 다른
사람들보다 개입한 정도가 덜 했지만 그것이 완성되었을 때 흥분을 함께
나누었다. 첫 번째 출판을 위해서 만주에 있는 성도들이 헌금해 주었다.

성경 전체의 번역은 1968년에야 이루어졌다. 그리고 원주민들이 실제
로 그 성경을 갖고 읽게 된 것은 아직도 그보다 더 후의 일이었다. 그러나
리수족은 아시아의 이 지역 신자 중에서 지도적인 위치를 담당하게 되었
는데 그것은 주로 그들이 스스로 하나님의 말씀을 읽을 수 있었고 공부할
수 있기 때문이었다.

안나 크리스챤센

하나님의 바람이 중국의 다른 곳에서도 불고 있는 것을 알고 제임스는 윈
난에 부흥이 오는 것을 보기를 간절히 원했다. 중국 교회 몇은 죽음의 잠
을 자고 있었다. 그들은 '그저 옳은 것' 만 계속 유지했다.

그는 화란 여인 미스 안나 크리스챤센에 대한 이야기를 많이 들었다. 그
녀가 중국인들 사이에서 얼마나 뛰어난 영향을 주고 있는지 소문이 나 있
었다. 그녀는 전에 윈난에 온 적이 있었는데 이제 제임스는 그녀가 중국
교회들을 위해서 일련의 집회를 인도하도록 마련해주기 원했다.

그녀는 1938년 봄에 왔다. 미스 크리스챤센의 메시지는 매우 평범했고 직선적이었다. 그것은 신자 안에 있는 죄 – 노골적인 죄, 숨겨진 죄, 은밀한 죄 – 에 대한 것이었다. 성령께서 메시지를 그렇게 사용하셔서 그녀가 가서 설교하는 곳마다 '온 교회가 크게 두려워했다(행 5:11).' 록시가 나중에 기억하기로는 어떤 신자는 죄를 고백하면서 머리끝부터 발끝까지 떨었다. 그로부터 수년이 지난 지금에도 그 이야기를 하면 당시에 모든 사람이 느꼈던 경외감 같은 것에 다시 사로잡히곤 했다.

교회 안에서 덮여 있어서 아무도 모르던 것들이 밝혀졌습니다. 지도자들은 울면서 가장 무서운 죄들을 고백했습니다. 마치 납덩이가 벗겨지는 것 같았습니다. 많은 그리스도인들이 하나님께서 만홀히 여김을 받지 않으시리라는 것을 처음으로 깨달았습니다. 그분의 임재로 차고 넘쳤습니다. 나는 사람들이 그렇게 창백해져서 떠는 것을 본 적이 없습니다. 성령께서 죄와 의와 심판의 진리에 예리하게 초점을 맞추셨습니다. 사람들은 심령을 정결케 해달라고 예수 그리스도의 이름으로 울부짖었습니다. 그 후에 따라 온 기쁨과 담대함을 상상할 수 있겠습니까?

한 가지 결과는 미지근한 신자들이 갑자기 그들이 하나님의 자녀로 태어났다는 확신으로 강력한 자유함에 이르게 되었다. 찰스 피터슨이 당시 그곳에 있었는데 그는 이렇게 기록했다.

"영혼들이 하나님과 새로운 관계를 갖게 되었습니다. 잘못된 것이 바로잡혔습니다. 죄를 고백하고 많은 이들은 신생의 확신을 받았습니다. 리수 사람들도 그 집회에서 큰 은혜를 받았습니다."

리수족 가운데 삶이 변한 사람은 욥이라는 남자였다. 피터슨은 "욥이 크게 감동을 받았습니다. 그는 전에 틀림없이 거듭난 사람이었는데도 그 진리가 그를 다스리지 못했던 것 같습니다. 그 후로부터는 달라졌습니다."

라고 말했다.

욥은 파데로 돌아가서 4월 성경 공부하는 기간 동안에 모든 교사들이 거듭남의 확신이 있는지 점검하도록 강조했다. 축복은 거기에서 멈추지 않고 우기 성경 학교에까지 이어졌다.

학교의 저녁 예배는 일주일 내내 그 주제에 집중하였고 그래서 학생들은 각자 '설교 실습반'에서 그것을 연구하도록 과제가 주어졌다. 학생들의 마음은 들은 것에 감동이 되어 그들을 통해서 메시지가 온 파데 지역에 퍼져나갔다.

미스 크리스챤센의 또 다른 사역으로 인해서 그곳에서 남쪽으로 엿새 길 떨어진 빠오샨에 사는 멩가의 리수족에게도 축복이 전달되었다. 그곳은 페인 부부가 주재하고 있는 곳이었다. 피터슨의 기록에 의하면 '그곳에는 최소한 30명의 리수족이 살고 있었고 그들은 모두가 도움을 받았다.'

누가라는 다른 교사도 다른 많은 사람들과 같은 류의 경험을 하였다. 감추어진 죄에 대한 설교를 듣고 나서 그는 커다란 종이에 그가 이제껏 지은 모든 죄의 죄목을 기억나는 대로 전부 써서는 마지막에 이렇게 끝맺었다.

그러나 나는 모든 것을 예수님께 고백했다. 그분은 다 용서해 주셨고 내 마음을 씻어주셨다. 이제 나는 새롭게 태어난 것을 믿는다.

집회를 통하여 대부분의 남부 리수 지역에 축복이 전달되었다. 여섯 달도 더 지났는데 리수 신자들은 아직도 미스 크리스챤센과 그녀가 인도하는 모임에서 받은 축복에 대해서 말을 하고 있었다.

노새나 인력거를 타고 여행하거나 길가 여관의 짚이 쌓인 곳에서 자면서 안나와 제임스와 록시, 그리고 그들의 어린 아기 (큰 아이는 이제 치푸학교로 갔다.)는 그 후에도 몇 주간 이곳에서 저곳으로 다녔다. 그곳에서 그들은 비슷한 장면들을 목격했다.

록시는 '다음 장소에서는 같지 않을 거야' 하고 생각하기도 했다. 그들에게 특별한 문제가 있기 때문에 감동받기가 쉽지 않을 거야. 그러나 어느 곳에서든지 안나의 메시지는 검고 빨갛고 흰 마음이라는 단순한 그림과 함께 전해지면서 언제나 같은 역동적인 효과를 내었다. 그녀가 가는 곳마다 죄에 대한 회개가 뒤따랐다.

댄 스미스는 따리에 있던 젊은 선교사였는데 안나 크리스챤센이 그곳에 갔을 때 그 일행을 호위하며 몇 군데를 같이 여행했다. 그는 안나가 어려움을 당했던 일을 회상했다. 그녀는 체격이 무거워서 험한 산길을 여행하는 것에 익숙하지가 않았다. 여행 중 한 곳에서 그녀는 심장에 통증이 와서 중국인이 끄는 인력거를 구했다.

몸무게가 짐꾼에게 너무 무거웠다. 어느 날 밤 그들은 일행을 황량하고 아무도 살지 않는 곳에 내려놓고 달아났다. 한참 지체하다가 리수 사람을 구해 인력거를 운반하도록 했으나 다루는 데 익숙하지 않아서 더 많은 짐꾼들이 필요했다. 안나에게 있어서는 일생 중 가장 겁나는 여행을 한 것이었다.

윈난이 실제로 지도에 나오게 된 것은 미얀마 길이 뚫리고부터였다. 지금은 도로가 생겨서 상하이에서 랭군까지 차로 달릴 수 있다. 그러나 중일전쟁이 심해지자 영국은 미얀마로 가는 길을 3달 간 통행 금지하겠다고 하였다. 이것이 국경에 반영 감정을 심었다.

어느 날 댄이 안나를 안내하고 있는데 젊은 중국 장교가 그들을 포위하며 거만하게 물었다. "영국인인가?"

"나는 덴마크에서 왔습니다." 안나가 대답했다.

"그것은 어디에 있는가?"

"영국이 지배하는 작은 나라입니다."

"그래요! 우리는 모두 압제당하는 민족이네요." 그 남자가 말했다. "여기 와서 나와 함께 식사합시다."

제임스는 중국 남서부를 여행할 때 대부분 혼자 다녔다. 그러나 이 안나 일행과 하는 불편하고 괴로운 여행을 제임스가 어떻게 감당하고 있는지 댄 스미스는 관찰할 수 있었다.

프레이저씨는 철저한 신사였습니다. 가벼움이나 경솔함이 전혀 없었습니다. 그는 언제나 지혜로웠고 예의법절을 깍듯이 지켰습니다. 우리가 미스 크리스챤센과 함께 여행할 때 얼마나 자주 이것들이 나를 놀라게 했는지 모릅니다. 그는 가장 더럽고 음침한 중국 여관에서 조차도 완벽한 신사였습니다.

미스 크리스챤센에게 물어보십시오. 그녀는 그에게 경탄했습니다. 저도 그랬고요. 얼마나 예의가 바르고 법사에 친절했는지요. 수많은 작은 일에서 다른 사람을 편안하게 해주려는 그의 배려는 그리스도 안에 있는 내적 삶의 깊이를 그대로 나타내 보여주었습니다.

여행이 위험하고 불편했지만 안나의 영적 힘은 결코 줄어들지 않았다. 그녀의 단순한 메시지는 밤 집회 때마다 놀라운 결과를 갖게 했다. 제임스는 그녀의 쿤밍 방문에 대해서 이렇게 썼다. "미스 크리스챤센의 이곳 모임들은 아주 축복을 받았습니다. 분명한 신앙 체험이 없던 많은 사람들이 구원의 확신을 갖게 되었습니다."

날마다 350여명의 사람들이 예배당을 가득 채웠다. 외국인이나 중국인 중에는 그 도시 안에 있는 다른 선교회의 사람들 - CMS, 감리교인, 그리고 순복음 교인 등 - 도 있었다.

독일 수녀의 맹아 학교와 노예 은신처에 있는 소녀들이 가장 은혜를 받은 것 같습니다. 이들 중에는 죄책감 때문에 짓눌려서 먹지 못하는 경우도 있었습니다. 무서운 죄들을 고백했는데 전혀 그러리라고 의심하지 않았던 사람들이 그렇게 하였습니다. 미스 크리스챤센이 가는 곳에는 언제나 그러했습니다. 그것은 성령의 능력이었습니다. 그녀는 죄에 대해 설교할 때는 완곡하게 말하는 법이 없습니다. 결과를 보면 명백하게 말하는 것이 필요했던 것입니다. 그것은 존 웨슬리의 방법이었고 확실한 회개를 목표로 하고 그것을 이룬 모든 복음 설교자들의 방법이었습니다.

이것은 큰 규모의 부흥은 아니었다. 그러나 그것은 하나님의 능력의 징조였다. 이 집회들은 중국인이나 원주민들 사이에 그 영향이 지속되는 결과를 낳았다. 그러한 영적 경험으로 인해서 시련의 때가 왔을 때 많은 고난에도 불구하고 인내할 수 있었다. 12년 이내에 중국 남서부의 수백만 신자들은 감옥에 갇히기도 하고 믿음 때문에 죽기도 하였다. 그들은 '큰 환난에서 나온 자들이었는데 어린 양의 피에 그 옷을 씻어 희게 한' 사람들 중에 있게 될 것이었다. (계시록 7:14)

여행용 불빛

제임스는 원난성이 너무 커서 한 사람이 다 돌아보기에는 너무 벅찬 일이라고 생각하기 시작했다. 상하이 본부도 수긍을 해서 성을 동서로 나누어 감독하기로 하고 제임스에게 자기 본토 같은 서쪽을 맡으라고 하였다. 이렇게 하면 여행 시간이 많이 줄게 되어 가정에서 보낼 수 있는 시간도 좀 더 갖게 될 것이었다.

그는 빠오샨에 집을 두기로 계획했다. 그곳은 미얀마로 가는 길목이었고 전보를 칠 수 있는 사무실도 있었다. 무엇보다도 좋은 것은 원주민들과 가까이 있다는 것이었다. 그는 신약 성경이 인쇄되어 나오기만 하면 산에 있는 교회에 가서 성경 가르치는 것을 도와줄 수 있겠다는 희망도 은밀하게 가지고 있었다.

그러나 빠오샨 집이 마련되고 있는 중에도 제임스는 계속 여행을 하고 있었다. 그는 그의 마지막 여행 중의 하나였던 빠오샨에서 따리로 가는 길을 생생하게 묘사해서 집에 보냈다.

저는 지금 노새를 세내어서 여행하고 있습니다. 기억하실지 모르겠지만 제 노새가 18개월 전에 발과 입에 병이 생겨 죽었기 때문입니다. 제가 어떻게 여행하고 있는지 관심이 있으실지 모르겠습니다. 하루를 견본 삼아 말씀드려 볼게요.

저는 두세 집이 있는 작은 산마을에 있습니다. 지난 밤 가축 우리 위로 작은 사다리를 통해 갈 수 있는 다락에서 곤하게 잤습니다. 제 잠자리는 그래도 혜택을 받은 것이었습니다. (결혼하기 전에는 그곳을 사용한 적이 없습니다.) 동이 틀 때 일어나면 아래층에서 야채를 볶는 소리가 들립니다. 그러면 마부가 일어나 있나 하고 보러 갑니다.

따리에서 빠오샨까지의 거리는 런던에서 세필드까지 정도였는데 산이 10배는 많았고 보통 8일이 걸리는 거리였다. 제임스는 그때 6일 만에 그 길을 갔다. 그는 노새 하나에 자기가 타고 다른 하나에 짐을 전부 실었다.

마부가 때에 맞게 일어났습니다. 우리는 언제나 같은 음식을 먹었습니다. 하나는 쌀로 지은 밥, 두 번째는 약간 어두운 초록색의 양배추 비슷한 야채 — 제가 좋아하는 것, 셋째는 계란 프라이 두 개, 넷째 가능할 때는 작은 중국 콩조림 그리고 중국차나 뜨거운 물 한잔. 그것은 내 입맛에 맞았습니다.

때가 되어 우리는 아침을 먹고 나서 길을 떠났습니다. 태양이 떠올랐을 때였으니까 아마 7시 전은 아니었을 것입니다.

그는 침구에 타이프 기계를 접어 넣고 다시 기름종이로 전부 쌌다. 이것은 노새의 한 쪽에 싣고 다른 쪽에는 그의 바구니와 배낭을 실었다. 바구니에는 세수 대야, 여벌 옷, 양말, 책들, 성경, 종이들, 밧줄, 그리고 여권이 들어 있었다. 그의 하인이 랜턴을 들었다.

우리는 노새를 타고 갔습니다. 나는 이렇게 추운 날이면 1, 2마일을 걸어서 몸을 따뜻하게 하고 나서야 노새를 타는 습관이 있었지만 이날은 포기했습니다. 입스위치에서 가져 좋은 말안장이 나를 오라고 하는 것만 같아서 그것을 타고 계속 올라갔습니다. 이미 1,500피트를 올라왔는데 또 1,000피트를 더 올라갔습니다. 그런데 인가의 기척이 없었습니다.

그는 언제나 노새 잔등에서 책 읽기를 좋아했다. 이번에는 C. T. 스터드의 생애를 읽고 있었는데 그를 1906년에 만난 적이 있었다. "케임브리지의 일곱 명이 중국으로 나가면서 일으킨 동요를 기억하고 있나요?" 그는 물었다. "그것은 가장 가슴을 뛰게 하는 삶이었습니다. 나는 한 장 한 장 읽어나가며 가끔 뒤돌아봅니다. 오, 따리로 가는 길은 얼마나 장관인지요! 거대한 파노라마가 밝은 태양 아래 아주 선명하게 펼쳐 있습니다."

1시가 되자 모두 배가 고팠습니다. 그들은 첫 번째로 눈에 띄는 집에 들어가서 음식을 만들어 달라고 하려고 했습니다. 아무것도 안 됩니다. 여인들은 변명할 것이 많이 있었습니다. 그들은 냄비도 프라이팬도 야채도 쌀도 없었습니다. 그들은 바빴습니다. 마침내 제임스는 나가서 마을에 말을 재우는 여관이라도 있나 하고 찾아보았더니 마침 있었습니다.
여기 있는 여인은 친절해서 우리를 위해서 좋은 음식을 만들어 주었습니다. 음식이 준비될 동안 나는 부엌에 앉아서 여인들과 잡담을 나누었습니다. 나는 그들에게 복음에 대해 들어본 일이 있는가 하고 물었습니다. 그들은 들어본 적은 있었는데 믿지 않고 있었습니다.

그들은 여행을 계속했다. 융핑 평야가 전부 보이는 산마루를 지나 서쪽으로 작은 읍내까지 내려갔다. 노새들이 포장된 길을 덜커덕거리며 읍내로 들어갔을 때 어두워지긴 했지만 달이 빛나고 있었다.

오! 여기는 달이 얼마나 밝은지요. 제 '하인'이 저를 아주 작은 여관으로 안내했는데 그 주인은 매우 친절했습니다. 그는 나를 다락에서 자게 했는데 검댕이, 때, 먼지로 가득한 곳이었습니다. 그들은 바로 밑에서 음식을 요리했는데 굴뚝도 없었습니다. 천정의 낮은 대들보에 머리를 찧지 않도록 해야만 했습니다. 그리고 길쭉하게 동강낸 주인의 베이컨이 방을 가로질러 세워 놓은 대나무에 두껍게 걸려 있어서 그것도 피해야 했습니다. 그는 식사 때 베이컨을 먹겠느냐고 물었습니다. 나는 물론 계란 대신에 그것을 달라고 했습니다. 그런데 그는 껍질을 남겨 두었습니다. - 제발 내가 아침에 먹을 베이컨에서는 껍질을 벗겨주면 좋겠는데 ……

나는 잠자리를 만들었습니다. 만들고 말고 할 것도 없는 간단한 것이었지요. 그냥 솜을 넣은 퀼트를 몸에 감으면 되었으니까요. 씻을 때는 부엌에 있는 커다란 솥의 물을 사용했습니다. 약간 어두울 때 옷을 벗어서 콩이 가득 담긴 대나무 통 위에 옷을 걸쳐 놓고 씻고 나서는 돌아서서 그렇게 잠자는 것이었습니다. 오, 문명의 나라 영국에서 불면증으로 고생하는 분들이여! 여기에 와서 노새를 타고 험난 산길을 30마일 쯤 가보면 어떨까요? 그러고 나서 저녁 8시에 머리를 베개에 대는 순간 어떤 일이 일어나는지 한 번 봅시다.

서쪽에 있는 집

이 여행의 목적은 따리에 가서 록시와 어린 아기를 만나는 것이었다. 그곳에서 사역자 모임이 있을 예정이었다. 록시는 근거지가 없는 것에 대해 스트레스를 느끼기 시작했다. 그래서 제임스가 빠오샨에 가족을 위한 집을 짓겠다는 계획이 빨리 실현되기를 기다리고 있었다. 제임스도 써야 할 편지의 양이 너무 많아 부담이 되기 시작했다. 그는 그것을 잘 할 수 있는 시간과 공간이 필요했다. 게다가 그는 자신의 아이들과 노는 것을 좋아했다. 그런데 이제 세 번째 아이가 연말에 태어날 예정이었다.

무엇보다도 그는 정착해서 이 지역과 인근의 모든 사역을 위해서 긴급하게 기도하기를 원했다. 록시는 당시에 제임스가 건강이 좋지 않은 상태였는데도 기도의 부담을 계속 갖고 있었다고 기억하고 있었다. "댄이 여기 와서 함께 기도하면 좋겠는데!" 그는 어느 날 큰 소리로 말했다. 그리고 그 후 얼마 안 되어 그는 당시에 자유로웠던 그를 초대해서 3일 동안 함께 기도하기로 결정했다.

제임스는 이 기간 동안, 그의 생의 마지막 날들을, 될 수 있는 대로 많은 시간 그가 늘 해오던 대로 기도와 금식으로 보냈다. 그는 존 웨슬리의 책을 다시 읽고 있었는데 죽기 한 달 전 이렇게 편지했다.

저는 존 웨슬리처럼 일생 동안 위대하게 쓰임 받기 위해 엄격하게 자기 훈련을 함으로써 (요즈음에 인기 있는 것이 아니지요.) 준비되어 있는 사람은 아주 대단히 적은 수 뿐이라는 생각을 자주 합니다.

바위 위에 집짓기

제임스의 동료들은 위대한 지도자를 잃은 것이 아니라 친구를 잃었다고 생각했다. "그는 우리의 선교 개념 그 자체였고, 선교 사역의 사도적 방법을 어떤 희생이 있더라도 유지하고자 하는 끊임없는 책망과 도전과 자극이었습니다. 그의 뛰어난 은사는 겸손과 동정심과 함께 연합되어 우리가 곤란하거나 필요할 때는 언제나 그를 피난처로 삼게 했습니다. 우리는 없어서는 안될 상담자를 잃었을 뿐 아니라 사역을 고무하고 자극하던 큰 지지자를 잃었습니다."

분명한 부르심

미얀마로 가려면 만달레이로부터 국경을 이루는 산의 바위와 높은 관목지를 돌아가야 한다. 올라가는 길은 11,000피트이고 중국쪽으로 내려가는 길은 U자 형의 급커브로 이루어졌는데 그 경치가 아주 장관이다. 그것을 만드는데 수 년 간이 소요된 것은 초목을 베어 가며 길을 내는 일을 사실상 노예들을 시켜서 했기 때문이었다.

여행을 아주 많이 해 본 사람이라도 길을 가며 열리는 그 지형의 장관을 보면 입을 다물지 못한다. 바람이 지나가고 햇빛으로 씻긴 산들이 겹겹으로 구름 속으로 올라가는 것이다. 1930년 후반에 그 길이 완성되자 상하이에서 랭군까지 도로로 갈 수 있어서 중국의 동쪽 해안이 벵갈만과 연결되었다.

그 길은 빠오샨을 직통으로 지나갔기 때문에 제임스와 록시가 사는 작은 집은 오가는 사람들로 붐볐다. 그때는 1938년이었는데 사람들은 수도인 쿤밍으로 가는 도중에, 리수의 남부 센터인 무쳉포로 가는 길에, 누강의 북쪽 방향과 루다, 그 너머까지, 또는 서쪽으로 미얀마를 향해 가다가 빠오샨에 들렀다.

제임스가 바쁜 활동에서 벗어날 수 있는 길은 다른 조용한 곳에 방을 찾는 것뿐이었다. 그래서 선교관 반대편에 작은 다락방을 하나 세내었다. 그것은 이슬람 친구 집에 있는 어두운 이층 방이었는데 제임스는 그 안에 작은 책상과 의자를 하나씩 놓았다. 가구는 아무것도 없었다. 창문도 없었는데 나무판자를 들어내면 빛과 공기가 들어왔다.

그는 아침 일찍 그곳에 가서 아침도 먹지 않고 기도로 몇 시간씩 보내곤 했다. 그곳에서는 위아래로 걸으면서 소리내어 기도할 수 있었다. 그곳은 조용해서 자기나 사역을 위한 하나님의 뜻이 무엇인지에 대해 기다리며 귀기울일 수 있었다. 어떤 때 정오쯤 되면 계단에 작은 발자국 소리가 들리기도 했다.

'아빠, 엄마가 우리와 산보하시겠느냐고 하시는데요?' 거의 매일 제임스와 록시와 금발이 아름다운 아이는 빠오샨이 바라다 보이는 언덕에 올라갔다. 제임스는 요즈음 조용하고 사색하는 듯이 보였다. 록시에게는 그가 무슨 생각을 하고 있는 것처럼 보였다.

"록시, 있잖아, 내가 가더라도 윈난에서의 내 일은 끝나지 않을 것 같아." 어느 날 산 위에서 그가 말했다. 그녀는 며칠 후 그가 이렇게 말해서 놀랐다. "페인씨가 2주 정도 후에 여기를 지나갈 거야. 그에게 줄 돈이 여기 있는데 내게 무슨 일이 생기면 좀 전해줘요."

"그렇지만 저는 이해할 수가 없는데요?"

"그냥 여기 있다는 것을 알려주는 거예요."

그는 이즈음 아이들의 장래에 대해 그리고 연말에 태어날 아이에 대해 이야기를 많이 했다. 벌써 9월이었기 때문에 그 일은 멀지 않았다.

9월 21일 수요일 제임스는 머리가 아팠다. 중요한 편지 답장을 몇 통 하고 나서 잠자리에 들기 전에 오르간을 잠시 쳤다. 다음 날 아침이 되자 두통은 더 심해졌다. 그는 즉시로 사람을 보내서 록시를 오게 했다.

제임스는 악성 뇌 말라리아에 걸린 것이었다. 빠오샨에는 적당한 약이 없었다. 그는 곧 의식을 잃었고 이틀 동안 열이 심해져가기만 했다. 토요일 저녁 그는 이상하게 조용했다.

록시에게 그 날은 참으로 긴 밤이었다. 제임스는 정신이 들었다 나갔다

했고 중국인 의사와 간호사들은 계단을 바삐 오르내렸다. 아이들은 어두움 속에서 울었다. 9월 25일 해가 떴을 때 제임스는 세상을 떠났다.

그것은 동료들에게 쇼크였다. 그는 52살 밖에 되지 않았고 건장하고 건강해 보였기 때문이었다. 그들은 그 소식을 믿기 어려워했다.

그러나 록시에게 있어서는 온 세상이 빙글빙글 도는 것 같았다.

이소벨 쿤은 3일 후 그녀에게 편지를 했다. "당신을 생각하니 내 손이 떨리고 눈물이 나와서 어떻게 쓸지 모르겠습니다. 리수 사람이 믿을 수 없는 소식을 가지고 방금 들어왔습니다. 이런 때는 분명히 보이지 않은 상태에서 이해할 수 없어서 아무 것도 없이 적나라한 믿음만 가지고 우리 얼굴을 태풍 앞에 내놓고 있어야 하는 것 같습니다."

누강에서 리수인 몇이 빠오샨에 와서 제임스의 시신을 선교관 옆 작은 예배당에 옮겨놓고 리수식으로 그를 위해 예배를 드렸다. 기도와 찬송 그리고 조사 모두가 리수말이었다. 서쪽 산악 지역에 흩어진 수천의 신자들의 작별 인사를 대표하는 것이었다.

며칠 후 기독교식 장례가 빠오샨 거리에서 행해졌는데 그들에게 생소한 것이었다. 그들은 예배당을 꽃으로 채웠고 그 후에는 도시를 지나가는 긴 행렬이 완벽한 침묵 가운데 비단 깃발을 들고 지나갔다. 제혁업자 차오씨는 상주로서 흰 옷을 입었다. 죽은 자의 '아들' 역할을 하는 것이었는데 자기가 사는 도시에서 하기에는 용감한 일이었다.

제임스는 빠오샨 – 30년 간 그의 집이 있었던 산의 낮은 비탈 – 을 내려다보고 있는 언덕에 장사되었다. 그것은 소나무 사이에 고독하게 있는 무덤이었다. 머리돌에는 리수말, 중국말, 영어로 글씨가 새겨져 있었다. "나는 부활이요 생명이니 나를 믿는 자는 죽어도 살겠고 살아서 나를 믿는 자는 영원히 죽지 아니하리라."

이소벨 쿤은 제임스의 동료들이 어떻게 느끼는지를 묘사했다. 그들은 위대한 지도자나 상사를 잃은 것이 아니라 친구를 잃었다고 생각했다.

첫 번째 쇼크 이후 인간관계의 상실에서 오는 쓸쓸한 느낌이 있었다. 이제 누구를 위해 일해야 할지 몰랐다. "프레이저씨가 이 소식을 들으면 좋아하실 텐데."가 어떤 기쁨이나 축복이 있었을 때 언제나 갖는 첫 번째 반응이었기 때문이었다. 우리 문제의 상세한 것까지 완벽하게 이해할 수 있는 사람은 이 지구상에 그 외에는 없었다. 아무도 우리의 기쁨과 슬픔을 그렇게 완벽하게 나눌 수 없었다.

그리고 우리는 그와 얘기를 했을 때 실망한 적이 없었습니다. 그는 우리에게 감독 이상이었습니다. 그는 우리의 선교 개념 그 자체였고, 선교 사역의 사도적 방법을 어떤 희생이 있더라도 유지하고자 하는 끊임없는 책망과 도전과 자극이었습니다. 그의 뛰어난 은사는 겸손과 동정심과 함께 연합되어 우리가 곤란하거나 필요할 때는 언제나 그를 피난처로 삼게 했습니다. 그의 그러한 자질은 언제나 한결 같았고 부드럽고 사려 깊은 어머니의 그것과도 같았습니다. 그래서 그로부터 칭찬하는 미소를 볼 수 있기 위해서라면 가외의 노력도 그만한 가치가 있었습니다. 우리가 하는 사역에 대한 경험이 없는 사람으로부터 칭찬을 듣는 것도 좋은 일이지만, 일의 말미를 세세한 것까지 꿰고 있는 사람에게서 '잘 했다'는 말을 듣는 것을 전혀 그 의미가 다른 것이었습니다.

우리는 없어서는 안될 상담자를 잃었을 뿐 아니라 사역을 고무하고 자극하던 큰 지지자를 잃었습니다. 제가 '없어서는 안 된다'고 말했는데 우리는 아직도 그렇게 느끼고 있습니다. 그분이 없는 삶은 우리에게 이제까지의 삶과 결코 같을 수 없습니다.

록시는 몇 주를 지내며 하나님이 어두움에서 귀중한 보물을 가져다 주셨음을 알게 되었다. 처음에는 혼자라는 생각으로 거의 황폐한 심정으로 세째 딸을 낳으러 미얀마까지 긴 여행을 하였다. 도로시 버로우즈라는 충실한 간호사가 따라갔다. 그 후에 또 둘째 딸을 치푸 학교에 데려다 주러 배로 장기간 여행했다. 그녀 자신 아주 약해져서 그리고 곁의 아이도 중한 병이 들어 부두에 내렸을 때 록시는 더 이상 살고 싶지 않았다.

한 남자가 그녀가 떠나기 전에 찾아왔다. 그는 카친족 그리스도인으로 그녀를 꼭 만나고 싶어 했다. 그가 말하기를 몇 년 전에 제임스를 죽이려고 먼 길을 달려간 적이 있었노라고 했다. 그는 그를 꼭 죽이려고 작정했는데 제임스의 걸음이 빨라서 그를 앞질러 갔다. 그 후에 그는 예수 그리스도에 대한 이야기를 듣고 믿게 되었고 제자가 되었다.

록시가 치푸에 도착하자 피츠윌리엄 부인이 그를 맞았다. 그녀도 윈난에서 남편을 잃었던 사람이었다. 그래서 그들은 여름 동안 집을 같이 썼다. 그 집은 그들이 전에 함께 쓰던 카친 오두막과는 달랐다. 그리고 록시는 치푸가 생명력과 활동으로 원기가 넘침을 발견했다. 그곳에는 바다와 모래가 있었고 스포츠와 오락이 있었으며 무엇보다도 치료에 도움이 되었던 것은 수백 명의 생기 있는 어린이들이 있다는 사실이었다. "모든 것이 사랑 많으신 아버지께서 계획하신 것이었습니다. 치푸는 내게 꼭 필요하던 환경이었습니다." 라고 나중에 그녀는 말했다.

록시는 몇 달 간 해변에서 지체했는데 아기가 아팠고 가족이 일본군에게 잡혀 있었기 때문이었다. CIM 학교 전체가 일본군의 손에 넘어가서 웨이쉬엔이 집결지가 되었다. 그러나 그것은 다른 이야기이다.

전쟁 중의 리수 교회

제임스가 죽은 후에도 원주민의 성경 학교 사역은 힘있게 계속되었다. 우기 성경 학교는 매우 열매 있는 기관이었다. 2차 세계 대전이 한창이던 1941년까지 루다 성경 학교에는 10종족의 학생들이 있었고 졸업식에는 1,000명이 참석했다.

1942년에서 1943년 사이에 일본군이 미얀마를 침략했는데 리수 땅에까지 쳐들어왔다. 선교사들은 일시적으로 피해야 했지만 1945년에 돌아와 보니 원주민 교회들은 번창하고 있었다.

중앙 교회 위원회가 설립되어 다양한 그룹의 신자들이 서로 교제하도록 격려하고 있었다. 그들은 이미 (시초부터 그러했지만) 외형적으로도 아주 선교적이었다. 존 쿤이 광범위하게 조사해 보니 아직 복음이 전해지지 않은 부족이 다수 흩어져 있는 것을 알게 되었다.

1947년까지 크레인 부부와 콕스 부부는 리수 신약 성경 두 묶음을 가지고 리수 땅으로 왔다. 이 일 후 얼마 안 되어 원주민을 위한 인쇄기가 쿤밍에 도착하여 신속하게 사용할 수 있게 되었다. 이미 리수 복음 잡지가 유통되고 있었다.

1949년에 중국 인민 정부가 베이징에 세워지고 중국이 전부 공산화가 되었다.

우기 성경학교가 그 해 평소대로 열리고 1950년 존 쿤은 아직 리수 전도자 팀과 여행하며 많은 사람들이 처음으로 그리스도를 믿게 되는 것을 보고 있었다. 성경 학교는 참석자 수가 기록적으로 많았으며 그 해 11월에 오크 플랫 마을에서는 100명이 세례를 받아 그 지역의 신자 수가 1,200명이 되었고 42개 교회에서 나누어 예배를 드리고 있었다.

원주민을 가장 늦게 떠난 CIM 선교사는 존 쿤과 찰스 피터슨이었다. 1950년 그들을 작별할 때 800명의 리수인이 모여 할렐루야를 합창했다. 그것은 기억에 남는 순간이었으며 찬양의 제사였다. 선교사들은 자기 본국의 안락함으로 돌아갈 수 있었다. 리수족은 자기들이 살던 곳에 머물러 살면서 어두운 미래를 맞아야 했다.

1951년까지 리수 교회는 외국인의 도움 없이 홀로 서고 있었는데 그것은 탄생 후 30년이 되었을 때였다.

박해

1951년부터 그후 몇 년 동안 리수 신자들은 중국에 있는 다른 그리스도인들과 같이 핍박을 받았다. 그들의 시련을 알게 된 것은 그들 중 몇이 지치고 가난에 찌들려 국경을 넘어 도망 와서 그 이야기를 해 주었을 때부터였다. 그 전에는 거의 알려지지 않았다.

처음에는 예배가 금지되고 성경과 신앙 서적을 몰수당했다. 그러더니 무수한 신자들을 가족으로부터 분리해서 재교육을 시켰다. 어떤 사람들은 감옥에 갇혔다. 마침내 신자들이 그들의 신앙 때문에 죽는 일까지 생겼다. 아직 어린 교회가 불의 세례를 받은 것이었다.

수천 명의 리수 사람들은 미얀마와 태국으로 피했다. 중국에서 미얀마 산을 넘어 오던 한 원주민 신자 그룹은 깊은 계곡에 정착해서 기독교인 공동체를 이루었다.

1960년 초에 크레인, 쿡, 쿤 부부들은 미얀마에서 리수 구약 성경을 번역하고 있었는데, 계속 증가하는 윈난성 남서부에서 도망온 원주민을 도우며 성경을 가르쳤다.

1963년 최소한 약 10,000명의 리수인이 미얀마에 정착하러 왔다고 그들은 추정했다. 이미 미얀마에 있던 기독교 원주민들 — 북쪽의 푸타오로부터 남쪽 태국의 경계를 이루는 샨족 — 의 숫자에 이들을 더하면 60,000 이상의 그리스도인들이 원주민 교회에 있었다는 이야기가 된다. 그들 안에서 지도자가 나왔고 그들 스스로가 우기 성경 학교를 인도했다.

1963년 모든 선교사들은 미얀마를 떠나야 했다.

리수 성경

수천 명의 리수 기독교인들이 이제 미얀마에서 몇 달을 자기들의 성경이 완성되고 - 개정되기를 - 기다렸다. 그러나 당국은 그 나라에 들어가는 것을 허락하지 않았다. 리수 사람들은 수입 허가가 나도록 정규적으로 모여서 기도했다.

마침내 1968년 기독교인 가족들이 중국에서 산을 넘어 미얀마로 무더기로 피해 나오던 해였는데 첫 발행분이 들어오게 되었다. 그러나 이것은 필요한 수에 비하면 턱없이 모자랐기 때문에 계속해서 몇 년을 오랫동안 더 기다려야 했다.

1976년 북부 태국으로부터 선교사들이 미얀마에서 온 리수 기독교인들을 도와서 성경 전체를 개정하는 작업을 시작했다. 다양한 좌절로 고통스런 작업이었지만 꾸준하게 계속했다. 구약 초벌이 완성되었고 신약은 로마서까지 나갔다. 드디어 1980년 리수 성경전수 개정 초판이 기다리던 리수인들을 위해 출판되었다. 1만 부를 런던에서 인쇄하여 랭군으로 선적하였다. 마침내 유통해도 좋다는 허가가 나올 때까지 몇 주 동안 배 안에 간직하고 있었다. 7.5톤의 무게였다.

리수 사람들이 므이트키나에서 700마일을 내려왔는데 꿀과 과일, 손으로 만든 리수 의상을 선물로 가져와 기록된 하나님의 말씀에 감사를 표하기를 원했다.

마침내 성경 협회판이 보급되면 리수 교회는 자기 말로 된 성경 완역판을 가질 뿐 아니라 한 가지 이상의 번역본과 함께 수천 권의 사본도 갖게 될 것이다.

무너지지 않는 왕국

리수 부족과 다른 원주민 교회의 성장과 움직임에 대한 재미있는 뉴스가 1981년에 「아시아 전도(Asian Outreach)」에 출판되었다. 그 안에 보면 많은 리수 사람들이 공산주의의 박해에 못이겨 북부 미얀마로 피해서 그 이후로 그곳에 강력한 기독교 공동체를 유지하고 있다는 기록이 있다. 미얀마에는 400여 리수 교회와 로왕 원주민 교회가 있다.

1981년 미얀마 정부가 단속을 좀 늦추는 틈을 타서 유진 모스가 미얀마에 가서 집중적인 설교와 강의를 할 수 있었다. 계속 출간되고 있는 신앙서적은 5,000여 리수 지도자들이 성경을 지도할 수 있도록 돕고 있다.

앨린 쿡은 아직도 캘리포니아에 있는 자기 집에서 리수 목사들과 편지 연락을 하고 있고 성경 주석 같은 책들을 백여 명에게 보내고 있다.

미얀마에 있는 나가 부족 사이에 하나님의 현저한 일하심이 있어서 수천 명이 기독교인이 되었다. 이 부족들은 자신들만의 고유 언어를 쓰고 있었다. 폴 카우프만은 그 이야기를 잡지에 이렇게 기록하였다.

그들은 모두 한 가지로 통일된 언어를 배우기로 결정하였다. 그들이 사용하기로 한 언어는 리수말이었는데, 그것은 중국이 공산화되고 나서 그곳을 피해 나온 커다란 원주민 그룹의 언어이다. 리수족 안에는 강한 기독교 공동체가 있다. 20명의 나가인이 리수 언어를 배우기 위해 그곳에 갔다. 다행히도 성경, 찬송가, 그리고 다른 기독교 서적이 리수말로 번역이 되어 있다.

리수말을 배운 다음에 20명의 훈련생들이 자기들의 부족으로 돌아가서 세 가지의 책임을 갖게 될 것이다. 첫째, 다른 나가인에게 리수말을 가르친다. 둘째, 리수 성경 교사들이 새로 믿는 나가 신자들에게 사역할 때 필요한 통역을 해 준다. 셋째, 하나님의 말씀을 자기 백성에게 리수말로 가르친다. 우리는 북부 미얀마에 사는 이 나가족 사람들로부터 리수말로 된 서적을 급하게 보내달라는 요청을 받았다.

폴 카우프만이 미얀마-중국 국경에서 일어나는 영적 싸움의 전체적인 상황을 조사하여 느낀 것을 읽으면 다시 확신을 갖게 될 것이다. 중국 남서부에서 산을 거쳐 들려오는 소식에 의하면 제임스와 그의 동료들이 수

년 전 살던 바로 그곳에 강력한 교회가 아직도 건재하고 있다고 한다. 카우프만은 이렇게 전한다.

하나님은 중국 남서부의 원주민 기독교인들 사이에서도 역사하고 계신다. 중국 안에서 규제가 완화된 이후로 70여 원주민 회중이 공개적으로 나오게 되었다. 이 원주민 교회 중에 가장 큰 그룹은 5,000명의 회중을 가지고 있다. 미얀마로 가는 옛길이 있는 이 지역의 북쪽에 있는 티벳 국경 근처에는 기독교 활동이 활발하다. 크리스마스가 되면 2,000명이 넘는 원주민이 말씀 사경회에 참석한다. 중국 관료들은 놀라고 있는데 사실은 당황하고 있다. 그들은 집회의 단상에 서서 그 무리 중에 신자가 얼마나 되는가 하고 물었다. 두 명 외에는 다 공개적으로 일어서서 자기의 신앙을 증거하였다. 그곳에 있던 사람들은 지방 당국이 당시에 신자들에게 아무것도 두려워할 것 없다고 확신시켜주었으며 심지어 그들에게 삼자 교회를 세우도록 도와주겠다고 까지 말했다.

그곳 지역 전체를 통하여 일어난 발전을 뒤에서 지켜볼 때 하나님의 손이 당신의 백성에게 역사하셨을 뿐 아니라 그분을 알지 못하는 사람들에게까지 미쳤음을 분명히 볼 수 있다. 하나님께서 그분의 왕국을 세우실 때 지옥의 문이 이기지 못한다.

북부 태국의 복음 진전 상황

1950년대 초 해외 선교회 (OMF - CIM, 중국 내지 선교회의 새 이름)는 북부 태국의 산들을 조사했다. 지도에서 보는 바대로 이 지역은 미얀마와 경계하고 있으나 중국 국경에서 멀지 않다. 여기 산에 사는 부족 사람들은 중국 남서부에 사는 사람들과 매우 비슷하다. 조사한 바로는 최소한 25만 명의 원주민이 42,000마일에 걸쳐 살고 있는 것으로 알려졌다.

여기에도 리수족이 있었다. 그러나 야오, 아크하, 카렌, 라후, 메오 (현재는 몽족이라고 함)와 같은 다른 종족도 있었다. 새로운 일군들이 중국에서 온 베테랑들과 합세하여 함께 이 사람들에게 예수 그리스도를 전하고 있다. 이소벨 쿤의 「부족민을 향한 등반」(Ascent to the Tribes)은 이 일에 관계된 모든 것들에 대해서 사실적인 통찰력을 주고 있다. 이 산 속의 선교사들은 육체적인 어려움과 영적 전쟁을 만나게 된다. 그 옛날 누강 산악 지역에서 만나 고생했던 일들을 아직도 겪고 있는 것이다.

북부 태국을 방문해 본 한 여행자가 하는 말이다. 그곳 상황을 말해 볼까요? 독신 아가씨 둘이 아주 작은 나무 집에서 사는데 나무 판 위에서 자고, 산 밑으로 5리를 가서 물을 길어 오며, 마을 사람들에게 어떻게든 영적 관심이 생기도록 기도하며 기다리고 있는 겁니다. 당신에게 그것을 보여주면 그것은 한 알의 밀알이 땅에 떨어져 죽는 것이 어떤 의미인지 조금이나마 알 수 있을 것입니다.

선교사들은 중국에서 그러했던 것처럼 태국에서도 예수 그리스도를 위하여 자신의 삶을 드렸다. 태국의 산마을에도 작은 교회들을 세우게 되었다.

태국은 동부에 있는 이웃 나라들을 계속 기억하며 수천 명의 피난민을 맞아 주인 역할을 하고 있다. 정치적으로 하늘이 구름 낀 것 같은 날씨여서 그리스도만이 구주가 되신다는 복음을 전할 자유가 언제까지 가능할지 알 수가 없는 상황이다. 태국 인구의 대다수도 "세상에 구원 얻을 만한 다른 이름을 주신 일이 없다"는 것을 들어 본 적이 없다.

사후의 수상

1979년 영국에 흥미 있는 서류가 하나 도착했다. 그것은 가로 10인치 세로 7인치 크기 양피지로 색이 바래 있었다. 그것은 라시오에 있는 리수 교회의 지도자로부터 온 것이었는데 라시오는 미얀마 국경 쪽의 산에 있는 마을이었다.

1978년 12월 23일 그들은 두 가지를 기념하는 모임을 계획했다. 첫째는 10년 전에 라시오 교회가 설립된 것이었고 둘째는 1920년에 리수 땅에 자기들의 교회가 세워진 것을 기념하는 것이었다.

그들은 물론 앨린 쿡을 알고 있었기 때문에 그에게 그들을 위해 일생을 바쳐 하나님을 섬긴 것에 대한 감사를 표시하는 명예 증서 비슷한 것을 보냈다. 그러나 그들이 묻고 있는 질문은 그가 중국에 있는 그들의 마을에 처음 온 사람이었느냐는 것이었다.

앨린은 그 전의 그 세월을 회상하였다. 냉촌의 산에서 외롭게 혼자 아무도 들으려고 하지 않는 메시지를 증거하고 있던 그 사람을 다시 기억했다. 앨린은 답장을 썼다. "아니, 내가 첫번 째 사람이 아닙니다." 그는 제임스에 대해서 그들에게 말해 주었다. "아, 그래요." 그들의 부모들은 셋째 큰 형을 알고 있었다. 그들은 자기들에게 처음으로 영생의 복음을 전해 준 사람에게 사후에라도 명예 증서를 보내고 싶어 했다.

증서는 리수말로 이렇게 쓰여 있었다. 번역해 보면,

샨 주, 코콩 군, 육가정 지부, 머디 풀 마을에 1920년 교회가 설립된 때로부터 1978년 12월 23일까지 58년이 흘렀습니다. 그 동안 J. O. 프레이저 목사님, 셋째 큰 형은 하나님의 명령에 순종하여 기꺼이 따뜻한 마음으로 예수 그리스도의 교회의 사역을 감당하셨습니다. 이에 교회의 일군들은 목사님께 이 명예 증서를 드립니다.

날짜 : 1978년 12 월 26일

장소 : 미얀마, 새 마을, 라시오

제임스는 세상에서 이 지역 가운데 있는 교회를 세우는데 기여한 수백 명 중 한 사람에 지나지 않는다. 그는 분명히 귀중한 공헌을 하였다. 그러나 그가 남기고 있는 가장 풍성한 유산은 하나님께서 언제 어디서나 어떤 사람을 통해서든지 역사하고 계시다는 그의 이해였다.

그것을 위해서 필요한 대가를 마다하지 않았다. 제임스의 사역은 처음에도 희생이 있었고 계속해서 마지막까지 값비싼 희생을 대가로 지불했다. 충만한 하나님의 축복을 알기 원한다면 다른 방법은 없는 것 같다. 예수 그리스도의 제자라면 다른 것을 기대하는 것이 이상한 일일 것이다. 사무엘하 24:24절에서 다윗 왕이 아라우나에게 하는 말에서 약간의 꾸짖는 소리를 듣는다. "값 없이는 내 하나님 여호와께 번제를 드리지 아니하리라."

프레이저의 자취를 찾아서

역자 기행문 | 최태희

누강 유역 교회의 첫 출발이 된 피아띠 마리핑 (1차 방문)

프레이저의 자취를 찾아서 1

"어제 오늘 다시 글을 읽고 프레이저의 너무나 귀한 삶에 대한 감동으로 하나님과 사람 앞에 부끄러워 견딜 수가 없습니다. 중국을 포함한 현재 우리 선교 일꾼들의 '존재의 가벼움'을 고민하며 영적인 씨름을 하고 있던 터라 책이 주는 도전의 무게 때문에 깊이 기도하며 하나님 앞으로 나아가게 됩니다.

누강의 사나운 물결, 산길과 나귀, 리수족의 결혼식과 술 습관, 칼 사다리, 노래 솜씨, 리수어 성경과 5선보 찬송가, 그들의 엉성한 예배 장면, 빠오샨과 프레이저의 무덤, 미얀마 가는 길, 태국 북부의 소수 민족들, 모든 것이 눈에 선하고, 현장을 누비며 그 연장선에서 일하고 있는 저의 감흥은 정말 남다를 수밖에 없습니다.

이 책은 정말 두고두고 도움이 되는 선교 교과서임에 분명합니다. 모든 읽는 이에게 하나님의 선교를 다시 이해하고 묵상하며 식어진 가슴에 불을 댕기고 혼탁한 선교 개념을 정화시키는 힘을 가진 책입니다.

특히 21세기 선교의 최근 화두는 '최전방개척선교'인데 100년 전 제임스 O. 프레이저의 헌신된 삶과 정신은 너무도 귀한 모범이어서 그 책이 한국 교회에게 주는 선교적 영향은 매우 지대할 것이 분명합니다.

사진 전문가가 계신다니 꼭 오셔서 현장을 보고 책 속의 장소, 장면들을 재현하는 사진 자료가 삽입된다면 책의 흥미나 이해를 돕는데 크게 도움이 될 것이라 생각합니다. 누강 대협곡은 보지 않고서야 말로 표현하기가 어렵지요. 디자인 담당 자매가 오는 것도 큰 도움이 될 것입니다. 그보다 번역자께서 직접 오셔서 현장을 보며 책의 내용과 전개를 따라서 사진, 편집, 역사적인 고증과 참고 자료들을 직접 챙기고 책의 내용을 보완한다면 더더욱 좋지 않을까요? 지금의 모습이라도 사진을 담으면 훨씬 리얼한 책으로 독자에게 다가갈 수 있을 것입니다. 제가 한 주간 해외 출장 일정이 잡혀 있습니다만 다음으로 미루고 책의 편집을 위해 시간을 내어 안내해 드릴 수 있습니다."

번역을 마친 후 추천의 글을 부탁드렸을 때, 중국에서 오랫동안 하나님의 일꾼으로 특기할만한 사역을 해 오셨고 지금은 '차마(茶馬)고도 개척선교팀'을 이끌면서 소수 민족의 지역사회 개발과 교회 개척 사역, '동아시아 소수 민족 문화 연구소'를 운영하고 계시는 김한중 교수님께서 보내주신 메일이다. 그래서 글로만 된 책이 별로 인기가 없는 요즈음 시대에 어울리는 포장으로 귀한 책을 내놓으라는 하나님의 사인으로 알고 사진·영상 담당 한승룡 선교사, 디자인 담당 권승린 선생, 번역자인 본인, 이렇게 세 명은 책에 나오는 높은 산에 오를 수 있는 차림을 하고 인천 공항을 떠나 중국 내륙 서남부의 입문 공항인 쿤밍으로 향했다.

쿤밍에서 국내선을 타고 다시 해발 1400미터에 있는 분지 도시, 제임스 프레이저가 생의 마지막을 맞았던 빠오샨으로 이동했다. 김 교수님은 현지에서 어떤 사람과 접촉해서 어떻게 일을 하는 것인지를 완벽하게 알고 계셨다. 외국

프레이저 무덤 2006, 빠오샨

인으로서 눈에 띄는 영상 장비를 가지고 다니는 것을 의심스럽게 여기며 질문을 해대는 공안원들에게 어떻게 그들이 수긍할만한 대답을 할지를 아셨다.

프레이저의 묘가 빠오샨 부근 한 농촌 교회 앞마당에 이장되어 있었다. 개발로 인해 훼파되어 가는 것을 보다 못해 이장을 주도하신 분은 빠오샨 민족 성경학교 교장이셨다. 묘비의 글은 감동 그 자체였다(P6 全文게재). 묘역 이장에는 100대의 트랙터가 동원되었고 복원 예배에는 여러 부족민으로 구성된 3,000여명의 성도들이 모였다. 쒸 교장선생님은 프레이저가 예수님이 리수족 안에 오셔서 그들이 새로운 삶을 살도록 하신 분이라고 하셨다.

프레이저 무덤 이장예배 모습 (2002.3.31)

누강 유역의 교회

　차를 대절해서 누강 계곡을 따라 1,000km 이상을 달리면서 2천 피트 아래로 거품을 내며 노호하는 강을 따라서 1만 천 피트나 되는 산으로 둘러싸인 곳, 그 노호하는 강을 건널 때 굵은 밧줄이나 두꺼운 판자를 이용해야 하는 위험, 산에서 평지로 내려오는데 하루가 걸리고 또 반대편으로 그만큼 올라가야 하기 때문에 다리가 붓고 통증을 느낀다는 말을 실감할 수 있었다. 겹겹이 보이는 웅장한 산기슭에 그 꼭대기까지 듬성듬성 널려 있던 마을들, 이어지는 마을마다 20km를 멀다하고 빨갛게 십자가가 걸려 있던 교회들은 40여년의 죽의 장막의 세월에도 불구하고 다시 세워지고 있었다. 미신이 만연하던 산 속에서 사람들이 교회로 몰려와 하나님을 부르며 주 예수님을 찬양하는 소리와 곳곳에 세워진 성경학교를 통해 젊은이들이 눈을 초롱초롱 빛내며 성경을 배우고 있는 모습은 고통을 감내하며 춥고 배고픈 산길을 다니던 선교사를 통해 하나님이 영광 받으신 열매였다. 온 회중이 함께 4부로 부르는 찬양은 하늘의 천사라도 일을 멈추

누강 유역의 교회

고 귀를 기울일만한 놀라운 수준이었다. 3년 전에 있었던 험한 눈사태로 초막 집이 전부 무너져 정부가 개인 집을 지으라는 보조금을 주었을 때 자기 집보다 보상금이 나오지 않는 교회를 먼저, 이전 보다 더 크게 세우고 있다는 이야기는 가슴을 뭉클하게 하였다. 함께 간 샹그릴라의 전도자에게도 도전을 주는 이야 기였다.

후꽁에서 만났던 십대 후반 소녀 둘은 지역 교회에서 파송하여 국경 가까이에 있는 미얀마 성경학교에서 3개월 간 배우고 오던 길이었다. 그 성경학교는 프 레이저 기념 성경학교로 2년 코스, 단기 코스 등으로 리수족 사역자들을 훈련 하고 있다고 하였다.

누강 유역 교회 설립의 첫 출발이 된 피아띠 마리핑(강의 동쪽이라는 의미, 해발 1,900미터 -그곳이 얼마나 깊은 산골이며 접근하기가 어려운 지역인지 가보지 않으면 모른다.)에는 리수어 성경 번역의 주역 중 한 사람이 앨린 쿡, 그곳에서 순교한 쿡 부인의 무덤, 많은 저서로 우리와 친근한 이소벨 쿤, 피터슨 등이 살았던 집 이 있었으며 리수인 선교사인 모티엔 창-모세(리수어의 성조나 관용구에 대해 거

리슈어 성경 번역을 함께 한 리수인 모세(모티엔 창)의 무덤

의 완벽하게 알고 있던 리수 성경 번역팀의 일원)의 무덤이 그곳 옥수수 밭 속에 파묻혀 있었다. 5,60 여 년 전 선교사들이 세웠던 성경학교 출신 할아버지는 품위가 느껴졌는데 우리 손을 붙잡으며 귀한 사람들이 먼 길을 오셨는데 자고 가라고 하셨다. 높은 산 위였지만 산에 파이프를 묻어 필요할 때 물을 쓸 수 있게 해놓았고 자연 화장실에도 양동이에 물을 떠다 놓아 아주 청결했다. 그들을 산 속 원숭이 족이라고 멸시하듯 불렀던 중국 시내에서도 만나지 못했던 광경이었다. 그곳에는 또 마파콰(선교사의 호박)라고 불리는 과일처럼 생긴 야채가 있었는데

그것은 프레이저가 가져온 씨앗을 그 지역 일대에 심어 식량으로 삼았던 것이라고 하였다. 물이 부족하여 씻지 못하고 먹을 것이 부족하여 쉽게 병에 걸리던 고산 지대에서 전인적인 도움을 주기 위해 애쓰던 선교사들의 모습이 보이는 듯 했다.

마파콰

다시 누강을 따라 내려와 류꾸를 지나 상쨩(上江)으로 오니 그곳 지역의 42군데 교회를 돌보고 계시는 장로님으로부터 제임스와 록시 프레이저, 리수인 전도자들이 함께 리수어로 썼던 사역일지가 발견된 이야기를 들었다. 모든 종교 서적이 불태워졌음에도 불구하고 그것이 세 권의 책으로 남아 있는 것은 하나님의 섭리였다. 그 일지 안에는 신생 리수 교회에서 어떻게 전도자들을 희생적으로 파송했으며 강을 건너고 산을 넘어 다니며 전도하던 그들에게 어떤 일이 일어났는지가 쓰여 있다고 했다. 그들 중에 배고픔으로, 병으로, 강물에 빠져서 또는 개에 물려서 죽은 사람들의 이야기를 읽으며 장로님은 눈물을 참을 수가 없었다고 하였다.

1920년 일어난 부흥으로 인해 무쳉포(롱린 또는 망시 남쪽 미얀마 국경 근처)에 성경학교가 세워지고 졸업생 중 많은 리수인 전도자들이 훈련을 받고 누강 상류 쪽으로 파송을 받았다. 1927년 12월 25일 성탄절의 일이었다. 그 지역을 여행에서 빼놓을 수가 없어서 상쨩에서 남쪽으로 서너 시간 걸려 그곳에 연락이 닿는 분이 기다리고 계시는 롱린에 도착했다. 롱린에서 무쳉포까지 가려면 다시 차로 한 시간 반, 또 걸어서 산길을 3시간을 가야했다. 아쉽지만 포기하고

롱린 성경학교

그곳의 이야기를 잘 알고 계시는 할아버지를 찾아 롱린 성경학교를 방문했다. 그 할아버지는 책에 나오는 큰 호랑이의 이야기, - 죠슈아 장로로 불리는 75세의 그 할아버지는 큰 호랑이가 서똥허(石洞河) 마을 출신의 후쩡파(胡正發)인데 1919년 춘절(음력설) 밤에 일어났던 그 이야기는 바로 자기 할머니 집에서 일어난 일이었다고 소개했다. - 샹따(像達)에 살던 제빵업자 모 티엔창(모세-후에 리수어 성경 번역에 중요한 역할을 한 전도자)의 이야기, 그리고 당시에 그 주변 인구의 3/4이 믿게 되어 교회와 성경학교가 세워진 배경을 자세히 이야기해 주셨다. 처음 무쳉포 성경학교는 중일 전쟁 당시 일본군이 전부 불태웠고 지금은 새로이 무쳉포 마을 교회가 세워져 있다고 하였다.

보물찾기 같은 일정이었다. 책에 나오는 지명이 영어 발음을 옮긴 것인데다가 리수어이기도 하고 지금은 달라진 옛 지명이기도 하여 어디가 어디인지 처음에는 막막했다. 전부 다 밝힐 수는 없었지만 어떤 경로로 복음을 전했는지 하루하루 지나면서 큰 그림은 그릴 수 있었다. 복음을 전하기 위해 걸었던 걸음들은 웬만한 등산길이 아니었고 하나님께서 그들에게 오셨다고 전하기 위해 함께 살았던 움막도 우리라면 몇시간 앉아 있기도 어려운 곳이었다. 선교사로서 애를 써서 사람들이 모여 교회가 세워지면 그것으로 안주할 텐데 험한 산길을 넘고 넘어 몇 사람을 찾아가던 그 발길을 하나님께서 향기로운 제물로 받으셔서 100여년이 지난 오늘날 중국 서부 산악 지역에 편만하게 믿는 자를 일으키셨다.

19세기 세계적으로 일어난 부흥의 결과로 20세기 초 한국에, 인도에, 중국에 선교 역사가 활발하게 일어났다. 이제 복음의 바톤을 이어줄 책임을 가진 세대로서 다시 한 번 부흥을 보기를 소원하고 프레이저 선교사와 같은 삶과 영성, 헌신을 하나님께 드리는 젊은이들, 실버들이 벌떼처럼 일어나기를 기도 드린다. *

역자 기행문

프레이저의 자취를 찾아서 2

텅웨, 탄짜의 자취

프레이저 기념교회를 찾아가는 길 (빠오산 근교)

프레이저의 자취를 찾아 두 번째로 빠오산행 비행기를 탔다. 쿤밍에서는 우리 OMF 선교사님들께서 전적으로 이 일을 격려해 주셨다. 우리 주 선교사님께서 하던 일도 잠시 멈추시고 전 일정 손수 동행해 주셨다. 사모님께서 그 동안 1박 2일의 세미나에 갈 일이 있었는데 다른 선교사님들이 주 선교사님 댁의 세 아이들을 한 명 씩 맡아 돌봐 주셨다. 여행자가 사는 것보다 몇 십 퍼센트나 싼 비행기 표도 구해 주셨다. 중국에 대해 아무것도 모르고 중국어를 한 마디도 못하는 사람이 중국 시골을 가는 것에 대해서, 그것이 얼마나 무모한 일인지 중국을 잘 아시는 선교사님이 걱정을 해 주신 것이었다. 그 귀중한 헌금과 사랑의 식사 교제는 감사함과 따뜻함으로 기억에 남아 있다. 평생 한 팀으로 한 배에 타고 있기를 원한다.

김한중 교수님은 이번에도 상짱과 후꽁에 연락을 해 두셨다. 우리가 비행기에서 내리니 그곳 전도사님들이 그 멀리서 내려와 빠오산 공항에 마중 나와 계셨다. 공항에서 시내로 들어오는 길에 화려하고 길게 늘어선 장례 행렬을 만났다. 프레이저의 장례를 했던 지역이니 비슷한 모양이 아닐까 생각하며 열심히 사진을 찍었다. 흰 옷을 입은 악대가 앞에 서서 연주를 하다가 길옆으로 서서 계속 드럼을 치고 있으니 다음에 따라 오던 한국의 꽃상여 장식과 비슷한 느낌을 주는 울긋불긋한 종이용(길이 10m 정도)을 든 여인들이 어느 지점까지 따라 오다가 용을 마구 뒤흔들며 움직이게 하였다. 그 뒤에 상주로 보이는 아이가 책

속의 차오씨처럼 사진을 들고 있었고 흰옷을 입고 흰 모자를 쓴 사람들이 한 줄로 그 뒤를 따르고 있었다. 그 뒤에 관을 밧줄로 들것과 같은 것에 매어 사람들이 들고 오는데, 관의 한 가운데 위에 수탉이 매여 있었으며, 길을 오다가 상주와 흰옷 입은 사람들이 한 줄로 늘어서 무릎을 꿇고 앉아서 고개를 숙이자, 그 위로 관을 운반하였다. 그 관은 매장을 위하여 산 위로 운반하는데 다른 장식물들은 따라오던 사람들이 모두 앉아 슬퍼하며 앉아 있는 가운데 태울 만한 장소에서 모두 태웠다.

　모두 함께 식당에 앉아 지난 번 방문했을 때 함께 찍었던 사진들이 책으로 나온 것을 보며 즐거운 담소가 이어졌다. 상짱의 전도사님은 피아띠 마리핑에 있던 모세 전도자의 무덤을 다시 만든 사진을 보여 주었다. 우리가 다녀간 후 역사가 묻힐 것을 염려한 어느 독지가의 헌금으로 옥수수 밭에 가려져 있던 묘를 드러내 공사를 한 것이었다. 누강 유역의 첫 교회가 세워진 해발 1900미터의 마리핑 마을에는 앨린 쿡의 첫 부인을 비롯한 선교사 세 사람의 무덤도 있었다. 전도사님 중 한 분은 42개의 교회를 돌보고 계시니 도움을 요청할 일이 많았다.

　중국의 교회들은 지금 방방곡곡에서 한국의 70년대처럼 그 성장이 수직 곡선을 이루고 있어서(참고; 중국의 교회-그 놀라운 성장, 토니 램버트저, 2007, OMF 로뎀 출간) 개축, 확장하는 곳이 많았다. 가난한 가운데서도 전체 공사비용 중 성도들이 있는 힘을 다해서 반이 조금 넘는 정도는 헌금할 수 있었지만, 나머지는 어떻게 할 수가 없어서 도움을 요청한다는 내용의 편지를 몇 통씩이나 들고 오신 것이었다.

김 교수님은 지혜롭게 대답을 하셨다. "내게는 힘이 없고 공급하시는 분은 하나님이시니 함께 기도하자. 우리가 이곳 사정을 알리기는 하겠지만 사람의 마음을 움직이시는 분은 하나님이시니 그분이 어떻게 응답하시는지 기도하면서 기다려 보자"고 하셨다. 또 다른 분은 성경학교를 하는데 드는 비용이 모자라 횟수를 줄여서 한다는 말을 하였다. 정규 신학교 교육을 받지 못하니 일 년에 몇 번씩 흩어져 있는 사역자들이 모여 하는 성경학교는 대단히 중요한 행사였다. 김 교수님은 그분들을 다른 지역의 부흥회에 강사로 초대하는 등 하여 가능한 한 왜곡될 가능성이 적은 방법으로 도움을 주려고 애를 쓰셨다.

프레이저 묘의 이장을 주도했던 빠오산 민족 성경학교 교장 선생님을 따라 학교에 들어가니 넓은 터를 닦아 학교를 크게 새로 짓고 있었다. 그곳은 공장과 현대식 아파트가 아니라 성경 학교와 교회 건축이 붐이었다. 한국 교회의 도움

이 있는 것으로 보였다.

프레이저가 마지막을 맞았던 빠오산이니 무언가 자취가 남아 있지 않을까 하고 물었다. 그러나 일본군이 침입했을 때 도시가 대부분 불타버렸을 뿐더러 과거의 일을 잘 아는 분은 모두 돌아가시고 한두 분밖에 남지 않았다고 했다. 이야기를 나눌 수 있을 정도로 정신이 온전한 한 분을 만나러 다음 날 아침 1시간 반 차를 타고 언덕길을 올라갔다.

집에는 성화 등이 벽에 붙어 있었고 성도들과 찍은 사진도 있었다. 어렸을 때 귀가 들리지 않았는데 선교사님들이 하는 집회에서 치유를 받고부터 교회에 나가기 시작했다고 했다. 주일이 되면 새벽 5시경 어두울 때 집을 떠나 3시간을 걸어야 교회에 도착하는데 하루 종일 교회에서 예배도 드리고 성경도 배우면서 있다가 저녁 예배를 드리고 나서 또 어두워지고 나서야 집으로 돌아왔다는 것이었다. 그곳은 몇 가정이 모여서 가정 예배가 이루어지고 있었다.

김 교수님은 다른 일정으로 인해 쿤밍으로 돌아가시고 나머지 일행은 지난 번 아직 공사 중이었던 프레이저 기념교회를 찾아갔다. 그곳에서 30분 거리 밖에 되지 않았다. 온 시야에 유채꽃이 가득한 들판을 지나서 완성된 교회가 보이는데 만국기가 펄럭이고 있었다. 며칠 안 되어 헌당식을 한다는 것이었다. 마산에 있는 한국 교회가 후원했다는 것을 나중에야 알았다. 마당도 전부 정리가 되었고 교육

관도 곁에 깔끔하게 마무리 되어 있었다. 18세 이하의 아동에게 복음을 전할 수 없는 중국에 주일학교가 있다는 것은 대단한 일이었다. 마을 주민 200여 가정 중 100여 가정이 신자인 것도 놀라운데 아침 9시가 약간 지난 시간에 주일 학교 학생들이 일찍 와서 자기들이 예배드릴 처소를 청소하고 있는 것이었다.

그림으로 된 성경책이 눈에 띄어 기뻤다. 프레이저와 그 후에 헌신했던 선교사들의 자취가 과거의 일로 끝나 그저 몇 장의 성화 외에는 스산한 분위기의 마을도 있었는데 이곳에서는 2세도 교육하고 있었다.

유채꽃과 풍성한 농산물로 아름다운 그 마을, 프레이저의 뼈가 묻혀 있는 그 교회가 특별한 복음의 전진 기지가 되면 좋겠다.

텅웨는 지금 텅총으로 그 지명이 바뀌었다. 20세기 초에는 미얀마에서 중국으로 들어오는 관문 도시였기 때문에 영국 영사관이 있던 곳이다. 비행장이 생겼다는 것은 잘못 전해진 뉴스였다. 빠오산에서 버스를 타고 4시간 걸려서 저녁 무렵 텅총에 도착했다. 아무와도 연락이 되지 않았다. 지나가는 사람에게 이 도시에 교회가 있느냐고 물었는데 없다고 했다. 관심이 없기 때문에 있는데 모르는 것이었다.

갑자기 텅총에서 처음으로 세례를 주었고 사람들이 다리에서 그것을 보고 있었다는 책의 내용이 생각이 났다. 가까이에 강이나 시냇물이 있는가 물어 보았다. 있다는 대답에 택시를 타고 냇물이 있고 다리가 있는 곳으로 가달라고 했다. 기본요금 거리에 조각물과 원예 등으로 잘 조성해 놓은 넓은 문화의 광장이 있었고 그 곁에 시냇물 정도도 아닌 개울이 있었다. 이렇게 얕고 더러운 물에서 세례를 주었을까? 하기야 이전에는 더 깊고 깨끗한 것이었을 수도 있지. 다리가 눈에 띄어 반가웠다. 그런데 다리가 여러 개였다. 어느 것일까 상상하면서 사진을 찍었다. 그런데 개울을 죽 따라오니 그 중에서 가장 오래되어 보이는 다리가 나타났다. 이것이다! 사람들이 이 위에서 보고 있었을 것이다. 그러면 적어도 헛된 걸음은 아니었나보다.

다음 날 아침, 탄짜를 향해 떠났다. 탄짜를 가려면 호우차오(원숭이 다리), 지금의 꾸용(古永)까지 버스를 타고 2시간 이상(지금 닦고 있는 길이 완성되면 더 빨라질 것이다.) 가서 또 차를 대절해야 갈 수 있었다. 꾸용에서 미얀마 국경까지는 10킬로 정도여서 관광객도 임시 비자로 하루 만에 다녀 올 수 있다고 하였다. 계속 길을 물어가며 산을 몇 겹 돌아서 탄짜 근처 마을에 가니 대나무로 엮어 만든 집들이 보였다. 리수족의 가옥 형태였다. 집에 방 하나를 내기가 아주 쉽다는 묘사가 책에 있었는데 정말로 그랬다. 그냥 땅 위에 지은 집 곁에 정교하게 엮어 만든 대나무 벽을 이어 대기만 하면 방이 만들어졌다. 탄짜는 씨족 마을로 우리는 처음에 눈이 예쁜 20대 아가씨 전도사님이 사는 집에 들어갔다. 우리를 안내하던 후꽁의 리수족 전도사님(리수 마을에서는 언제나 리수말 통역이 필요했다.)과 같은 성경학교에서 훈련을 받은 적이 있어서 그분께 안내를 부탁한 것이었다. 그곳은 40여 가구가 살고 있는 송씨 마을로 믿는 가정이 10가정 정도 되어 78년 이후부터 가정교회로 모인다고 하였다. 그런데 아무도 프레이저에 대

짜이 할아버지의 백향목 집

해 몰랐다. 짜이씨에 대해 물으니 그 성씨 마을에 대해 잘 알고 있었고, 믿다가 아들 둘이 죽어서 믿음을 버린 짜이씨 가정이 있다고 하였다. 다시 대절한 차를 타고 짜이가(蔡家)로 이동했다.

드디어 프레이저가 탄짜에 갈 때마다 자주 머물렀던 집을 찾았다. 아들 둘이 죽어 그 이후에 신앙에서 떠난 집이었다. 그 마을에서 제일 오래된 집으로 300년 된 백향목 집이었다. 지금 주인은 70세 정도의 짜이 찐신이라는 이름의 할아버지였다. 그분은 이야기를 하면서 계속 붉은 것을 씹어 땅에 붉은 침을 뱉어 놓았다. 옛날 선교사가 그것만은 좋아할 수 없었던 그 침 뱉는 습관을 아직도 가지고 있었다. 자기가 어렸을 때 푸능런(제임스 프레이저의 중국 이름) 선교사에 대해 이야기를 많이 들었다는 것이었다. 다음은 그가 할아버지로부터 들은 이

붉은 침을 뱉는 짜아 할아버지의 습관

야기이다.

푸능런 선교사는 키가 크고 눈썹은 노랗고 하얀 얼굴에 신체가 건강하며 아주 멋이 있는 사람이었다. 아이들을 좋아해서 늘 데리고 다녔고 아이들도 그것을 알고 그에게 몰려들었다. 할아버지와 작은 할아버지가 프레이저 양 옆에서 칼과 활을 들고 호위하고 다녔다. 복음을 믿지는 않으면서도 서로 아주 좋아해서

오기만 하면 무엇이든 도와주었다. 길에서 강도를 만날 수도 있었고 많이 다녀야 하는 프레이저에게는 그들의 도움이 필요했다. 프레이저가 어디를 갈 때면 양 옆에 두 사람이 동행을 하는데 한 사람은 칼을 들고 다른 한 사람은 활을 들고 다니면서 산에 길이 없을 때는 나뭇가지를 칼로 쳐서 길을 내주기도 하고 길을 가다가 강이 나오면 나무를 잘라 다리를 놓아 건너갈 수도 있게 해 주었다. 필경 당시에도 사용했을 그 멋진 칼과 활을 사진에 담을 수 있었다.

그곳에서 프레이저는 왕복 일주일 씩 걸리는 티엔탄이나 티엔수이, 그리고 다른 곳들을 다니며 복음을 전했다. 과학이 발전해서 텔레비전이 나올 것도 이야기 해주었고 가난한 사람도 어렵지 않은 시대, 사람들이 평등하게 사는 시대가 올 것에 대해서도 말해 주었다. 병이 들었을 때 기도해도 안 나으면 약을 먹으라고 하며 더 중요한 것은 이 다음의 세계라고 가르쳐 주었다.

평화롭고 아름다운 마을이었다. 다시 강권하는 숭씨 전도사님의 친절에 못 이겨 그 집에 가서 저녁을 대접받았다. '목사님', '맛있어요.', '예수님' 등 한국말을 해서 깜짝 놀랐다. 미얀마가 가까운 그곳에 한국 목사님이 오셔서 부흥회를 한 적이 있다고 했다. 과연 한국이다. 그렇게 후미진 시골에까지 전도를 위해

견고하게 선 탄짜교회

한국 전도자가 다녀갔다. 그곳에 교회가 있는가 물었더니 있는데 가는 길이 어렵다고 했다. 어둑해져서 모르는 길이고 산을 넘는 길이니 꾸용까지 빨리 가야 했다. 가는 길에 운전기사가 저기가 교회라고 손으로 가리켰다. "탄짜에 견고한 교회가 하나 서게 해 주십시오."라고 했던 기도가 이루어진 모습이 보고 싶어서 여러 번 사진을 찍으려고 길 가에서 애를 쓰는 것을 보고 기사 아저씨는 울퉁불퉁한 길을 돌아서 교회 앞까지 가 주었다. 멋진 교회였다. 시냇물 가에 반듯한 울타리를 하였고 그 동네 어느 집보다 훌륭하며 커다란 교회였다. 감동적이었다. 함께 모일 때는 200명가량이 된다고 하였다. 할렐루야! 기도한 대로 견고한 교회가 선 것이었다.

차가 끊어져 꾸용에서 하룻밤을 지냈다. 중국의 여관은 외국인 여행객은 정가대로 주고 사정을 잘 아는 내국인은 정가의 1/3보다 적게 주고도 잘 수 있다. 그래서 중국을 여행하기 위해서는 현지 사정에 밝은 좋은 안내가 꼭 필요하다. 동행해 주신 우리 주 선교사님이 바로 그런 분이셨다. 나는 그저 놀라울 뿐이었다.

다음 날 아침 함께 경건의 시간을 갖고 잠시 메모를 살펴보는데 제임스 프레이저가 처음으로 텅총에서 세례를 준 곳은 폭포가 있는 곳, 물살이 센 곳, 그리고 다리가 있는 곳이었다. 그러면 절대 전날의 개울가는 아니었다. 텅총에서 가까운 폭포를 찾아야 한다. 일찍 차를 대절해서 다시 텅총으로 돌아왔다. 꾸용의 운전자는 텅총의 사정을 몰랐다. 할 수 없이 차를 바꿔 타고 영국 영사관을 찾아 갔다. 그 기와집 규모나 벽난로 정도가 그 옛날을 회상시켜줄 수 있는 것이었고 다른 것은 전부 낡아 버려진 건물이었다. 이곳도 일본군의 침입으로 많이 불타버렸다고 한다. 한 때 번성했던 곳이 이렇게 폐허가 될 수도 있었다. 근처에 폭포가 있는가를 물었다.

프레이저가 첫 세례를 베풀었던 폭포

구경꾼들이 세례 장면을 지켜보던 다리

있었다! 그것도 시내 한 복판에서 차로 5분도 안 되는 가까운 거리에! 나중에 쿤밍 공항에 와서 보니 텅총의 관광지를 소개하는 사진이 몇 개씩이나 붙어 있었는데, 역시 자기 생각의 틀 이상은 눈으로 보아도 참으로 보는 것이 아니다. 아무런 의미를 전달받지 못한다. '중국에서 유일하게 시내에 폭포가 있는 도시, 텅총!'이라는 소개와 함께 붙어 있는 사진이었다. 드디어 찾았다!

아주 멋있는 폭포였다. 다리도 있었다. 아주 특별한 모양을 한 다리였다.

이것으로 이제 산비 추적 기행은 마치려고 한다. 중국 전역에는 가장 깊은 오지마다 찾아다니며 그들과 함께 살고 전도했던 CIM 선교사들의 자취가 널려 있다고 한다. 지금 있는 교회의 뿌리를 찾으면 그분들의 자취가 많이 있어서 이 세대가 가기 전에 더욱 많은 사람들이 다니며 역사를 발굴해야 할 필요가 있다는 이야기를 듣는다. 그 뿐 아니라 오직 주 예수님과 그분의 복음, 그 나라의 확장을 위해서 그들이 본국에서 상상할 수 없는 열악한 환경에 와서 지내면서 본국에 보낸 편지들, 중국 사역들을 소개하며 기도와 협력을 이끌어냈던 잡지

누강 유역 교회의 첫 출발이 된 피아띠 마리핑 (1차 방문)

China's Christian Millions, 그 외의 저서들이 OMF의 서고에 보물처럼 숨어 있다. 그 보물을 파내어 나누어줄 분들이 필요하다. 귀중한 선교 자원으로서뿐 아니라, 앞서 간 그 선배 그리스도인 들은 틀림없이 '구름같이 둘러싼 허다한 증인들로서' 우리에게 영감을 주고 그리스도의 남은 사역에 헌신하도록 격려할 것이다.*

프레이저 무덤 이장예배 모습 (2002.3.31)

1차 방문 : 프레이저 무덤과 프레이저 기념교회 신축 공사 중 (2006년 8월, 빠오산 근교)

2차 방문 : 프레이저 무덤과 프레이저 기념교회 완공 후 (2007년 3월, 빠오샨 근교)

찬양을 좋아하는 리수인 2006, 후꽁의 산마을 교회

찬양을 좋아하는 리수인 2006, 상쨩의 리수인 교회

리수어 성경

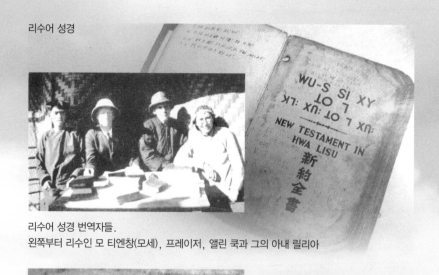

리수어 성경 번역자들.
왼쪽부터 리수인 모 티엔창(모세), 프레이저, 앨린 쿡과 그의 아내 릴리아

존 쿤(1906-1966)과
그의 아내 이소벨 쿤(1901-1957)이
리수족과 함께 성경을 공부하고
전도하는 모습

리수어 찬송가

찬양을 좋아하는 리수인. 프레이저 당시

"록시 있잖아, 내가 가더라도 윈난에의 내 일은 끝나지 않을 것 같아."

제임스가 세상을 떠나기 전
그의 아내 록시와의 대화 중에서
(1938년 9월)···